LE LIVRE
DU
COMPAGNONNAGE

PAR

AGRICOL PERDIGUIER

Dit Avignonnais-la-Vertu, compagnon menuisier.

TOME PREMIER

3 fr. 50 cent. les deux volumes ornés de dix-sept
Lithographies.

TROISIÈME ÉDITION

PARIS
CHEZ PERDIGUIER, ÉDITEUR
RUE TRAVERSIÈRE-SAINT-ANTOINE, 38.

—

1857

LE LIVRE

DU

COMPAGNONNAGE

PARIS. — IMPRIMERIE LACOUR, 18, RUE SOUFFLOT.

Agricol PERDIGUIER

TIENT ÉCOLE D'ARCHITECTURE ET DE TRAIT,

Fait exécuter les Modèles en Bois.

Le Soir de 8 heures à 11 heures.

CHAMBRES ET CABINETS GARNIS.

38, Rue Traversière, Faubourg Saint-Antoine.

A Paris.

AGRICOL PERDIGUIER

1857.

LE LIVRE
DU
COMPAGNONNAGE

PAR

AGRICOL PERDIGUIER

Dit Avignonnais la Vertu, compagnon menuisier.

TOME PREMIER

TROISIÈME ÉDITION

PARIS
CHEZ PERDIGUIER, ÉDITEUR
RUE TRAVERSIÈRE-SAINT-ANTOINE, 38.

1857

PRÉFACE NOUVELLE

La première édition du *Livre du Compagnonnage* a paru en 1839, la seconde, augmentée d'un volume, en 1841. Cet ouvrage est épuisé depuis au moins six à sept ans, on ne peut plus en trouver un seul exemplaire nulle part, et il est à présumer que cette troisième édition arrivera tout à fait à propos.

Depuis dix-huit ans le Compagnonnage a subi dans ses coutumes, ses lois, ses mœurs, de nombreuses modifications ; il s'est à tel point amélioré qu'il n'est presque plus reconnaissable : maintenant, plus de batailles, plus de haines, plus de préventions ridicules, les idées fraternelles ont envahi les cœurs, la paix est partout.

Le *Livre du Compagnonnage* a peint des choses

antiques, originales, étranges, curieuses sous bien des rapports, il faut les conserver intactes; d'autre part, il s'est empreint de l'idée fraternelle, il a montré l'avenir, il a poussé vers le mouvement, la régénération et la vie; il faut le laisser ce qu'il fut, lui conserver son caractère primitif, sans quoi il perdrait de son originalité et de son utilité. C'est dans les *Mémoires d'un compagnon*, ou d'un ouvrier, que je suivrai le Compagnonnage dans toutes ses modifications et dans tous ses progrès.

Les compagnons se battaient, se déchiraient les uns les autres. J'en souffrais; il me semblait que leur sang était mon sang: je voulus les réformer.

Avec quel entrain je me jetai dans une si rude entreprise... J'aurais tout donné pour réaliser le bien, et ma liberté, et ma vie, et une grande fortune si je l'eusse possédée... cent mille francs, je les eusse dépensés avec contentement.

C'était mon cœur, c'était mon âme qui agissaient, qui s'épanchaient, qui se prodiguaient; je ne faisais pas une œuvre littéraire, mais une œuvre sociale, mais quelque chose de saint... Peut-être sentira-t-on, en me lisant, une émanation du sentiment dont j'étais animé.

Depuis que le *Livre du Compagnonnage* est sorti de mon être, j'ai bien souffert... quelque chose de poignant, d'amer, a pénétré en moi, et ma foi en a été troublée... Je suis moins bon, moins grand, moins noble que je ne l'étais ; mon esprit n'a plus la même lucidité, et j'ai lieu de gémir sur moi-même... Resterai-je dans une telle situation? Non, il ne le faut pas; je dois vaincre mes tourments, ma tristesse, et me relever. Que faudrait-il pour me rendre mes douces vertus, ma candeur enfantine, ma foi si pure, mes doux rêves d'avenir, mon amour si vivace de l'humanité, et mes généreux élans? Ce qu'il me faudrait? un poids moins écrasant sur mes épaules, quelque chose de souriant autour de moi, un peu d'encouragement, une parcelle de bonheur..... Alors ma vie se colorerait d'un nouveau jour et je renaîtrais à l'espérance.

Il est dans ma poitrine des sources de délices, des trésors d'émotions et d'enthousiasme, des larmes bien douces viennent parfois encore tremper mes yeux; je souhaite le bien, je suis heureux du bonheur des autres... Eh quoi! lorsque Dieu m'a si bien doté serais-je écrasé par la fatalité?... Allons! c'est sans doute encore une épreuve..... Du courage! le triomphe doit être au bout.

C'est en ce temps, temps de crise et de peine pour moi, temps qui m'abreuve de sa coupe de fiel, c'est dans ce temps que j'apprends à connaître mes amis, et ceux qui semblaient l'être et qui ne l'étaient point. C'est encore une étude, une expérience, une phase de la vie. Cependant le grand nombre m'est resté fidèle, très peu ont trompé mon attente... Non, non, il ne faut pas cesser de croire au bien, et de le désirer. Il ne manque pas sur la terre des cœurs sympathiques et grands. Espérons donc... après l'angoisse la consolation.

Le *Livre du Compagnonnage* est un travail qui ne peut être refait; cependant j'ai cru devoir le relire et le compléter dans quelques-unes de ses parties. J'ai augmenté, et de beaucoup, le nombre des chansons de compagnons; j'ai ajouté une chronologie du progrès, un dialogue sur la lecture, un dialogue astronomique, et tout cela dans la pensée de servir l'intelligence et les intérêts des travailleurs.

Puissent mes lecteurs être nombreux et ce travail produire de bons fruits...

AGRICOL PERDIGUIER.

Paris, ce 12 août 1857.

INTRODUCTION

A l'apparition de la première partie du *Livre du Compagnonnage*, je fus assailli de toutes parts : les observations, les questions, les objections, les accusations les plus contradictoires tombèrent sur moi en même temps. Afin que l'on puisse dorénavant juger mon œuvre et le sentiment qui me l'a inspirée avec plus d'équité, je vais dire d'abord à quelle occasion je conçus et comment je commençai ma mission réformatrice dans le Compagnonnage. Ces détails seront oiseux pour quelques-uns ; mais d'autres, je le crois, me sauront gré de les avoir donnés.

Etant parti d'Avignon en 1824, ayant passé par Marseille, Montpellier, Bordeaux, Nantes, etc., je résidais à Chartres en 1826, j'avais alors vingt ans, et, quoique jeune, les animosités, les guerres du Compagnonnage ne souriaient point à ma faible raison. Un dimanche, nous étions quelques camarades réunis, nous nous dédommagions à table de la monotonie de la semaine ; nous avions chanté bon nombre de chansons, et l'on venait d'en terminer une par le couplet suivant :

« Qui a composé la chanson,
« C'est la Sincérité de Mâcon.
« Mangeant le foie de quatre Chiens Dévorants,
« Tranchant la tête d'un Aspirant,
« Et sur la tête de ce capon
« Grava son nom d'honnête Compagnon. »

1.

Ce couplet singulier, le ton vigoureux avec lequel il fut chanté, produisirent sur moi une impression pénible que je ne pris aucun soin de cacher. — Quoi! me dit l'un des camarades, vous ne trouvez pas notre chanson jolie? — Je la trouve détestable. — Êtes-vous bien capable d'en faire une pareille? — Je ne m'en vante pas.

Ce petit incident n'eut pas d'autre suite; mais le couplet qui l'avait provoqué me fit penser sérieusement : je fis un examen de toutes nos chansons, des anciennes comme des nouvelles, et je vis qu'elles poussaient également à la haine, et causaient la plupart des batailles. Si je pouvais, me disais-je en moi-même, produire quelques chants d'un caractère opposé à ceux dont on a fait jusqu'à ce jour un trop commun usage; si je pouvais substituer à un genre brutal quelque chose de tout au moins pacifique, cela ne manquerait pas d'avoir une certaine portée : voyons, essayons; et je débutai par l'hymne à Salomon, dont voici les premiers vers :

« Dignes enfants du roi dont la sagesse
Créa jadis nos équitables lois,
En ce beau jour, le cœur plein d'allégresse
Avec ardeur accompagnez ma voix.
De Salomon, etc. »

On trouvera que je fais, dans cette chanson, de Salomon une espèce de dieu, et cependant si on la compare aux chansons à la mode que je voulais détrôner, on verra qu'elle était un progrès.

On sera peut-être tenté de me demander si l'instruction soutenait mon audace, si je connaissais les principes de la langue française et les règles de la versification. Non. J'ignorais toutes ces choses que j'ignore encore en partie; mon instruction était celle de tous les enfants de mon village, Morières, lieu dépendant d'Avignon, et sis au pied d'une colline chargée de vignes et d'oliviers. Mes vers étaient donc ou trop longs ou trop courts, mes rimes mal entrelacées et mal accolées; je ne savais ce que c'était que césure, hémistiche, hiatus. Tout allait au hasard, et vraiment je n'étais pas content de ma besogne, je sentais qu'il y manquait quelque chose, mais je ne savais quoi; je ne pouvais le définir.

Je quitte enfin la ville de Chartres, je passe à Paris, à Châlons, et j'arrive à Lyon où mes confrères me portent à la tête de ma Société; de là je pars pour mon pays d'où je m'éloigne une seconde fois avec tristesse, et je retourne à Paris. Malgré mes déplacements, malgré mes agitations et mes chagrins que je passe sous silence, je n'avais point oublié mon projet de réforme; j'avais composé cinq ou six chansons et refais mes deux premières, car j'étais parvenu, en lisant des tragédies, à comprendre le mécanisme des vers.

Après un séjour assez long dans la capitale, je crus qu'il était temps de faire imprimer mes chansons de Compagnons; je communiquai mon dessein à mes confrères, les uns me riaient au nez, les autres disaient qu'une telle chose n'avait jamais été faite et ne devait jamais se faire : chacun me faisait une réponse plus ou moins singulière; il fallait de la patience et de la persévérance, et j'en avais. Aussi, sur le nombre des Compagnons de Paris, trente-trois m'appuyèrent, et un petit cahier fut imprimé. J'avais eu le soin d'intercaler des notes entre les chansons afin de faire lire au moins ce qu'il n'était pas encore possible de faire chanter ; je plaçai également en tête du recueil les noms de tous les souscripteurs ; je savais la puissance que cela devait avoir. Ce cahier fut répandu par toute la France, et, grâce à l'imprimerie, un commencement de publicité heureusement introduit dans le Compagnonnage. C'était en 1834. Deux ans plus tard je fis imprimer un second cahier, et cette fois le nombre des souscripteurs avait doublé.

On ne voyait plus rien d'étrange dans l'impression de telles chansons; ce dernier recueil devait renfermer quelques idées plus progressives; je sentais qu'il ne fallait rien brusquer et pourtant marcher en avant. Quelques Compagnons comprirent alors le but que je voulais atteindre.

De l'année 1833 à l'année 1836, j'éprouvai malheur sur malheur; mais à partir de cette dernière époque surtout, je fus si gravement malade que je craignis ne pas pouvoir prolonger ma vie et rendre mon œuvre suffisamment utile; je ne me laissai cependant pas abattre; et à travers des misères et des souffrances horribles, j'écrivais de temps en temps quelques pages. Après avoir gardé trois ans le silence, je fis passer aux Compagnons du tour de France, mes confrères, sous la date du 24 mai 1839, une lettre dont voici quelques lignes :

« Mes chers pays, mon premier et mon second cahier
« de chansons sont épuisés, et cependant tous les jours
« des Compagnons m'en demandent et je ne puis leur en
« donner et les satisfaire ; je pense à les réunir tous
« deux, et à former, en ajoutant plusieurs choses, un
« volume de cent cinquante pages : pour mettre ce pro-
« jet à exécution, je vous propose de souscrire pour
« chacun deux francs, et chaque souscripteur recevra,
« en échange de son déboursé, deux exemplaires de ce
« nouvel ouvrage..... Que dans la France entière la So-
« ciété se remue ; que la souscription se fasse large-
« ment et promptement, et vous saurez plus tard,
« au résultat de l'entreprise, combien sa portée était
« grande, etc., etc. »

Les Compagnons des villes d'Auxerre, de Châlons, de Lyon, d'Avignon, de Marseille, de Nîmes, de Montpellier, de Béziers, de Toulouse, de Bordeaux, de La Rochelle, de Nantes, de Tours, de Chartres et de Paris répondirent à mon appel : le temps avait marché, je pouvais donc exprimer de plus en plus ma pensée. Ce livre, me disais-je, renfermera d'abord une adresse aux Compagnons de ma Société ; je ne puis encore m'adresser directement qu'à ceux-là. Mes deux cahiers de chansons, auxquels j'ajouterai quelques nouveaux morceaux, suivront immédiatement ; après le chant viendront des choses d'une utilité réelle, telles que problèmes géométriques, dialogue sur l'architecture, raisonnements sur le trait, tout cela pour donner de la gravité à la pensée, et la diriger du côté de l'étude et du travail ; je parlerai aussi de Salomon et de ce temple d'où tous les Compagnons veulent être sortis. La notice sur le Compagnonnage fera suite, je serai peut-être forcé de blesser en cet endroit quelques susceptibilités, aussi je ne place là cette notice qu'en tremblant, mais mon esprit et ma conscience me disent impérieusement qu'il faut oser, et j'obéis. Après avoir agité par cette notice, je tâcherai de calmer par la rencontre de deux frères, scène où mes principes seront exposés avec le plus de clarté possible. Quelques notes termineront ce volume, qui, s'adressant d'abord à une seule Société, étendra toujours plus ses limites et sa portée, et parlera enfin à tout le monde.

Tel était mon projet, et tel, dans le courant de l'année 1839, je l'ai exécuté ; j'ai, par exemple, dépassé ma promesse, en donnant au volume plus d'étendue que j'étais convenu d'en donner, et mes souscripteurs, désappointés d'abord, sont de jour en jour plus satisfaits de mon œuvre. J'ai prononcé le mot désappointé ; oui, ils pensaient que ce livre devait être un chansonnier, ne traiter du moins que de choses relatives à ma Société, et rester presque secret. De ce côté-là je les ai trompés, je l'avoue, mais avec la meilleure intention du monde.

J'ai eu pourtant à soutenir une lutte difficile : j'étais le premier, le seul qui eût osé attaquer des choses barbares, absurdes, et presque sanctifiées par la tradition ; je devais naturellement remuer les passions et les préjugés, et provoquer une agitation immense. Cela devait être, cela a été ; on verra dans la seconde partie de ce livre des lettres qui feront comprendre combien ma position était mauvaise. Elle s'est, je dois le dire, beaucoup améliorée. Bon nombre des Compagnons qui m'avaient combattu me donnent la main en ce moment, et nous ferons tant et tant, que le Compagnonnage entrera dans une voie nouvelle et il devra son progrès aux compagnons eux-mêmes.

Eh ! qui sont ceux qui auraient daigné s'occuper du Compagnonnage ; n'était-il pas méprisé, bafoué de tout le monde ? et s'il s'est écarté de son principe, s'il a fait ensuite une trop grande halte dans la boue et dans le sang, à qui la faute ? Doit-on gronder l'aveugle de ce qu'il ne voit pas clair ! Rendons-lui, si cela est possible, par une opération délicate et des soins continus, la faculté dont il est privé et dont il souffre plus que personne ; ce sera mieux. La plupart de ceux qui se donnent comme moralistes ou éducateurs des peuples, il faut le dire, aiment mieux nous brutaliser que de nous ouvrir les yeux de l'intelligence ; je remarque en eux plus d'orgueil que de bon vouloir, plus d'amour-propre et de vanité que de véritable dévoûment.

Je reproduirai ici la lettre que j'adressai à M. Rivière-Cadet, qui dans la *Démocratie Lyonnaise*, journal dont il était rédacteur en chef, m'avait prêté un loyal appui :

« Le Compagnonnage, disais-je, a des mœurs, des habitudes toutes particulières, il forme un contraste frappant avec tout ce qui l'entoure, et pourtant on a semblé ne point le voir, on n'en a point parlé.

« Les voyageurs les plus minutieux dans leurs relations de voyages, ceux qui parcourent les pays sauvages comme les pays civilisés et consacrent parfois de si nombreuses pages à la description d'une toute petite peuplade reléguée sur un point obscur du globe, n'ont point vu le Compagnonnage ; ils n'en ont point parlé. Si cependant il avait existé tel qu'on le voit chez nous en Laponie, en Malaisie, en Chine, en Tartarie, oh ! alors, toute autre chose fût arrivée, mais au lieu de donner de l'histoire on eût donné du roman, qu'importe cela ; quand il s'agit d'un pays peu fréquenté, il n'est pas besoin de tant d'exactitude ! On supplée à l'observation par l'imagination.

« Les savants qui fouillent dans l'antiquité et font revivre dans leurs écrits de vieilles, de nombreuses sectes qui parurent un moment sur la scène du monde, n'ont point vu le Compagnonnage, ils n'en ont point parlé. Comment peut-on être si instruit de ce qui a vécu dans d'autres âges et sous d'autres climats, et l'être si peu de ce qui vit de nos jours et sous nos yeux ? Pourquoi consacrer tant de veilles à l'étude des choses mortes et dédaigner les choses vivantes, lesquelles devraient avoir une importance plus réelle ? Pourquoi toujours compulser des livres immobiles et poudreux, et ne point interroger la nature toujours variable, toujours nouvelle ?

« Les écrivains qui déroulent aux yeux des hommes le panorama historique de notre patrie, ont grand soin de nous montrer dans l'un des coins de leurs tableaux les diverses confréries de pénitents, blancs, bleus, gris, etc. ; mais du compagnonnage, il n'en est point question : pourquoi cela ?

« Les académiciens, exécuteurs testamentaires de riches philanthropes, ont souvent mis au concours des questions plus ou moins graves ; ils se sont apitoyés jusqu'aux larmes sur les Nègres de l'Amérique et de l'Afrique, qu'il faut plaindre sans doute, et n'ont point pensé aux Compagnons, leurs compatriotes, qui se battent sous leurs yeux, et font rejaillir jusque sur leurs habits le sang le plus chaud et le plus précieux. Pourquoi cette sollicitude pour les uns et cette indifférence pour les autres ? ils sont pourtant également esclaves, qui des hommes, qui des préjugés.

« Les journaux, tout préoccupés de la politique et des faits du jour, ont laissé là aussi le Compagnonnage, cependant on parle de réformes ; mais peut-on en introduire d'utiles et de durables dans les États si l'on n'a pas auparavant éclairé l'esprit, adouci les mœurs de toutes les classes qui les composent. Je reconnais néanmoins que quelques-uns d'entre eux ont donné des conseils aux Compagnons, mais un peu secs ; d'autres leur ont prodigué des insultes grossières, ou se sont adressés aux députés pour provoquer des lois de proscription ! Quoi ! on ose invoquer la rigueur et la violence contre des associations d'ouvriers que les siècles nous ont transmises ? Croit-on qu'un article de loi puisse improviser d'autres mœurs et guérir le mal profond que je déplore autant que qui que ce soit ? Désabusez-vous, vous qui voulez sincèrement le bien et prétendez, non sans raison, à l'estime des ouvriers. Craignez, en les dénonçant, de les aigrir, et, à part cela, d'aggraver leur condition et leur misère.

« Les gouvernements auraient sans doute dû intervenir ; ils pouvaient opérer de grandes modifications, et cela sans violence ; il ne fallait que jeter un bon livre dans toutes les écoles primaires et laisser au temps le soin d'achever la besogne. Mais les gouvernements ont-ils bien eu la pensée de rétablir la paix entre tous les travailleurs ? N'ont-ils pas trop souvent, comme on les en accuse, vu dans ces querelles quelque chose de bon, et ne se sont-ils pas dit tout bas : « Si tous ces jeunes hommes si laborieux, si ardents, si belliqueux, n'étaient plus préoccupés de rivalités mesquines, incessantes, leur activité aurait besoin d'un autre aliment ; ils étudieraient davantage les hommes et les choses ; ils pénétreraient en esprit dans les combinaisons les plus hautes et les plus profondes ; ils verraient comment les affaires des États sont conduites, les intérêts généraux et particuliers défendus et protégés ; tout cela ne nous serait peut-être pas avantageux ; on pourrait nous demander des comptes difficiles à rendre. A cause donc de toutes ces considérations puissantes laissons faire et que les Compagnons se battent autant qu'ils le voudront (1). » Et ils ont laissé faire en effet. Cependant ils ont mille fois, par l'intermédiaire des gendarmes et des magistrats, empoigné, jugé, mis en prison et même aux galères de tous jeunes Compagnons. Mais qu'a-t-on fait pour les éclairer et les rendre plus sages ? Rien. On les a punis pour s'être battus ; mais a-t-on fait quelque chose de sérieux, de réel pour les empêcher de se battre ? Non.

« Ayant examiné attentivement, et n'ayant vu partout qu'indifférence profonde sur un sujet si important, j'ai cru qu'une mission à remplir était là, et quoique pauvre et peu instruit, j'ai osé me l'attribuer ; je ne m'en repens pas. Après un travail long et pénible je vois mes efforts couronnés de quelques succès, des yeux fermés à la lumière s'ouvrent insensiblement, des relations d'estime et d'amitié s'établissent entre les membres éclairés de Sociétés trop longtemps ennemies, et je m'en réjouis. »

Voilà presque toute la lettre que j'adressai à M. Ri-

(1) J'avais l'intention de supprimer de ma lettre à M. Rivière-Cadet tout ce qui se rapporte aux gouvernements; mais j'ai lu, peu de jours avant de mettre sous presse, dans un journal ministériel, le *Messager*, un article qui m'a fait changer d'idée à cet égard; de cet article je ne donne ici que ces quelques lignes : « Mais là où le vrai danger commence,
« c'est quand au lieu de s'adresser aux intérêts de l'ouvrier,
« on s'adresse à son amour-propre, quand on essaie de lui
« persuader qu'il est aussi intelligent que ceux à qui il obéit,
« et qu'il pourrait aussi bien que les plus habiles accomplir
« la tâche de conduire et de diriger. A ce moment, en effet,
« *on fait disparaître la seule cause réelle et* LÉGITIME *de sa sou-*
« *mission et de son* OBÉISSANCE, QUI, ENCORE UNE FOIS, EST
« L'INFÉRIORITÉ INTELLECTUELLE. » D'après ce raisonnement absurde, si les ouvriers n'avaient point *l'infériorité intellectuelle*, ils devraient *légitimement* ne plus obéir; comment veut-on que ceux qui osent émettre de tels principes ne soient pas les ennemis des lumières et du progrès..... l'avenir les épouvante.

vière-Cadet, et qui fut insérée dans le numéro du 5 avril 1840 du journal *La Démocratie Lyonnaise*, qu'il dirigeait alors. Il y avait peut-être un peu d'humeur dans mes paroles, mais tout homme ami des hommes et qui comprend ce que c'est que s'imposer une grande tâche et vouloir, à travers mille périls, la conduire à son terme, m'en excusera sans peine.

J'ai dit que des rapprochements avaient lieu entre des membres des Sociétés opposées, et cela pour prouver que le progrès marche : il marche en effet.

Bourguignon La Fidélité (1) et Nantais Prêt à Bien Faire, Compagnons menuisiers, m'ont adressé, à propos de mon livre, des lettres où je vois mes doctrines fortement appuyées; Vendôme La Clef des Cœurs, Compagnon blancher-chamoiseur, La Vertu de Bordeaux, Compagnon tailleur de pierre, et des membres de plusieurs autres Sociétés de Devoirs divers, m'ont écrit aussi, et quoique leurs opinions diffèrent quelquefois des miennes, je vois avec plaisir que la raison est en eux, et qu'ils désirent des réformes et des améliorations dans le Compagnonnage.

Des hommes moins réfléchis m'ont adressé des lettres où la passion perce dans plusieurs de leurs lignes. N'importe : elles seront mises également sous les yeux du lecteur, avec les réponses que je leur fis : on verra jaillir la lumière du choc de la discussion.

J'accueillerai toujours avec reconnaissance les obser-

---

(1) Dans un grand nombre de Sociétés les Compagnons portent des surnoms. Ainsi par exemple : La Fleur, Le Solide, La Sagesse, La Rose, Le Décidé, Le Bien-Aimé, La Violette, etc. Beaucoup de gens disent : « Il est ridicule qu'outre le nom de famille et celui que l'Eglise a consacré, les Compagnons portent un troisième nom qu'ils se donnent eux-mêmes. » J'y consens; mais nos rois de France ne sont-ils pas, eux, des Hardi, des Bien-Aimé, des Gros, des Grand, des Désiré, des Clément, etc. ? Donc, s'il y a ridicule chez les uns, il y a évidemment ridicule chez les autres; car les surnoms qu'ils portent sont équivalents quand ils ne sont pas les mêmes : la seule différence est en ce que les uns les reçoivent de leurs égaux; les autres de leurs esclaves le plus souvent.

vations que l'on voudra m'adresser; j'invite seulement les Compagnons à lire mes écrits sans prévention, à considérer combien il était difficile de venir le premier, au milieu de tant de prétentions diverses, porter la parole de paix et de régénération.

La première édition de ce livre a été adressée à ma Société seulement, et il était impossible d'obtenir quelque résultat en s'y prenant d'une autre sorte.

On a vu quel fut d'abord l'arrangement de ce livre. Cet arrangement était, pour l'homme qui sait comprendre, l'indication claire de la tactique, de la marche progressive, qu'après avoir beaucoup réfléchi j'avais dû adopter et suivre; mais le premier effet, l'effet le plus délicat étant produit, je crois pouvoir classer, dans cette édition plus complète, les matières dans un ordre qui paraîtra plus méthodique à la majorité de mes lecteurs. Ainsi, après cette introduction, viendra la notice sur le Compagnonnage, que j'augmente passablement, — puis, la rencontre de deux frères, — les chansons de Compagnons feront suite; les choses relatives au dessin termineront ce premier volume, qui sera suivi d'un second, dans lequel on trouvera : la correspondance des Compagnons, — des chansons progressives, — un dialogue sur la versification, — un dialogue sur le système métrique, et un article intitulé : Ce que le Compagnonnage a été et ce qu'il doit être. J'espère que ceux pour qui je fais cet ouvrage comprendrons que j'agis dans leurs véritables intérêts.

Non, je ne crains plus, Compagnons mes frères, quels que soient votre état et votre Devoir, de m'adresser à vous tous. Comprenez qu'il est de notre intérêt de ne plus nous battre, et d'établir entre nous des rapports larges et fraternels; pensez qu'on nous accuse d'être des barbares, des brigands, des assassins, et d'entraver la civilisation dans sa marche et dans ses progrès. Les riches et les puissants augurent mal de notre discernement, de notre capacité, et nous contestent, non sans quelque raison peut-être, l'exercice des droits civils et politiques. La masse du peuple elle-même se ressent du jugement rigoureux que l'on porte sur nous. Si nous voulons calmer le juste mécontentement de nos frères en travail, si nous voulons mériter le respect et l'estime de ceux qui possèdent la fortune publique et tous les droits les plus puissants, si nous voulons approcher d'eux et être vraiment considérés comme leurs égaux, ne nous repoussons plus les uns les autres ; car si nous nous repoussons, on est en droit de nous repousser de même.

Croyons à la raison, soumettons-nous à sa puissance, et n'allons plus, Don Quichottes nouveaux, chercher des aventures et frapper les passants sur la route ; ne nous faisons plus peur les uns les autres ; que tous les Compagnons puissent voyager avec sécurité, assurés de ne rencontrer partout que des amis avec lesquels on sympathise, avec lesquels on échange des mots d'amitié et de mutuels secours.

Je vous recommande aussi de ne pas être trop vains de notre titre de Compagnon ; celui qui vient de recevoir les galons de laine de caporal ne regarde quelquefois plus le simple soldat, son camarade, et alors nous le trouvons sot et ridicule ; j'ai vu de nouveaux Compagnons être très fiers, très hauts envers les Affiliés et les Aspirants ; ils sont, en ce cas, sots et ridicules au même degré que le pauvre et sot caporal dont je viens de parler.

A quelque ordre que nous appartenions, point de vanité fade, point d'orgueil aristocratique ; quelle que soit la place que nous occupons dans la Société, remplissons-la avec exactitude et sans ostentation. Soyons justes, et traitons nos subordonnés en amis et en frères ; que les exemples que nous donnons puissent être suivis dans tous les temps et dans tous les lieux.

Je ne terminerai pas cette introduction sans remercier la *Revue du progrès*, le *Corsaire*, le *Capitole*, le *National*, la *Quotidienne*, le *Censeur de Lyon*, le *National de l'Ouest*, l'*Ere Nouvelle d'Aix*, la *Démocratie Lyonnaise*, l'*Atelier*, la *Ruche Populaire*, le *Journal des Débats*, de l'appui tout fraternel qu'ils m'ont prêté ; je compte encore sur eux et sur d'autres journaux, qui, je l'espère, finiront par comprendre l'importance de ma mission, et voudront bien donner un peu la main pour l'accélérer vers son terme et ses résultats.

Je remercie aussi madame George Sand de m'avoir appelé auprès d'elle, et de m'avoir fourni, avec le concours de deux personnes généreuses, les moyens de faire, selon mon désir, un second et rapide tour de France.

Je remercie également MM. Chateaubriand, Lamennais, Béranger, Lamartine, des lettres obligeantes qu'ils ont eu la bonté de m'adresser. Il ne s'agit pas ici d'une œuvre littéraire, mais d'une action toute sociale; les lettres de ces hommes, quelquefois opposés de doctrines, mais toujours nobles et grands par le cœur, par l'âme et le sentiment, ne sont point des banalités destinées à flatter un amour-propre sans but; elles sont un encouragement raisonné, une adhésion, un appui réel à ma tentative de rapprochement et de paix. Je sens que les Compagnons liront avec plaisir des lettres émanées des sommités de la société française, sommités qui ne croient pas se déshonorer en abaissant leurs regards sur nous pauvres travailleurs. C'est avec cette certitude que je les place à la suite de cette introduction, qu'elles semblent compléter.

Puisse cette édition, revue avec soin, et considérablement augmentée, être accueillie avec sympathie, et produire une partie du bien que je souhaite.

AGRICOL PERDIGUIER.

Paris, 25 juin 1841.

A L'AUTEUR

DU

LIVRE DU COMPAGNONNAGE

« Je ne puis que vous féliciter, Monsieur, des bons sentiments qui vous animent et du courage que vous mettez à remplir une tâche pénible. Ramener les ouvriers au devoir de la religion et de la paix, sans rien prendre sur leur liberté et leur indépendance, serait certainement l'œuvre d'un bon citoyen. Votre petit livre est utile et bon, les chansons sont à la portée du peuple : il me semble pourtant que, dans quelques couplets, on pourrait retrancher quelque chose.

« Recevez, Monsieur, je vous prie, mes remercîments sincères et l'assurance de ma considération.

« CHATEAUBRIAND.

« 27 novembre 1840. »

Au même.

« Monsieur, c'est bien loin de Tours que votre lettre m'est envoyée, sans le petit volume que vous avez bien voulu y joindre. Pour vous remercier de cet envoi, je n'ai pas, au reste, besoin de votre ouvrage ; car dès qu'il a paru, je me le suis procuré et je l'ai lu avec beaucoup de plaisir. Je porte un trop vif intérêt aux classes laborieuses pour ne pas suivre leurs progrès avec attention ; votre livre, par ce qu'il renferme de prose et de vers, est un témoignage de ces progrès, qui, j'espère, iront toujours croissants. Je ne vous dissimule pas que, dans le Compagnonnage, je vois encore bien des lacunes et bien des inconvénients ; mais il offre la garantie d'associations plus régulières, plus morales, et d'où pourront disparaître un jour les germes de discorde que fomentent encore trop souvent les associations actuelles. Que les cœurs généreux, que les hommes éclairés et de bon sens, comme vous, Monsieur, se chargent d'instruire comme vous le faites les compagnons des différents ordres, et le mieux naîtra bien vite de tout le bien que vous aurez fait.

« Recevez mes remercîments, Monsieur, et l'assurance de ma considération distinguée.

« BÉRANGER.

« 5 août 1840. »

Au même.

« Je viens de lire, Monsieur, le *Livre du Compagnonnage* que vous avez bien voulu m'envoyer, et je m'empresse de vous en adresser mes sincères félicitations. Cet ouvrage, plein d'intérêt et d'une utilité réelle, ne peut manquer d'atteindre le but vers lequel vous marchez : l'extinction des haines qui divisent les différents corps d'états. C'est là une noble tâche ! Honneur à celui qui emploie ainsi ses heures de repos et son intelligence !

« Veuillez agréer, Monsieur, avec mes remercîments, l'assurance de ma considération distinguée.

« LAMARTINE.

« Paris, 28 novembre 1840. »

Au même.

« En travaillant, Monsieur, avec une persévérance s louable, à réformer les abus du Compagnonnage, vous accomplissez certainement une des œuvres les plus utiles qu'on pût aujourd'hui se proposer. Les animosités aveugles, les sauvages habitudes conservées jusqu'ici parmi les compagnons comme un reste d'ancienne barbarie, sont trop opposées à la raison, aux idées et aux mœurs de la société présente, pour que votre zèle n'ait pas plus ou moins prochainement le succès souhaité de tous les gens de bien. Il s'agit en ceci, pour les ouvriers, de leur avenir. Le sentiment de leur devoir, comme hommes et comme citoyens, les portera d'eux-mêmes à se rendre dignes de la place qui leur est due dans la grande famille, en substituant à l'antagonisme brutal qui les a divisés trop longtemps un véritable lien fraternel. L'union, qui fait la force, est fille de l'amour, de la douce charité d'où émanent tous les biens. Lorsqu'on marche en un chemin difficile et rude, si l'on veut arriver au gîte, il ne faut pas se heurter, mais se donner la main.

« Recevez, Monsieur, l'assurance de ma profonde estime et de mon affectueux dévoûment.

« F. LAMENNAIS.

« Paris, 22 décembre 1840. »

EXTRAITS D'ARTICLES

PUBLIÉS DANS LES JOURNAUX

SUR LE LIVRE DU COMPAGNONNAGE

« O riches ! vous pouvez le lire sans crainte, ce *Livre du Compagnonnage* : il vous apprendra des choses dont votre curiosité s'amusera peut-être, mais vous n'y trouverez pas une parole dont votre orgueil ait le droit de s'irriter ; vous n'y trouverez ni amertume, ni colère, ni déclamation envieuse. Hélas ! c'est parmi ceux qui souffrent qu'il faut chercher aujourd'hui des leçons de tolérance et des exemples de dévoûment.

« Louis Blanc, *La Revue du Progrès,* 1er *janvier* 1840. »

« Le *Livre du Compagnonnage* est curieux à plus d'un titre, et nous le recommandons aux esprits qui veulent s'instruire aussi bien qu'aux imaginations qui veulent être amusées. — Par la forme, comme par le fond, le livre de M. Perdiguier nous semble destiné à établir une harmonie vraiment durable entre les divers corps d'états. A ce titre seul, il mériterait d'être signalé à de hauts encouragements, à la reconnaissance des classes laborieuses et à l'estime publique.

« *Le Moniteur parisien,* 11 *septembre* 1841. »

« Hélas ! hélas ! Français de toutes les classes, écoutons ce cri que l'ouvrier adresse à une partie de ses frères, et qu'il pourrait adresser à tous. Compagnons de tous les devoirs, sectateurs de toutes les religions, partisans de toutes les doctrines, unissons-nous à ce cri religieux et sublime : *Fraternité!* et le malheur n'osera plus approcher de nous. — Le livre de M. Perdiguier mérite d'être lu et relu ; c'est une belle œuvre et une bonne œuvre.

« Richard Lahautière, *la Fraternité*, octobre 1841. »

« L'opuscule! est-ce là le titre que nous donnerons à ce recueil, véritable traité d'économie politique à l'usage du peuple, remarquable par de bonnes et solides pensées, de sages et utiles conseils, riche de réflexions profondes. Si son format, si le nombre des pages classent cette publication dans les brochures, les opuscules, ne craignons pas de le placer, à cause de ce qu'il renferme, dans le catalogue des bons livres.

« Le *Capitole*, 23 décembre 1839. »

« Comme recueil de renseignements historiques et statistiques sur le Compagnonnage, la publication de M. Perdiguier ne peut manquer d'être remarquée ; car c'est un sujet peu exploré et peu connu. Il fallait être compagnon soi-même pour le traiter convenablement. Comme expression de sentiments d'ordre, elle mérite d'être accueillie avec une grande faveur et d'être signalée aux encouragements que méritent les œuvres des bons citoyens. Comme recueil de poésies, elle a droit au suffrage de ceux qui aiment un style original et qui recherchent la verve.

« Le *Journal des Débats*, 29 avril 1841. »

« Il faut lire et relire ce petit livre ; il faudrait l'apprendre par cœur. La question de l'association des travailleurs est exposée là tout entière avec ses avantages tant de fois supérieurs à ses inconvénients. L'histoire du compagnonnage, ses divisions, ses guerres déplorables si chaleureusement flétries, les ressources immenses que fournirait l'union de toutes les sociétés d'ouvriers, l'admirable organisation de quelques-unes, ces lois de secours, de défense mutuelle, ce code d'honneur si primitif, si touchant, cette résistance passive à l'oppression, qui, plus généralement combinée, deviendrait invinciblement puissante ; toutes ces choses sont attachantes et instructives au dernier point.

C'est une suite de révélations, pour nous surtout qui nous étions arrangé de ce Compagnonnage une foule d'idées ténébreuses et terribles.

« AUGUSTE LUCHET, *Censeur de Lyon* et autres journaux. »

« Pour notre part, tout en regrettant de n'avoir pas pu faire ressortir, comme nous l'aurions voulu, les qualités sérieuses et profondes de l'ouvrage du compagnon Avignonnais, nous n'hésitons pas à le signaler comme un des livres les plus utiles écrits par un homme du peuple en faveur de ses frères.

« *Le Charivari*, 10 septembre 1841. »

« Ce livre, en un mot, est un monument de l'intelligence que des esprits étroits refusent à la classe ouvrière. C'est, en outre, un de ces écrits qui font non-seulement estimer, mais encore aimer l'écrivain.

« *Le Corsaire*, 10 septembre 1841. »

« Eh! que pouvais-je, en effet, offrir au public qui valût, sous le rapport de la réalité, de l'intérêt, de la couleur, la production si originale et si frappante d'Agricol Perdiguier, dit Avignonnais la Vertu, compagnon menuisier du tour de France! Il y a certes bien longtemps que la presse ne nous avait dotés d'un livre semblable au sien, aussi serré, aussi nourri, aussi neuf surtout, d'un livre aussi curieux à lire et aussi profitable à méditer. Ce n'est qu'un petit in-18 de 250 pages, et cependant tout est là de l'institution qu'il s'agissait d'explorer ; oui, tout, et sa poésie, et sa mythologie, et ses rites, et sa science, et son organisation. Tout, excepté ses dogmes mystérieux qui ne sont pas probablement plus utiles que ceux de la franc-maçonnerie.

« DE LAFARELLE, *supplément de la Quotidienne*, 1841. »

« La fin de ce volume n'est pas seulement, comme les premières pages, un appât piquant offert à la curiosité du lecteur; c'est une question d'humanité, et presque de goût : on se demande si c'est la main d'un ouvrier qui a tracé ces lignes, et l'on ne sait ce qu'il faut admirer le plus, ou la profondeur et la nouveauté de la pensée, ou l'originalité et l'éloquence même du style. L'auteur termine par une confession et par une promesse : nous accueillons celle-ci, mais nous repoussons l'autre. M. Perdiguier s'engage à continuer d'écrire, mais il s'excuse, avec une étrange modestie, sur la faiblesse de ses moyens et sur ce qu'il appelle son insuffisance littéraire. A notre tour, nous ne craindrons pas de dire au Lamennais du faubourg Saint-Antoine que nous l'attendons à une prochaine publication, et que nous le prions seulement d'écrire toujours avec la même plume.

« AUGUSTE DORNÈS, *le National*, 24 janvier 1840. »

« ..... Celui qui, avant tous les autres, a commencé cette généreuse tentative (la réforme dans le Compagnonnage), est un simple ouvrier menuisier, dont le nom s'est déjà placé bien des fois avec éloge sous ma plume, et auquel je me plais à rapporter la meilleure partie des renseignements dont j'ai fait usage. Agricol Perdiguier, dit *Avignonnais La Vertu*, est, sans contredit, une des plus curieuses et des plus intéressantes figures de ce temps, et, en disant ces choses, je crois ne céder à aucun engoûment de parti ou de personne. Je ne connais Perdiguier que par ses livres. Quand on pense qu'il s'adresse à plus de cent mille hommes, à la partie la plus vive et la plus intelligente de la classe ouvrière, quand on examine les difficultés qu'il a eu à vaincre, on comprend et l'importance et l'élévation de sa pénible entreprise. Compagnon lui-même, il a jugé, avec une haute perspicacité, et les avantages immenses qu'offre l'association à ses frères, et les abus réels qui paralysent et annulent ces avantages. S'il a révélé l'existence de cette institution cachée jusque-là dans les rangs obscurs de la multitude, il l'a fait avec une simplicité qui éloigne toute pensée d'ambition, et qui ne laisse apercevoir que l'intention d'une réforme sérieuse et nécessaire. Les mécomptes et les déboires ne lui ont pas été épargnés : il a vu ses idées combattues par les préjugés des uns, par les mauvaises interprétations des autres. Disons-le cependant, ce n'est ni parmi ses égaux ni dans les rangs des princes de l'intelligence qu'il a rencontré ses adversaires les plus opiniâtres. Les Compagnons du tour de France, appartenant à divers Devoirs, ont déposé leurs injustes défiances et se sont associés à lui dans une communauté de plans et d'efforts. M. de Lamartine lui a écrit : *C'est là une noble tâche! honneur à celui qui emploie ainsi ses heures de repos et son intelligence.* M. de Lamennais, trouvant pour lui une réminiscence de ses anciens jours, lui a adressé ces lignes : *L'union, qui fait la force, est fille de l'amour, de la douce charité d'où émanent tous les biens. Lorsqu'on marche en un chemin difficile et rude, si l'on veut arriver au gîte, il ne faut pas se heurter, mais se donner la main.* Et M. de Chateaubriand, avec la hauteur de sa vue chrétienne, a complété à la fois l'éloge et le conseil en lui écrivant : *Ramener les ouvriers au devoir de la religion et de la paix, sans rien prendre sur leur liberté et leur indépendance, serait certainement l'œuvre d'un bon citoyen.*

« HENRI DE RIANCEY, *le Correspondant*, t. XII, 1845. »

« Mais je m'arrête, car il faudrait citer les trois quarts du livre. Nous engageons tous nos amis à aider cette belle entreprise de tous leurs efforts, en propageant le désir de connaître cet intéressant ouvrage. Quant au modeste auteur, ouvrier, compagnon, moraliste, écrivain, nous le glorifions de toute notre âme, et l'encourageons à persévérer dans sa noble tâche.

« VINÇARD, *la Ruche populaire* mars 1841. »

« Je ne saurais vous dire quelle satisfaction ce m'est que d'avoir à remplir aujourd'hui une mission devenue bien rare. J'ai à vous entretenir d'un livre qui est un livre, d'un livre que n'a point inspiré la vanité littéraire, que n'a point exécuté la sordidité de l'esprit de spéculation. Que voulez-vous que je vous dise? Moi, qui me défie de la lecture d'un ouvrage nouveau autant qu'un renard souvent pris et blessé peut redouter les piéges, je cherchais, comme Mercure, un dos pour me remettre en haleine ; cela faisant, j'avisai, sur le bureau de rédaction de *la France*, deux petits volumes jaunes, portant le titre, les noms et qualifications d'auteur transcrits en tête de ceci ; j'en demandai la communication, qui me fut sans peine accordée. En bonne vérité, j'espérais vous divertir tout à mon aise, à l'aide de cet esprit critique qui me fait plaindre d'avance la première frauduleuse renommée qui me tombera sous la main. La vérité sera la plus forte ; à un autre jour les joies de l'épigramme. La conscience d'un auteur éveillé la conscience de la critique ; et quand un livre respire à toutes ses pages le désir d'être utile, on souhaite d'être utile à son tour à la propagation du livre.

« Ordinairement, quand on veut rendre compte d'un livre avec la scrupuleuse exactitude qui devrait toujours présider à ce genre de travail, on commence, en le lisant, par noter les passages les plus saillants, ceux sur lesquels on voudrait attirer le plus particulièrement l'attention de ses lecteurs. J'ai procédé de la sorte à l'égard du *Livre du Compagnonnage*, mais il m'est arrivé de prendre tant de notes qu'il me faudrait, pour faire un choix, les soumettre à un second degré d'élection. Je voulais vous dire combien de peines, combien de travaux il a fallu à l'auteur pour marcher vers son but, combien d'obstacles à franchir, et combien de persévérance pour y parvenir. C'est un travail de près de dix années accompli dans les intervalles que les travaux nourriciers de la menuiserie laissaient à l'auteur, sans encouragement, sans aide, traversé par des maladies, inquiet de son œuvre, et trouvant sur son chemin, à côté d'approbateurs, des contempteurs parmi ses camarades. C'est le cas de le répéter : *omnia vincit improbus labor* (un travail opiniâtre vient à bout de tout).

« P. DARRIEUX, *la France*, 5 et 6 octobre 1842. »

MAITRE JACQUES SALOMON LE PÈRE SOUBISE.

Les Compagnons partent de la Judée pour se répandre dans le Monde.

NOTICE
SUR
LE COMPAGNONNAGE

ORIGINE DES PREMIÈRES SOCIÉTÉS.

Le Compagnonnage reconnaît trois fondateurs principaux; il forme plusieurs *Devoirs* et se divise en un grand nombre de Sociétés.

Les tailleurs de pierre, *Compagnons étrangers*, dit *les Loups*, les menuisiers et les serruriers du *Devoir de Liberté*, dits *les Gavots*, reconnaissent SALOMON : ils disent que ce roi, pour les récompenser de leurs travaux, leur donna un Devoir, et les unit fraternellement dans l'enceinte du Temple, œuvre de leurs mains.

Les tailleurs de pierre, *Compagnons passants*, dits les *Loups-Garous*, les menuisiers et serruriers du Devoir, dits *les Dévorants*, prétendent aussi être sortis du Temple : MAITRE JACQUES, fameux conducteur de travaux dans cet édifice, les aurait fondés.

Les charpentiers, Compagnons passants, ou *Bons-Drilles*, se donnent la même origine que les précédents; ils seraient donc sortis du Temple, et le PÈRE SOUBISE, savant dans la charpenterie, serait leur fondateur.

Les *Sociétés* que je viens de nommer ont fait naître ou ont servi de prétexte à la naissance d'une infinité d'autres Sociétés. Le Compagnonnage s'est accru.

Les *enfants de Solomon*, divisés d'abord en trois corps, en forment quatre aujourd'hui. Des charpentiers, s'étant dits dans le principe *Renards de Liberté*, puis *Compagnons de Liberté*, ont voulu se mettre à côté d'eux.

Les *Enfants de maître Jacques*, qui ne formaient aussi que trois corps, se sont donné volontairement des auxiliaires : les menuisiers ont reçu les tourneurs, et les serruriers ont reçu les vitriers. D'autres adjonctions ont été faites. Les taillandiers, les forgerons, les maréchaux, les charrons, les tanneurs, les corroyeurs, les blanchers, les chaudronniers, les teinturiers, les fondeurs, les ferblantiers, les couteliers, les bourreliers, les selliers, les cloutiers, les tondeurs, les vanniers, les doleurs, les chapeliers, les sabotiers, les cordiers, les tisserands, les boulangers et les cordonniers, les uns loyalement, les autres par fraude, sont tous devenus Enfants de maître Jacques.

Ce serait se tromper étrangement que de croire que j'aie voulu faire une satire contre les anciens enfants de ce fondateur, en mentionnant tant de corps d'états qui se sont introduits parmi eux. J'avoue franchement que j'estime autant un honnête boulanger et un honnête cordonnier qu'un menuisier et qu'un tailleur de pierre, quand ils sont honnêtes aussi.

Les *Enfants du Père Soubise* se composaient d'un seul corps d'état ; ils en embrassent trois à présent : les charpentiers ont reçu les couvreurs et les plâtriers.

De nos jours donc, comme on peut le voir, le Compagnonnage se compose de presque tous les corps d'états. Je ne prétends pas tracer son histoire ici, mais je donnerai quelques détails qui le feront suffisamment connaître; détails qui seront toutefois précédés de quelques pages sur les trois fondateurs : Salomon, Jacques et Soubise. Qu'on ne perde pas de vue que je parle ici au public et surtout aux Compagnons, qui, pour la plupart, possèdent peu de livres.

SALOMON.

Salomon, troisième roi des Juifs, fils de David et de Bethsabée, naquit l'an 1033 avant Jésus-Christ. Le nom de Salomon ou *Pacifique* lui fut donné par son père, et celui de Jédédiah, qui signifie *aimable au Seigneur*, par le prophète Natham. Il fut sacré du vivant de David ; et lorsque la mort de ce prince lui eut laissé le pouvoir souverain, il débuta par se débarrasser d'Adonias, son propre frère, dont un parti nombreux avait soutenu les prétentions au trône, il se débarrassa aussi, et cela d'après les dernières recommandations de son père, de Joab, assassin d'Abner et d'Hamasa. Après ces exécutions, très ordinaires dans les pays de despotisme, le règne de ce prince s'affermit ; il épousa alors la fille de Vaphrès, roi d'Égypte. Très peu de temps après son mariage, Salomon, qui avait alors vingt ans, alla sacrifier à Gabaon, et la nuit suivante le Seigneur lui apparut en songe, et lui promit de lui accorder tout ce qu'il demanderait ; il demanda la sagesse, et Dieu, satisfait de tant de modération, voulut lui accorder en outre les richesses, la puissance et la gloire. Le jeune prince ne tarda pas à fournir des preuves d'une sagesse qui parut merveilleuse ; on sait avec quelle habileté il parvint à reconnaître la véritable mère d'un enfant que deux femmes se disputaient, en ordonnant que cet enfant fût coupé en deux et partagé entre elles : l'une exigeait sa part, l'autre l'abandonnait, ce qui la fit reconnaître pour la véritable mère. Au milieu de la paix profonde dont jouissaient ses États, il bâtit un temple au Seigneur sur le modèle du tabernacle ou temple portatif de Moïse. Il consacra à cette construction des sommes énormes, qui en firent l'édifice le plus magnifique qu'on eût vu jusqu'alors. Il fallut pour l'achever sept ans et demi, et des ouvriers innombrables.

Salomon, dit la Bible, envoya vers Hiram, roi de Tyr, pour lui dire : « Comme tu as fait avec David, mon père, à qui tu as envoyé des cèdres pour lui bâtir une maison, fais de même avec moi. Je m'en vais bâtir une maison au nom de l'Éternel, mon Dieu. Or, la maison que je m'en vais bâtir sera grande ; car notre Dieu est grand au-dessus de tous les dieux. C'est pourquoi envoie-moi maintenant quelque homme qui s'entende à travailler en or, en argent, en airain, en fer, en écarlate, en pourpre, en cramoisi, et qui sache graver, afin qu'il soit avec les hommes experts que j'ai avec moi en Judée et à Jérusalem, lesquels David, mon père, a préparés. Envoie-moi aussi du Liban des bois de cèdre, de sapin et d'algumin ;

car je sais que tes serviteurs s'entendent bien à couper les bois du Liban ; et voilà que mes serviteurs seront avec les tiens. Et qu'on m'apprête des bois en grande quantité, car la maison que je m'en vais bâtir sera grande et merveilleuse. » Et Hiram, roi de Tyr, répondit par écrit et dit : « Béni soit l'Eternel, le Dieu d'Israël, qui a fait les cieux et la terre, de ce qu'il a donné au roi David un fils sage, prudent et intelligent, qui doit bâtir une maison à l'Éternel. Je t'envoie donc maintenant un homme expert et habile (1), sachant travailler en or, en argent, en airain, en fer, en pierre, en bois, en écarlate, en pourpre, en fin lin et en cramoisi, et sachant faire toutes sortes de gravures et de dessins, de toutes choses qu'on lui proposera, avec les hommes experts que tu as. Nous couperons du bois du Liban autant qu'il t'en faudra, et nous les mettrons par radeaux sur la mer de Japho, et tu les feras monter à Jérusalem. » — Le roi Salomon fit une levée de gens sur tout Israël ; elle fut de trente mille hommes ; il en envoya dix mille au Liban chaque mois. Tour à tour ils étaient un mois au Liban et deux mois en leur maison, et Adoniram était commis sur cette levée. Salomon fit aussi une levée de cent cinquante-trois mille ouvriers étrangers, soixante-dix mille qui portaient les faix, quatre-vingt mille qui coupaient les bois sur la montagne, de plus trois mille six cents commis qui avaient la charge de l'ouvrage, lesquels commandaient aux peuples employés à ce travail. Par le commandement du roi, on amena de grandes pierres de prix et toutes taillées pour faire les fondements du temple, de sorte que les ouvriers tailleurs de pierre et autres de Salomon et d'Hiram taillèrent et préparèrent les pierres et les bois ; puis ils bâtirent, ils élevèrent et ils décorèrent de toutes manières le temple le plus grand, le plus riche de l'univers.

Salomon ayant ainsi prouvé sa reconnaissance au Dieu dont il tenait la sagesse, songea à se bâtir plusieurs palais d'une étonnante richesse ; il fit élever des murailles autour de Jérusalem, fonda, embellit ou forti-

---

(1) Cet homme expert et habile est sans doute cet autre Hiram, que l'on considère comme l'un des architectes du temple.

fia plusieurs villes. Il soumit à un tribut les misérables restes des nations qui avaient jadis possédé la Judée ; il étendit les relations commerciales de ses sujets, et rendit son royaume florissant au dedans et redoutable au dehors. Parmi les monarques qu'attira auprès de lui sa haute réputation, l'Ecriture sainte distingue la reine de Saba ou du Midi, qui vint le visiter vraisemblablement à l'époque où le temple fut achevé. Le roi des Juifs et la reine de Saba se firent réciproquement des présents très riches, et cette reine s'en retourna ravie d'admiration et de joie. Cependant Salomon ne résista pas toujours aux séductions qui l'environnaient de toutes parts, et il s'égara dans les passions qui ont perdu tant de rois : il se livra au sensualisme oriental ; il eut jusqu'à sept cents femmes et trois cents concubines prises parmi les nations avec lesquelles la loi défendait aux Juifs de s'allier, et il s'abandonna, pour leur plaire, au culte des idoles. La volupté, en dégradant son cœur, obscurcit sa raison, et son règne ne fut plus qu'une longue suite de turpitudes. Il put prévoir, dans ses derniers jours, que son royaume après lui serait divisé, et ce fut au milieu de ces craintes qu'il expira, âgé de 58 ans ; il en avait régné quarante.

Salomon a composé le *Cantique des Cantiques*, l'*Ecclésiaste*, et d'autres ouvrages très poétiques et philosophiques. Il fut regardé comme le type de la sagesse orientale ; il est encore de nos jours vénéré de toute l'Asie, qui le nomme *le glorieux Soliman*. On peut le croire, Salomon eut des vertus et de grandes qualités qui lui appartenaient en propre : c'est ce qui lui valut l'amour des peuples. Ses défauts et ses vices, dans le pays où il régnait, étaient attachés à sa condition de roi. Son royaume a été partagé après lui ; mais c'est le destin des plus puissants monarques de n'avoir point de postérité légitime, et de laisser leurs vastes Etats morcelés ou asservis : ainsi César, Alexandre, Charles XII et Napoléon.

Pour plus de détails sur la vie de Salomon, sur les travaux et les ouvriers du temple, voir mon *Histoire démocratique des peuples anciens*, tome II, page 75.

MAITRE JACQUES.

Maître Jacques est un personnage peu connu ; chaque Société a fait sur son compte une histoire plus ou moins invraisemblable ; il en est une pourtant qui jouit d'un assez grand crédit auprès de beaucoup de Compagnons du Devoir. C'est de celle-là que j'extrais, sans y changer un mot, les détails qu'on va lire :

« Maître Jacques, un des premiers maîtres de Salomon et collègue d'Hiram, naquit dans une petite ville des Gaules nommée Carte, aujourd'hui Saint-Romili, située dans le midi (il était fils de Jacquin, célèbre architecte) ; il se livra à tailler la pierre ; dès l'âge de quinze ans il quitta sa famille ; il voyagea dans la Grèce, alors le centre des beaux-arts, où il se lia étroitement au philosophe.... d'un génie distingué, lequel lui apprit la sculpture et l'architecture ; il devint bientôt célèbre dans ces deux parties.

« Ayant appris que Salomon avait fait un appel à tous les hommes célèbres, il passa en Egypte, et de là à Jérusalem ; il ne fut pas d'abord distingué parmi les ouvriers ; mais ayant reçu du premier maître l'ordre de faire deux colonnes, il les sculpta avec tant d'art et de goût qu'il fut reçu *maître*. » On place ici une très longue énumération de tous les travaux qu'il fit dans le temple, puis on ajoute : « Maître Jacques arriva à Jérusalem à l'âge de vingt-six ans ; il y demeura très peu de temps après la construction du temple ; plusieurs maîtres désirant retourner dans leurs patries, quittèrent Salomon comblés de bienfaits.

« Maître *Jacques* et maître *Soubise* revinrent dans les Gaules ; ils avaient juré de ne jamais se séparer ; mais bientôt, maître Soubise, dont le caractère était violent, devint jaloux de l'ascendant que maître Jacques avait acquis sur leurs disciples et de l'amour qu'ils lui portaient, se sépara de lui et choisit d'autres disciples. Maître Jacques débarqua à Marseille (1) et maître Sou-

(1) Plusieurs parties de la légende que je transcris ne pourraient supporter un examen sérieux ; il suffit de rappeler que la ville de Marseille n'a été fondée que 600 ans avant Jésus-Christ, et celle de Bordeaux environ 300.

bise à Bordeaux. Avant de commencer ses voyages, maître Jacques se choisit treize Compagnons et quarante disciples; un d'eux le quitta, il en choisit un autre; il voyagea pendant trois ans, laissant partout le souvenir de ses talents et de ses vertus.

« Un jour, s'étant éloigné de ses disciples, il fut assailli par dix disciples de maître Soubise, qui voulaient l'assassiner, et, voulant se sauver, il tomba dans un marais, dont les joncs l'ayant soutenu le mirent à l'abri de leurs coups; pendant que ces lâches cherchaient le moyen de parvenir à lui, ses disciples arrivèrent et le délivrèrent.

« Il se retira à Sainte-Beaume. Un de ses disciples, nommé par plusieurs Jéron, par d'autres Jamais, le trahit et le livra aux disciples de maître Soubise. Un matin, avant le lever du soleil, maître Jacques était seul, en prière, dans un endroit accoutumé; le traître y vint avec ses bourreaux, lui donna, comme de coutume, le baiser de paix, qui fut le signal de la mort, alors cinq scélérats tombèrent sur lui et l'assassinèrent de cinq coups de poignard.

« Ses disciples arrivèrent trop tard, mais assez tôt pour recevoir ses derniers adieux. Je meurs, dit-il, Dieu l'a voulu ainsi; je pardonne à mes assassins, je vous défends de les poursuivre : ils sont assez malheureux; un jour ils en auront le repentir. Je donne mon âme à Dieu, mon créateur, et vous, mes amis, recevez le baiser de paix. Lorsque j'aurai rejoint l'Etre suprême, je veillerai encore sur vous; je veux que le dernier baiser que je vous donne vous le donniez toujours aux Compagnons que vous ferez, comme venant de leur père ; ils le transmettront de même à ceux qu'ils feront ; je veillerai sur eux comme sur vous ; dites-leur que je les suivrai partout tant qu'ils seront fidèles à Dieu et à leur Devoir, et qu'ils n'oublieront jamais... Il prononça encore quelques paroles qu'on ne put comprendre, et, croisant ses bras sur sa poitrine, il expira, dans sa quarante-septième année, quatre ans et neuf jours après être sorti de Jérusalem, 989 ans avant Jésus-Christ.

« Les Compagnons, lui ayant ôté sa robe, lui trouvèrent un petit *jonc* qu'il portait en mémoire de ceux qui l'avaient sauvé lorsqu'il tomba dans le marais.

« Depuis lors les Compagnons ont adopté *le jonc*. On ne sait pas si maître Soubise fut l'auteur de sa mort ; les larmes qu'il versa sur son tombeau et les poursuites qu'il fit à ses assassins levèrent une partie des soupçons qui pesaient sur lui. Quant au traître, il ne tarda pas à se repentir de son crime, et, dans le désespoir que lui occasionnèrent ses remords, il se jeta dans un puits, que les Compagnons remplirent de pierres.

« Maître Jacques ayant fini sa carrière, les Compagnons formèrent un brancard et le portèrent dans le désert de Cabra, aujourd'hui Sainte-Magdeleine. »

Voulant être ici plus complet que dans les précédentes éditions de ce livre, je continue à transcrire la légende manuscrite :

« Ils déposèrent le corps dans une grotte ; les huit plus anciens restèrent pour le garder et l'embaumer, tandis que les autres furent chercher tout ce qui était nécessaire pour donner à l'enterrement tout l'appareil que méritait ce grand personnage.

« Les huit qui étaient restés pour l'embaumer lui ôtèrent tous ses vêtements, et, l'ayant lavé avec un extrait de plusieurs arómates, l'embaumèrent, et, après lui avoir mis des vêtements neufs, ils le mirent sur un lit où il fut exposé pendant deux jours à la vue de tous ceux qui voulurent voir les restes de cet illustre maître.

« Pendant ces deux jours, les Compagnons qui le gardaient entretinrent un feu aux quatre coins du lit ; ce feu était composé de résine et d'esprit de vin. Le second jour au soir, les Compagnons, en grand deuil et *gants blancs*, vinrent prendre son corps et le mirent dans une bière en bois de cèdre, et la figure découverte.

« Quatre Compagnons, en écharpes bleues, portaient le cercueil, et quatre, dans le même ordre, suivaient après eux pour les remplacer. Quatre autres (*id.*) portaient le drap mortuaire, sur lequel étaient tous les ornements mystérieux du Compagnonnage. Un autre (*id.*) portait l'*acte de foi*, prononcé par maître Jacques à sa réception à Jérusalem. Tous les Compagnons à la suite avaient une torche allumée. Dix autres, armés de bâtons et de pinces en fer (ou plutôt de leviers en fer), marchaient cent pas en avant pour éviter qu'on vînt les troubler dans cette lugubre cérémonie.

« En sortant du désert, ils entrèrent dans un bois nommé Vorem ; le cortége s'y arrêta. Les Compagnons s'approchèrent du corps, et, fondant en larmes, ils baisèrent une de ses mains en poussant de *longs gémissements*. Cet endroit prit le nom des *Cinq-Doigts*. Le cortége se remit en marche, et s'arrêta cinquante toises plus loin, dans un endroit nommé le Molva, aujourd'hui Caverne-de-Saint-Evreux. Ils découvrirent le corps, et le plus ancien lui versa du vin et de l'huile dans ses plaies, ensuite les banda. Cette cérémonie faite, ils se remirent en marche. A cent toises plus loin, il s'arrêta de nouveau : c'était au centre du bois ; il était minuit. Les Compagnons se mirent en prière. En cet intervalle un vent affreux souffla ; les torches s'éteignirent, et le cortége resta dans la plus grande obscurité ; le tonnerre se fit entendre avec fracas, l'eau tomba par torrents. Les Compagnons s'approchèrent du corps, et continuèrent leur prière le reste de la nuit. Le matin, l'orage étant dissipé, ils se mirent en marche au premier rayon du jour, après avoir jeté un regard d'effroi sur ce lieu, qui prit le nom de Remords. Ayant marché quatre cents toises à peu près, l'extrême besoin les força à s'arrêter. Ayant mis quatre Compagnons de garde, ils furent chercher quelque nourriture. Ce fut ce lieu qui prit le nom de Saint-Maximin. Le cortége partit, et, prenant le Midi, fut s'arrêter dans un endroit appelé Lavenel, aujourd'hui Cabane-Saint-Zozime, à six cents toises de Saint-Maximin. Ayant rallumé leurs torches, ils se mirent en marche, et ne s'arrêtèrent qu'à l'endroit où maître Jacques avait été assassiné, et où il avait voulu être enseveli.

« Avant de descendre le corps dans le tombeau, le premier lui donna le baiser de paix, chacun suivit son exemple, après quoi, lui ayant ôté son bourdon, le remirent dans la bière et le descendirent dans la tombe ; le premier descendit auprès de lui, les Compagnons le couvrirent du drap mortuaire ; puis, ayant fait la *guilbrette*, il se fit donner du pain et du vin et de la chair, les déposa dans la tombe et sortit. Les compagnons couvrirent la tombe de grosses pierres et les scellèrent de fortes barres de fer ; puis, ayant fait un grand feu, ils y jetèrent leurs torches et tout ce qui avait servi aux funérailles de leur maître.

« Les habillements furent mis dans une caisse. A la destruction des temples, les enfants de maître Jacques s'étant séparés, ils se partagèrent ses habillements, et ils furent ainsi donnés :

« Son chapeau, aux chapeliers ;
Sa tunique, aux tailleurs de pierre ;
Ses sandales, aux serruriers ;
Son manteau, aux menuisiers ;
Sa ceinture, aux charpentiers ;
Et son bourdon, aux charrons. »

On ne verra pas sans étonnement la ceinture de maître Jacques échoir aux charpentiers, enfants de Soubise.

Dans le document très curieux dont je fais usage on trouve l'ACTE DE FOI prononcé par maître Jacques à sa réception, devant Salomon, Hiram et le grand sacrificateur, en présence des maîtres ; cet acte de foi est une fort belle prière, et je veux la reproduire ici :

« O Dieu ! tout-puissant souverain, maître de la terre, toi qui vois tout l'univers soumis à tes lois, toi qui d'un seul regard peux faire rentrer le monde dans le néant dont tu l'as tiré, je te salue, ô roi des rois ; prosterné devant le trône de ta majesté toute-puissante, je te remercie de la grâce que tu m'as fait de pouvoir te connaître, t'aimer, te servir comme le seul vrai Dieu du ciel et de la terre. Daigne m'accorder la sagesse que tu accordes à tes élus, afin que je puisse faire adorer ton nom en quelque endroit de la terre que je me porte ; que l'étoile matinale guide mes pas en quittant ce temple élevé à ta gloire et construit par nos mains. J'emporterai en mon âme le souvenir de tes bontés infinies et des faveurs que tu m'as accordées. Tournant mes pensées et mes regards vers l'Orient, tu recevras mes prières comme partant de ce sanctuaire. Tu me verras réunir tous mes enfants autour de moi, et nos offrandes s'élèveront vers toi ; si elles te sont agréables tu daigneras répandre tes bénédictions sur nous. »

Maître Jacques s'adressant à Salomon :

« O toi, grand roi, à qui le Dieu tout-puissant a accordé le don de la sagesse, daigne recevoir mon serment :

« Je te jure de ne jamais adorer d'autre Dieu que celui que tu m'as fait connaître, de ne recevoir aucun compagnon sans avoir approfondi jusqu'au fond de son cœur et l'avoir fait passer par les épreuves les plus sévères ; je ferai des vœux pour que tu puisses vivre en paix une longue vie et que tu voies ta postérité égaler les étoiles du firmament. »

Aux maîtres :

« Et vous, fils de la lumière, me voilà votre égal et votre ami.

« Le Dieu des dieux, le roi des rois, celui qui gouverne le monde, ce Dieu de puissance et de bonté, m'a accordé aujourd'hui la grâce de voir la vraie lumière, que vous m'avez donnée en son nom.

« Je jure de toujours suivre les lois divines que vous venez de me faire connaître, de partager vos peines et vos travaux, de vous chérir, de vous aimer comme mes frères.

« Vrais élus du vrai Dieu, vrais élus, disciples du plus sage des rois de la terre, recevez le serment que je vous fais aujourd'hui... Je vous remercie de la faveur que vous m'avez fait de me recevoir parmi vous.

« Que mon sang s'arrête dans mes veines, que le froid de la mort glace mes sens, que ma vue s'éteigne, que mon corps soit paralysé, que mon âme quitte la demeure que Dieu lui a donnée, et que je devienne la pâture des bêtes sauvages, si je deviens parjure au serment que je viens de prononcer.

« Et toi, grand SACRIFICATEUR, offre à Dieu mes serments ; prie-le en grâce de les accepter ; immole-lui cette génisse blanche en action du bonheur qu'il vient de m'accorder en ce jour.

« Joignons tous nos vœux pour que Dieu nous accorde à tous la paix, l'amour, la prospérité et le bonheur, ainsi que le pouvoir de faire adorer son saint nom par toute la terre. *Amen.* »

Terminons par le serment d'un aspirant pour être reçu :

« Je jure par le Dieu que j'adore, par l'âme qui m'anime, par le sang qui circule dans mes veines, par ce cœur qui bat en moi, de garder avec constance, persévérance, fermeté le secret qui va m'être confié, d'aimer mon prochain comme moi-même, de punir le traître, et de soutenir le devoir jusqu'à la dernière goutte de mon sang. »

LE PÈRE SOUBISE.

Il me reste à parler du père Soubise, mais n'ayant aucun document de quelque valeur sur ce fondateur, je ne puis remplir ma tâche ainsi que je le désirerais. Quelques charpentiers ont protesté contre le rôle attribué au père Soubise dans la vie de maître Jacques... Qu'ils se rassurent, pour notre part nous ne croyons pas plus au meurtre de maître Jacques par le père Soubise, qu'au meurtre d'Hiram par les compagnons étrangers... Nous ne voulons pas la haine, mais l'amour, mais la sympathie entre tous les corps d'états et partout. Un compagnon charpentier me confia une vie du père Soubise, c'était un roman moral dont il fallait du reste glorifier l'auteur... et sur lequel je ne dois pas pour le moment m'arrêter davantage.

Enfants de Salomon.

TAILLEURS DE PIERRE.

Les tailleurs de pierre, *Compagnons étrangers*, dit *les Loups*, passent pour être ce qu'il y a de plus ancien dans le Compagnonnage. On fait courir sur eux une vieille fable où il est question d'Hiram, selon les uns, d'Adoniram, selon les autres ; on y voit des crimes et des châtiments, mais je laisse cette fable pour ce qu'elle vaut.

Les tailleurs de pierre se divisent en deux classes : les *Compagnons* et les *Jeunes-Hommes;* il y a un premier Compagnon qui préside l'assemblée des Compagnons, un premier Jeune-Homme qui préside l'assemblée des Jeunes-Hommes. Les Compagnons se parent de la canne et de rubans fleuris d'une infinité de couleurs, qu'ils portent passés derrière le cou et flottants sur la poitrine. Celui qui se présente pour faire partie de la Société fait un temps de noviciat ; il mange, il couche chez la *Mère*, et ne participe pas aux frais du corps. Quand il est suffisamment connu, on le reçoit Jeune-Homme, et il porte, comme tous ceux de sa classe, des rubans verts et blancs attachés à la boutonnière de l'habit et flottant au côté droit. Les Compagnons et les Jeu-

Le 1ᵉʳ Compagnon étranger Tailleur de Pierre.

le 1.er Compagnon des Menuisiers du devoir de liberté.
Mêmes insignes pour les Serruriers; id. pour les Tonneliers. Le premier compagnon seul porte l'Echarpe.

nes-Hommes ont des surnoms tels que ceux-ci : *La Prudence de Draguignan, La Fleur de Bagnolet, La Liberté de Châteauneuf*, etc. Ils prennent le nom de leur pays, quelque grand ou petit qu'il soit, et le surnom qu'ils ont reçu de la Société passe toujours devant ; c'est l'inverse de presque toutes les autres Sociétés. Ce n'est encore que chez eux que les non-Compagnons portent des surnoms et des couleurs. Ils remplacent le mot *Monsieur* par le mot *Coterie*. Ils ne *hurlent* pas, ils exercent quelquefois le *topage*. Quoiqu'il y ait dans cette Société un premier Compagnon et un premier Jeune-Homme, et par conséquent des assemblées à part, l'accord le plus parfait n'a jamais cessé de régner entre eux.

Ainsi se trouvait terminé cet article dans la première édition de ce livre. J'ajouterai qu'une rupture a éclaté chez les Compagnons étrangers en 1838, que des Jeunes-Hommes se sont retirés et ont formé une association nouvelle, dite des *Compagnons de l'Union*. Cette association reste sous la bannière de Salomon.

Après cette première rupture il s'en est fait une seconde vers 1853, et la plus antique des sociétés du Compagnonnage a eu cruellement à souffrir. Quoi ! toujours des divisions ? jamais de fusions ? Ouvriers ! ouvriers !... ouvrez donc les yeux... où allez-vous ?...

MENUISIERS.

Dans la Société des menuisiers du devoir de liberté, dit les *Gavots*, il y a trois ordres de Compagnons, savoir : premier ordre ou *Compagnons reçus;* deuxième ordre ou *Compagnons finis;* troisième ordre ou *Compagnons initiés*. Il y a en outre la classe de ceux qui ne sont pas encore reçus et que l'on nomme *Affiliés*. Quand un jeune homme se présente et demande à être membre de la Société, on interroge ses sentiments ; s'il fait des réponses satisfaisantes, on l'embauche. A la première assemblée générale, on le fait monter en chambre, et, en présence de tous les Compagnons et de tous les Affiliés, on lui fait quelques questions pour savoir s'il ne s'est pas trompé, si c'est bien dans cette Société, et non dans une autre, qu'il a voulu entrer ; car, comme on le lui fait observer, il y en a plusieurs, et chacun est libre dans son choix. Enfin, on lui fait lecture du règlement auquel tout Compagnon, tout Affilié doivent se soumettre; on lui demande s'il peut s'y conformer : s'il répondait non, il pourrait se retirer; s'il répond oui, il est *Affilié* et placé à son rang de salle. S'il est honnête et intelligent, il arrivera successivement à tous les ordres du Compagnonnage et à tous les emplois de la Société. Les Compagnons se parent de petites cannes et de rubans bleus et blancs qu'ils attachent à la boutonnière de l'habit, et qu'ils font flotter au côté gauche. Le chef de la Société est nommé *premier Compagnon* s'il est du second ordre, et *Dignitaire* s'il est du troisième. Dans le premier cas, ses rubans, qu'il porte comme les autres Compagnons, sont embellis de franges en or; il peut aussi prendre l'écharpe blanche avec franges en argent et brodée sur la poitrine; il est paré, les jours de fête et de cérémonie, d'un bouquet à deux épis dorés : dans le second cas, il est décoré d'une écharpe bleue, passant sur l'épaule droite et pendant au côté gauche, ornée sur la poitrine d'une équerre et d'un compas entrelacés, et à ses extrémités inférieures, de franges en or. La Société change de chef deux fois par an; tous les Compagnons, tous les Affiliés concourent à l'élection; le vote est par bulletin. Le candidat qui obtient la majorité des suffrages est proclamé Premier Compagnon ou Dignitaire, selon l'ordre auquel il appartient. On le pare des insignes de sa nouvelle dignité, et il est pendant six mois à la tête de la Société. Il accueille les arrivants, dispose du *Rouleur* à son gré; fait *embaucher*, lever les *acquits;* il convoque les assemblées. Mais il a des devoirs à remplir et a besoin de marcher droit pour n'être pas révoqué. Il y a un Secrétaire et quatre anciens Compagnons chargés de surveiller journellement la direction des affaires. A la Société appartient le contrôle de toute chose. Quatre maîtres ayant fait leur tour de France, ayant occupé des emplois parmi nous, et reconnus pour leur sagesse, sont investis d'un mandat de confiance et viennent, dès qu'on les convoque, nous apporter des avis et travailler au bon ordre de l'association. On voit qu'une hiérarchie est établie dans cette Société, ce qui néanmoins n'en exclut pas l'égalité entre tous ses membres. Les Compagnons et les Affiliés sont mêlés dans les ateliers, dans les chambres et aux mêmes tables ; ils se réunissent aux mêmes assemblées. Un Compagnon n'a pas plus de pouvoir sur un Affilié que celui-ci n'en a sur un Compagnon. Le règlement étant positif et les droits étant communs, on peut se prendre réciproquement en défaut. Un chef de la Société pris en défaut subit double peine, et cela pour lui rappeler qu'il doit servir d'exemple à tous. Les lois de la Société défendent le topage. Ces deux mots, *vous* et *toi*, ont paru se faire la grimace ; il en fallait proscrire un, on a proscrit le *toi*. Tous les membres de la Société, jeunes et vieux, doivent se dire réciproquement *vous*. La propreté et le respect sont de rigueur. Les Compagnons portent des surnoms tels que ceux-ci : *Languedoc La Prudence, Bordelais La Rose*, etc. ; le mot *Pays* est à la place du mot *Monsieur* ; on ne connaît pas les hurlements.

On trouve vraiment de très bonnes choses dans cette Société ; il y a cependant un point qui excite quelquefois des réclamations. Si des Affiliés venaient s'en plaindre à moi, je leur répondrais : « Cela vous paraît mauvais et cause votre mécontentement ; examinez-le avec attention, pensez-y, méditez-le sans cesse, mais ne soyez point poussés par des sentiments égoïstes ; soyez laborieux, soyez sages et prudents, bientôt vous serez Compagnons ; alors, si ce qui vous parut mauvais vous le paraît encore, tentez de le réformer. Pour être justes et généreux, il faut faire pour les autres ce que vous auriez voulu que l'on fît pour vous.

« Si vous proposez un jour une réforme qu'on ne voudra pas accueillir, gardez-vous bien de vous retirer pour cela de la Société : vous feriez présumer par là que vos intentions n'étaient pas pures.

« De plus, si ayant tenté plusieurs fois d'introduire une réforme vous n'avez pu y réussir, n'en soyez point blessés, mais soyez jusqu'au bout les hommes de la Société. Après vous, soyez-en convaincus, d'autres Compagnons s'empareront de vos idées, les pousseront plus avant, et finiront enfin par les faire triompher en votre absence même !

« Il faut agir avec sagesse, avec prudence pour faire le bien. Ceux qui agissent autrement n'engendrent que désordre et bouleversement. Les sociétés ont deux genres d'ennemis : ce sont ceux qui, attachés aux vieilles formes, ne tiennent aucun compte de la marche des temps, et ceux qui, avec des idées opposées, les devancent et veulent faire impérieusement, brutalement, ce qu'ils appellent la volonté de tous. Je ne veux rien dire sur les intentions, mais j'avouerai que les rétrogrades et les trop violents sont également dangereux.

« Voulez-vous servir une bonne cause, procédez avec douceur, avec persévérance, et que jamais rien ne vous rebute. »

Une scission des plus violentes s'est faite dans cette Société en 1843... Elle ne s'est pas opérée par le bas, mais par le haut; l'ordre supérieur, dit troisième ordre, s'en est rendu coupable! Ceux qui voudront connaître tous les détails de cette singulière révolution parmi des travailleurs liront mon *Histoire d'une scission dans le Compagnonnage*, ou mes *Mémoires d'un ouvrier*, que je veux bientôt compléter.

SERRURIERS.

J'ai peu de choses à dire des Compagnons serruriers ce que j'ai dit des menuisiers s'applique parfaitement à eux; ils ont même organisation, mêmes lois, même règlement.

Ils sont peu nombreux sur le tour de France. Quand ils sont trop peu dans une ville, ils font *mère* commune avec les menuisiers, parmi lesquels ils se confondent comme s'ils étaient du même état. Dans cette circonstance, un serrurier peut devenir chef d'une Société où il n'y aurait presque que des menuisiers.

Les enfants de Salomon reçoivent parmi eux des hommes de toutes religions.

Pour ne pas interrompre ce que j'ai à dire sur les Sociétés primitives, je renvoie un peu plus loin à parler des Charpentiers de Liberté.

Enfants de maître Jacques.

TAILLEURS DE PIERRE.

Les tailleurs de pierre, *Compagnons du Devoir* ou

Le Compagnon passant Tailleur de Pierre.

Le Compagnon Menuisier du devoir.
Mêmes rubans pour les Serruriers et autres corps d'états.

Compagnons passants, dits les *Loups-Garous*, sont, dit-on, moins anciens que les Compagnons étrangers, dont la Société existait seule dans le vieux temps.

La division se mit au sein de cette Société. Il y eut scission. Ceux qui se retirèrent formèrent une association particulière, et se dirent *Compagnons passants*. Ces deux noms, *étrangers* et *passants*, viennent de ce que presque tous les tailleurs de pierre qui travaillèrent au temple de Salomon n'étaient pas de la Judée, mais de Tyr et des pays environnants; ils étaient donc *étrangers* dans Jérusalem. Ils étaient *passants* aussi, car ils ne prétendaient pas y demeurer toujours.

Cette Société de tailleurs de pierre se divise en deux classes, les Compagnons et ceux qui aspirent à l'être, et qu'on appelle *Aspirants*. Les Compagnons portent de longues cannes et des rubans fleuris de couleurs variées, attachés autour du chapeau, et tombant jusqu'au bas de l'oreille. Ils s'appellent *Coterie*, et portent des surnoms comme les autres tailleurs de pierre; ils *topent*, ils ne hurlent pas. Leur rigueur envers les Aspirants a été excessive.

Les *Loups* et les *Loups-Garous* sont à peu près égaux en nombre; ils sont ennemis jurés, et se livrent souvent des combats sanglants. Quand ils travaillent à un même pont, il est dangereux de les placer sur la même rive; la rivière est quelquefois trop étroite pour les séparer. Dans Paris cependant ils travaillent fréquemment ensemble, et il n'en résulte rien de mauvais.

Il y a eu dans toutes les Sociétés du Devoir de nombreuses révoltes de subordonnés.

MENUISIERS.

Dans la Société des Compagnons menuisiers du *Devoir* dits les *Dévorants* ou *Devoirants* (on leur donne aussi le nom de *Chiens*, commun à tous les Devoirants), il y a deux classes bien tranchées : ce sont, comme dans toutes les Sociétés se disant de maître Jacques, les Compagnons et les Aspirants. Les Compagnons tiennent assemblée à part, les Aspirants de même; un Compagnon commande l'assemblée des Compagnons, le premier Aspirant commande celle des Aspirants. Les Compagnons pénètrent dans l'assemblée des Aspirants, qu'un des leurs préside et les Aspirants ne peuvent entrer dans l'assemblée des Compagnons. Les Compagnons couchent en chambres particulières, mangent à des tables où les Aspirants ne peuvent prendre place. Les jours des grandes fêtes, ils font festin à part et dansent à part; enfin il y a peu de liaison, peu de sympathie entre ces deux classes ; les uns affectent des airs que les autres n'admirent plus. Ce qui le prouve, ce sont les discordes qui ont éclaté entre eux dans plusieurs grandes villes, et qui ont fait naître la Société des *Révoltés*, société fort nombreuse, et qui a fini par se poser d'une manière très honorable.

Les Compagnons menuisiers ne se donnent point de surnoms; ils s'appellent par leurs noms de baptême et de pays, comme, par exemple, *Pierre le Gatinais, Hippolyte le Nantais*, etc., etc. Ils portent des petites cannes et des rubans verts, rouges, blancs, attachés à la boutonnière, comme les Gavots. Ils portent aussi des gants blancs, parce qu'ils n'ont pas, disent-ils, tremp[é] leurs mains dans le sang d'Hiram. Ils n'ont qu'un ordr[e] de Compagnons. Cependant le nouveau reçu, dit *Pigeonneau*, fait un temps de noviciat. Chaque Compagnon fa[it] tour à tour une semaine de rôle, comme dans toutes le[s] autres Sociétés.

Le Compagnon le plus ancien dans une ville es[t] nommé le *premier en ville*, et les Aspirants le regarder[t] comme un premier Compagnon. S'il y a parmi les Com[pagnons un chef élu, ce chef est peu connu des Asp[i]rants.

Ils font usage du mot *pays;* ils se prêtent, entre Compagnons, un appui mutuel. Ils sont propres et passe[nt] pour être fiers ; ils ne voudraient pas que les menuisie[rs] et serruriers de Salomon pussent se dire Compagnor[s] du Devoir de Liberté, mais Compagnons de la Liber[té] seulement; il faudrait pour les contenter rayer le m[ot] *devoir*.

Les menuisiers des deux Sociétés sont rivaux certa[i]nement; mais ils en viennent rarement aux mains.

Les menuisiers enfants de maître Jacques, et quelqu[es] autres corps d'états soumis aux règles du même fond[a]teur, ne doivent recevoir Compagnons, d'après leur Cod[e] que des catholiques.

Le Compagnon passant Charpentier, ou Bon-Drille.
Les Chapeliers, les Tanneurs, les Couvreurs, les Plâtriers, les Cordiers,
portent aussi les couleurs au Chapeau.

J'ai adressé, un peu plus haut, quelques paroles amies aux Affiliés ; j'oserai, si des Aspirants voulaient bien m'entendre, leur donner ce conseil : « Vos Compagnons manquent-ils de quelque justice envers vous : sachez patienter et souffrir un peu ; ce n'est qu'un temps de noviciat, qu'un temps d'épreuve, par lequel tous vos chefs ont passé : instruisez-vous, comportez-vous bien et faites-vous recevoir le plus tôt possible. Une fois Compagnons, portez dans le gouvernement, dans l'esprit de votre Société, les idées nouvelles et progressives qui doivent la rajeunir. Etes-vous éclairés? éclairez-vous davantage. Etes-vous bons? soyez meilleurs encore. Soyez les véritables enfants de la France, soyez généreux et appliquez-vous, sans relâche, non à vous venger des humiliations que vous pouvez avoir subies et qu'il faut oublier, mais à servir vos semblables et la cause de l'avenir et de la fraternité. »

SERRURIERS.

Les serruriers sont organisés comme les menuisiers, mais ils sont beaucoup moins nombreux. Dans ces derniers temps des révoltes d'Aspirants les ont considérablement affaiblis.

Il n'existe pas entre les menuisiers et les serruriers un accord parfait. Ils ne se fréquentent même plus. Je connais la cause de leur refroidissement ; mais je crois qu'il n'est pas utile d'en parler.

J'ai dit quelque part que les Enfants de maître Jacques s'étaient adjoint d'autres corps d'états, mais les nouvelles Sociétés étant faites à l'image des anciennes, j'ai peu de choses à en dire. Cependant je citerai plus loin quelques particularités qui les distinguent.

Enfants du père Soubise.

CHARPENTIERS.

La Société des charpentiers, *Compagnons passants* ou *Bondrilles*, ou *Drilles*, se disant aussi *Dévorants*, renferme deux classes, les Compagnons et les *Renards* (sorte d'Aspirants). Les Compagnons portent de très grandes cannes et des rubans fleuris et variés en couleurs; ils les attachent autour de leurs chapeaux et les font descendre par devant l'épaule. Dans leurs rapports avec leurs *Renards*, ils sont peu commodes; on a vu des Compagnons se nommer le *Fléau des Renards*, d'autres la *Terreur des Renards*, etc. Le Compagnon est un maître, le Renard est un serviteur. Le Compagnon peut lui dire : Cire-moi mes bottes, brosse-moi mon habit, verse du vin dans mon verre, etc. Le Renard obéit, et le Compagnon se réjouit d'avoir fait *aller* le Renard. En province, un Renard travaille rarement dans les villes; on le chasse, comme on dit, *dans les broussailles*. Dans Paris, on le rend moins farouche, et il travaille dans les mêmes chantiers que les Compagnons.

Celui qui dans un chantier conduit les travaux est nommé *Gâcheur*, et touche sans doute une journée plus élevée que les autres travailleurs. Excepté lui, tous les autres charpentiers, qu'ils soient bons ou mauvais ouvriers, reçoivent la même paie. Ils disent qu'un ouvrier très bouché peut avoir un appétit très ouvert, et qu'il faut qu'il vive et fasse vivre sa famille. Des gens concluront de cette égalité de paie qu'il vaut autant, dans cet état, être mauvais que bon ouvrier; mais qu'ils réfléchissent que l'ouvrier le moins habile fait les travaux les plus grossiers et les plus rudes, et qu'il est, quand l'ouvrage baisse, le premier renvoyé du chantier; ils conviendront alors qu'il y a toujours un désavantage à être mauvais ouvrier.

Les Compagnons *Drilles* hurlent dans leurs cérémonies et reconnaissances; ils topent sur les routes; ils se battent souvent, soit contre les boulangers, soit contre les cordonniers et autres corps d'états. Ils se soutiennent très bien, et savent maintenir les prix de leurs journées.

Je ferai remarquer que dans ce corps d'état l'apprenti est appelé *Lapin*, l'aspirant *Renard*, le Compagnon *Chien*, et le maître *Singe*. Voici comment on explique ces qualifications. Le Lapin est le plus faible et le moins intelligent. Le Renard, plus grand et plus fort, fait courir le Lapin et le fait aller où il veut. Le Chien prime à son tour sur le Renard, et lui donne de rudes chasses. Le Singe, le plus fin, le plus adroit de tous, prime sur

Le Compagnon Charpentier du devoir de liberté

le Chien, sur le Renard et sur le Lapin, dispose de tous à son gré, et les exploite à son profit. Les charpentiers sont loin de se fâcher quand on rit de ces nombreuses métamorphoses.

Adjonction aux Enfants de Salomon.

CHARPENTIERS.

Les charpentiers, se disant de nos jours *Compagnons de Liberté*, se disaient autrefois *Renards de Liberté*; ce qui prouverait qu'ils ont été dans des temps plus anciens aspirants des Compagnons Drilles, contre lesquels, se voyant traités en esclaves, ils se seront révoltés; ils auront quitté l'habitation commune pour vivre et faire mère à part. S'étant ainsi affranchis de leur servitude et vivant sans maîtres, ils auront ajouté à leur nom de *Renard* le mot *liberté*. Ils ne tardèrent pas à se donner un Devoir et à se faire Compagnons. Ils se dirent alors Compagnons de Liberté et Enfants de Salomon. Ils ont, sans doute, pour former leur Devoir, fait des emprunts à d'autres Sociétés, principalement à celle d'où ils sortaient : les *hurlements* qu'ils poussent le font présumer. Ils n'ont point de rapports avec les anciens Enfants de Salomon. Leurs cris, comme on peut le penser, portent obstacle à une franche union; ils finiront sans doute par se modifier, et tout s'unira; je le désire.

Les charpentiers Compagnons de Liberté habitent à Paris la rive gauche de la Seine ; les charpentiers Compagnons passants ou Drilles habitent la rive droite. Ils sont tenus, les uns et les autres, d'après une certaine convention, à travailler du côté du fleuve où leur domicile est fixé : ce qui ne les empêche pas de se livrer souvent de rudes combats.

Ils s'entendent dans les grèves à ravir ; puissent-ils s'entendre toujours !

Il y a aussi, depuis quelques années, des tonneliers du Devoir de Liberté, des cordonniers du Devoir de Liberté. Il ne faut repousser personne... Nous devons désirer que tout s'unisse et que tout sympathise.

Adjonction aux Enfants de maître Jacques.

ÉTATS DIVERS.

J'ai déjà dit que les menuisiers avaient reçu les tourneurs, et les serruriers les vitriers. Les anciens ne hurlent pas. Les tourneurs et les vitriers hurlent. Je ne replacerai pas ici les noms de toutes les sociétés engendrées immédiatement après celles-ci. J'observerai qu'elles se ressemblent toutes sous beaucoup de rapports. Quant aux hurlements, quant au topage, elles en usent presque toutes ; quant aux longues cannes, quant aux couleurs, on en porte partout ; quant aux divisions par classes, ce sont toujours des Compagnons et des Aspirants.

Les *Cloutiers* ont quelque chose de particulier ; ils suivent encore les plus vieilles coutumes : ils commandent leurs assemblées, ils font leurs grandes cérémonies en culotte courte et en chapeau monté. De plus, ils ont des cheveux longs et tressés sur leur tête. Si un membre de leur Société vient à mourir, ils quittent leurs chapeaux, défont, délient leurs longues tresses, et vont l'enterrer avec les cheveux en désordre et leur couvrant presque tout le visage. Les cloutiers sont nombreux à Nantes, et l'on peut dire d'eux qu'ils se soutiennent comme des frères.

Les *Forgerons* aussi se parent de culottes courtes et de chapeaux montés.

Je parlerai de quelques sociétés moins anciennes.

Les Compagnons *Tisserands* datent de 1775 ; un menuisier traître à sa Société leur vendit le Devoir.

Les *Cordonniers* n'ont guère que trente ans de Compagnonnage. Voici leur origine : Un gendarme, ayant été ouvrier et Compagnon corroyeur, vendit dans Angoulême son Devoir à un cordonnier nommé *Carcassonne Le Turc*, qui le communiqua à ceux de sa profession. Les cordonniers se formèrent en société et devinrent très forts ; ils soutinrent pendant huit jours une bataille affreuse contre les corroyeurs. Il y eut des blessés et des morts. A la suite de cette affaire, *Mouton Cœur-de-Lion*, cordonnier des plus courageux, fut mis aux

Le Compagnon Cordonnier du devoir.
Portant couleurs et faveurs.

galères de Rochefort, où il mourut, sans doute de chagrin et d'ennui. Les cordonniers vénèrent la mémoire de ce Compagnon, et dans un de leurs couplets on trouve les vers suivants :

> Provençal l'Invincible,
> Bordelais l'Intrépide,
> Mouton Cœur-de-Lion
> Nous ont faits Compagnons.

Le Devoir fut porté d'Angoulême à Nantes, et de là se répandit dans d'autres villes. Les Compagnons cordonniers sont nombreux et d'une bravoure remarquable. Ils se battent fréquemment, et je dois avouer qu'ils sont souvent attaqués.

Les cordonniers portent d'abord deux couleurs, une rouge, une bleue; puis dans chaque ville de Devoir où ils passent ils prennent une couleur de plus; ce qui fait qu'en terminant leur Tour de France ils en ont un grand nombre. Ces couleurs que l'on prend de plus, et dont plusieurs corps d'états font usage, s'appellent des *faveurs*.

J'ai dit que les cordonniers ne comptaient qu'une trentaine d'années de Compagnonnage. Cependant on trouvera dans l'Histoire de Paris, par Dulaure, que, le 27 septembre 1645, les Compagnons cordonniers, appelés *Compagnons du Devoir*, furent dénoncés à la faculté de théologie à cause des pratiques de l'initiation d'un apprenti au grade de Compagnon, etc., etc. Il est probable que cette Société fut dissoute, et que son Devoir se perdit; car il est bien positif que la Société actuelle des cordonniers est peu ancienne (1).

---

(1) Cher pays et ami,

Lorsque vous fîtes imprimer votre première édition du *Livre du Compagnonnage*, vous reçûtes, concernant la fondation de la Société des Compagnons cordonniers et bottiers, des renseignements qui ne sont pas tout à fait conformes à la vérité. Voici la rectification : Dans la ville d'Angoulême il existait un Compagnon tanneur et corroyeur nommé Martiret, Poitevin-l'Exterminateur-des-Margageats, fréquentant les ouvriers cordonniers. Il leur fit la proposition, sans condition, de les

Les *Boulangers* comptent une vingtaine d'années de Compagnonnage, ils tiennent le Devoir des doleurs, et ils se sont formés en société à Nantes, à La Rochelle, puis à Bordeaux.

Les *Ferrandiniers*, ou ouvriers en soie, se sont formés en 1832 en Compagnonnage; ils ont essayé, il y a peu de temps, de rentrer dans la famille des Enfants de maître Jacques. S'ils n'ont pas obtenu cette faveur, ils ont au moins reçu de bonnes raisons.

Quelques associations de Compagnons, telles que celles des *Bonnetiers*, des *Potiers*, des *Epingliers*, etc., se sont effacées; elles ont été remplacées par d'autres; de nouvelles associations se forment encore, tant le besoin de s'unir se fait sentir aux ouvriers.

Adjonction aux Enfants du père Soubise.

COUVREURS ET PLATRIERS.

Les Charpentiers ont reçu les *Couvreurs* et les *Plâtriers;* ils diffèrent peu les uns des autres dans leurs arrangements. Chez les couvreurs, le non-Compagnon est appelé *Aspirant*, et chez les plâtriers *Bouquin*.

recevoir Compagnons du Devoir, enfants de maître Jacques, enfants des tanneurs et corroyeurs. Trois cordonniers acceptèrent cette proposition; il les reçut le 25 janvier 1808. Le premier fut Messin-va-sans-Crainte; le deuxième, Suisse-va-de-bon-Cœur; le troisième, Béarnais-le-Sincère; il continua à recevoir tous les cordonniers qui se présentèrent.

Nous ne savons pas quelle était sa position au vis-à-vis de sa Société pour l'engager à faire une pareille chose; seulement nous savons qu'il avait fait le Tour de France et qu'il avait été à la tête de sa Société dans plusieurs villes.

Nous sommes restés seuls sans alliance pendant quarante-trois ans; le 10 novembre 1850 nous fûmes reconnus par neuf corps d'état.

DUFOUR,
dit Manseau-l'aimable-Sagesse,
cordonnier-bottier.

Paris, ce 12 août 1857.

REMARQUES DIVERSES.

Les Enfants du père Soubise, comme les Enfants de maître Jacques, se disent Compagnons du *Devoir*. Les Compagnons du Devoir seraient très forts s'ils étaient d'accord entre eux, mais ils ne le sont pas.

Ainsi, les menuisiers, amis des charpentiers et des tailleurs de pierre, sont ennemis des maréchaux que ces derniers accueillent.

Les maréchaux tiennent le Devoir des forgerons, et en sont repoussés.

Les maréchaux repoussent les bourreliers.

Les forgerons ont reçu les charrons sous la condition que ceux-ci porteraient les couleurs à une boutonnière basse; les charrons promirent tout, mais ils n'ont pas tenu leur promesse; ils portent les couleurs aussi haut que les forgerons : voilà la cause de leur haine et de leurs querelles.

Les charpentiers portent les couleurs d'une manière, les tanneurs veulent les porter de la même manière, c'est ce qui les rend ennemis jurés.

Les charpentiers sont souvent en contestation avec les tailleurs de pierre au même sujet.

Enfin, presque toutes les discordes entre les Compagnons du Devoir viennent des couleurs et du droit de préséance. Chacun veut avoir le pas sur les autres.

Les tisserands, les sabotiers, vivent dans une sorte d'isolement.

Les boulangers, les cordonniers sont absolument repoussés de tous les autres corps d'états, qui ne les jugent pas dignes d'être Compagnons.

Je ferai remarquer que les tisserands, les cordonniers, les boulangers, les maréchaux, etc., etc., sont ennemis des Compagnons menuisiers et serruriers du Devoir, et que si, malgré cela, un membre de ces Sociétés avait un frère menuisier ou serrurier, ce frère se mettrait plutôt avec les Compagnons du Devoir qu'avec les Compagnons du Devoir de Liberté; et cela se conçoit, car il dirait : Mon frère est Dévorant, je veux être Dévorant aussi. Voilà ce qui fait que les Compagnons du Devoir dans chaque état sont plus nombreux que les Compagnons du Devoir de Liberté.

Je pourrais parler d'un schisme survenu entre les Compagnons menuisiers du Devoir qui les partage en deux partis, les vieux et les jeunes. Les vieux, connus sous le nom de *Damas* et de *Renégats*, sont peu nombreux ; les jeunes ont toute la force de leur Société.

Je pourrais donner aussi quelques détails sur les *Drogains chapeliers*, sur les *Gamins maréchaux*, sur les *Margajas tanneurs et cordonniers*, ennemis des Compagnons de ces deux métiers ; des *Rendurcis boulangers*, etc. Je me rappelle qu'à Lyon, en 1828, les Rendurcis et les Compagnons du même état se livrèrent, dans une rue étroite, une bataille à coups de canne ; la garde vint nombreuse, en arrêta plusieurs. Les combattants se rapprochèrent alors, tombèrent vigoureusement sur la garde, reprirent leurs prisonniers et se sauvèrent tous. A Paris, en décembre 1839, dans la rue du faubourg Saint-Martin, est arrivé un fait à peu près semblable.

Depuis l'année 1839, époque de l'apparition de ce livre, bien des changements se sont produits dans le Compagnonnage. Il est plus que probable que les forgerons, les cloutiers et d'autres corps se sont relâchés de leurs vieilles coutumes ; je constate ici, et je le fais avec joie, que les boulangers, que les cordonniers, que les ferrandiniers ont été reconnus par un assez grand nombre de corps d'états.

Société de l'Union ou des Indépendants, dits les Révoltés.

En 1823 et non en 1830, comme je l'avais dit par erreur, des Aspirants *Menuisiers* et des Aspirants *Serruriers* se révoltèrent à Bordeaux contre leurs Compagnons, et formèrent entre eux le noyau d'une Société nouvelle. Depuis, à Lyon, à Marseille, à Nantes, d'autres Aspirants se sont encore révoltés et formés en société, à l'exemple de ceux de Bordeaux. Ces diverses Sociétés ont correspondu entre elles, et la *Société de l'Union* ou *des Indépendants* s'est trouvée constituée. Que les Compagnons du Devoir disent tant qu'ils le voudront que cet effet a eu lieu sans cause, je ne le crois pas, car les membres de la nouvelle Société sont très nombreux, et tant d'individus ne se révoltent jamais pour rien. Ils font la guerre aux Compagnons du Devoir comme Spartacus la faisait à la vieille et injuste Rome. Les Compagnons les appellent les *Révoltés* ; eux se nomment les *Indépendants*. Il n'y a chez eux aucun mystère, aucune initiation, aucune distinction. Leur chef ou président est nommé par élection : sa présidence dure plus ou moins, c'est-à-dire autant que cela convient soit à lui, soit à la Société. Tous les membres de la Société sont égaux ; malgré cette égalité, l'ordre et la paix sont loin de régner chez eux ; ce qui prouverait peut-être qu'une hiérarchie bien entendue ne nuit pas dans une association de jeunes gens ayant à peu près même fortune, même instruction, et pouvant par conséquent arriver également à tous les ordres, à toutes les places, pour se retirer ensuite de cette société d'ouvriers voyageurs, se fixer quelque part, et devenir membre d'une plus grande société, la société française.

J'ai dit que les *Sociétaires* (c'est ainsi qu'ils se nomment) n'avaient point d'initiation ; cependant la Société des *Cordonniers indépendants*, après s'être formée sous l'invocation de Guillaume Tell, a fini par adopter des cannes et des couleurs et par se rapprocher des formes du Compagnonnage.

Les *Jeunes-Hommes* qui se sont séparés des Compagnons étrangers en 1838, ont formé la Société des *Compagnons de l'Union*. Cette Société ne manque pas de force. Elle chante Salomon.

Je retourne à la masse du Compagnonnage pour en faire connaître les généralités et les particularités par articles détachés.

Je me répéterai quelquefois ; mais ces répétitions prendront très peu d'espace dans ce livre et auront quelque utilité. C'est pour cela que je me les permettrai.

LA MÈRE (1).

Quand un compagnon va à la maison où la Société loge, mange et tient ses assemblées, il dit : *Je vais*

---

(1) Indépendamment de la *mère*, on a, chez les charpentiers et quelques autres corps d'états, des *cayennes*. Ce sont des au-

chez la mère. Si l'aubergiste chez lequel la Société est établie n'avait point de femme, on dirait également en allant chez lui : Je vais chez la *mère.* On le voit, le mot *mère* fait non-seulement penser à la maîtresse de la maison, mais à la maison elle-même. Cela connu, je dirai : L'aubergiste est le père des Compagnons, sa femme est leur mère, les enfants de l'hôtelier et les domestiques sont leurs frères et leurs sœurs. Tous les membres de la Société sont solidaires les uns des autres envers la *mère* jusqu'à un certain degré. On voit des *pères* et des *mères* aimer les Compagnons comme s'ils étaient leurs propres enfants.

LE ROULEUR OU ROLEUR.

Dans toutes les Sociétés, chaque Compagnon, à tour de rôle, consacre une semaine à embaucher et à lever les acquits; de plus, il convoque les assemblées, il accueille les arrivants, il accompagne les partants en portant sur son épaule leur canne et leur paquet jusqu'au lieu de séparation : telles sont les fonctions du *Rouleur.*

ASSEMBLÉES MENSUELLES.

Dans toutes les Sociétés du Compagnonnage il y a, le premier dimanche de chaque mois, une assemblée générale, que le Rouleur a convoquée dès la veille. Dans cette réunion, chaque membre de la Société verse une somme égale pour couvrir les frais communs. Outre les *Assemblées mensuelles,* il est d'autres assemblées que divers cas peuvent nécessiter, par exemple, le départ d'un frère, pour que ce frère puisse réclamer si quelqu'un lui doit et pour qu'on puisse lui réclamer s'il doit à quelqu'un ; plusieurs autres motifs provoquent des assemblées.

EMBAUCHAGE.

Dans la Société des Compagnons du Devoir de Liberté,

berges situées près des chantiers où les Compagnons travaillent, et dans lesquelles ils vont prendre leurs repas et tenir quelquefois des réunions.

le Rouleur conduit, soit un Compagnon, soit un Affilié chez le maître, et lui dit : Voici un ouvrier que je viens vous embaucher. Le maître met cinq francs dans la main du Rouleur, qui, se tournant vers l'ouvrier, lui dit : Voilà ce que le maître vous avance ; j'espère que vous le gagnerez. L'ouvrier répond affirmativement. Le maître doit ignorer si l'ouvrier est Affilié ou Compagnon. Quand un Rouleur a embauché plusieurs hommes, il leur rend l'argent que le maître leur a avancé, puis ils déjeunent ou dînent ensemble, et ceux-ci, entre tous, lui paient son écot. Cependant il pourrait exiger de chacun à part un léger repas.

Dans la Société des Compagnons du Devoir, le Rouleur mène également ses hommes chez les maîtres, qui avancent cinq francs si c'est un Compagnon, trois francs si c'est un Aspirant. La journée d'un Aspirant est payée cinq sous de moins que celle d'un Compagnon; cependant, comme dans ces derniers temps presque tous les ouvriers sont aux pièces, cette distinction est de peu d'effet. Le Rouleur rend un franc à l'Aspirant, et en garde deux pour lui. Dans les villes de Devoir, il doit verser un franc dans la caisse des Compagnons, caisse qui n'a rien de commun avec celle des Aspirants.

Les Compagnons bourreliers, maréchaux, etc., font payer à l'Aspirant, la première fois qu'ils l'embauchent dans une ville, la somme de six francs. Celui qui a payé cette somme peut se faire réembaucher dans la même ville sans qu'il lui en coûte rien. Les Aspirants de ces Sociétés ne paient point de frais de mois, mais ils reçoivent des secours proportionnés à l'argent qu'ils versent.

Ce n'est que dans l'embauchage que le Rouleur reçoit une sorte de dédommagement, toutes ses autres courses sont gratuites.

LEVAGE D'ACQUIT.

Quand un ouvrier quitte sa boutique, le Rouleur le ramène chez le maître d'où il sort, pour savoir s'ils n'ont rien à se réclamer ni l'un ni l'autre.

Quand un jeune homme sort d'une Société de Compagnons pour entrer dans une autre Société de même genre, les Compagnons qui l'accueillent font lever son acquit chez les Compagnons qu'il quitte, pour savoir s'il s'est bien comporté.

Quand un membre de la Société part d'une ville, on lève son acquit chez la mère et auprès de la Société.

RAPPORTS DES COMPAGNONS AVEC LES MAITRES.

Un maître ne peut occuper que les membres d'une seule Société. Il s'adresse au premier Compagnon qui, par l'intermédiaire du Rouleur, lui procure les ouvriers dont il a besoin. Si le maître n'est pas content d'un ouvrier, il s'en plaint au premier Compagnon. Si un ouvrier n'est pas content du maître, il s'en plaint également au premier Compagnon, qui cherche à contenter tout le monde autant qu'il le peut. Si un maître est trop brutal et trop exigeant envers les ouvriers, la Société qui le servait cesse de lui en donner; il s'adresse alors à une autre Société; mais s'il ne corrige pas ses manières, il perd encore ses ouvriers. Quand un maître cherche à diminuer toujours le salaire des ouvriers, les Sociétés s'en alarment, car le mal est contagieux. Alors elles s'entendent, et mettent sa boutique en interdit pour un nombre d'années ou pour toujours. Cette interdiction cause un grand dommage au maître; quelquefois elle le ruine; mais les Compagnons n'en sont point touchés, et ils disent hautement : — Il a voulu retirer le pain aux ouvriers; cependant sans eux il ne pouvait pas vivre : il fut un égoïste, un exploiteur sans miséricorde; nous l'avons abandonné à ses propres ressources, qui ont été insuffisantes. Avis à ceux qui voudraient l'imiter!

Le salaire ressemble au poids qui donne le mouvement à l'horloge, ce poids descend de lui-même et naturellement; mais il faut, quand il est assez bas, user d'une force intelligente, sans quoi il arriverait jusqu'à terre, et les rouages ayant cessé d'avoir de l'action les uns sur les autres, l'horloge s'arrêterait. Les ouvriers sont quelquefois obligés, non d'user d'une force brusque, mais d'une certaine force d'inertie; s'ils n'avaient jamais eu recours à cet expédient, le salaire serait tellement descendu que la machine industrielle se serait arrêtée, et le maître lui-même en eût horriblement souffert.

Si la vente des denrées fait monter l'argent en haut,

la vente du travail dès bras doit le faire descendre en bas, afin qu'il puisse encore remonter pour redescendre encore. C'est ce flux et reflux qui fait vivre les classes placées aux extrémités sociales, et les classes intermédiaires. Cette question des salaires, traitée souvent à la légère, mérite des réflexions bien sérieuses.

SERVICES ET SECOURS.

Quand un Compagnon arrive dans une ville, on l'embauche ; s'il n'a pas d'argent, il a du crédit ; si des affaires pressantes exigeaient son départ, étant, lui, dépourvu d'argent, la Société lui accorderait des secours de ville en ville, jusqu'à ce qu'il fût rendu à destination.

Si un membre de la Société est mis en prison pour des faits non dégradants, on fait pour lui tout ce qu'on peut faire ; s'il tombe malade, chacun va le voir à son tour et lui porte tout ce qui peut lui être utile. Dans certaines Sociétés on visite moins fréquemment le malade, mais on lui fait dix sous par jour, dont le montant lui est remis dès qu'il sort de l'hospice.

Si un membre meurt, la Société lui rend le dernier service en l'accompagnant jusqu'à sa dernière demeure. Au bout d'un an, son souvenir est rappelé à la mémoire de ses frères.

Si la Société d'une ville éprouve des malheurs et demande des secours, les Sociétés des autres villes ne sont point sourdes à sa voix, et la soulagent promptement et de toutes les manières. Les lois du Compagnonnage ne commandent que l'amour et l'abnégation ; si les Compagnons en comprenaient le bon esprit, ils seraient non-seulement les amis de ceux de leur catégorie, mais de tous les Compagnons et de tous les hommes.

COTERIES ET PAYS.

Les tailleurs de pierre des deux partis, et les charpentiers des deux partis aussi, se donnent le titre de *coterie* ; tous les Compagnons des autres états se donnent le titre de *pays*.

SURNOMS DES COMPAGNONS.

Les menuisiers et les serruriers du Devoir ne portent pas de *surnom*. Les tailleurs de pierre des deux partis, faisant passer le surnom devant le nom de pays, s'appellent comme ceci : *La Rose de Bordeaux, Le Décidé de Toulon*, etc.; les chapeliers, les cloutiers, les cordiers, les tisserands s'appelleraient : *La Rose le Bordelais, Le Décidé le Toulonnais*, etc. ; les Compagnons de toutes les autres Sociétés tournent la chose différemment et s'appelleraient : *Bordelais la Rose, Toulonnais le Décidé*, etc. ; les couvreurs seuls, *Enfants des Bondrilles*, ont dû ajouter, pour se distinguer de leurs pères, un allongement à leurs surnoms ; ils pourraient donc s'appeler : *Bordelais la Rose* dit *le Beau Garçon, Toulonnais le Décidé* dit *le Courageux*, etc., etc.

Dans les temps où le Compagnonnage était persécuté, le surnom que l'on portait en place du nom de famille a souvent dérobé aux poursuites des autorités civiles et ecclésiastiques le Compagnon dont on voulait s'emparer.

ORIGINE DES SOBRIQUETS.

Il est probable que dans les premiers temps du Compagnonnage, en crainte des docteurs en théologie (1), les

---

(1) L'histoire ne nous instruit pas de toutes les persécutions que le Compagnonnage a eu à subir. D'après le père Helyot, voici ce qui se serait passé en 1645 :

« Il y avait parmi les Compagnons artisans de chaque mé-
« tier, dit-il, certaines maximes exécrables et sacriléges qu'on
« appelait vulgairement *le Compagnonnage ;* d'autant plus dan-
« gereuses qu'elles étaient cachées sous le voile d'une piété
« apparente, et qu'on pouvait les embrasser avec une entière
« assurance d'impunité, parce qu'elles étaient ignorées des
« juges ecclésiastiques ; mais en ayant été avertis par le *servi-*
« *teur de Dieu*, qui n'avait pu les détruire par ses charitables
« remontrances, ils les condamnèrent à sa sollicitation, et dé-
« fendirent, sous peine d'excommunication, les assemblées
« pernicieuses de ces Compagnons. Ils les avaient transportés
« au Temple au Marais, comme dans un lieu exempt de la
« juridiction de l'archevêque ; mais ils en furent chassés par
« sentence du bailli du Temple, à la *requête du bon Henri*, qui
« obtint aussi une sentence d'excommunication de l'archevê-

cérémonies avaient lieu dans les profondeurs des bois. Il est probable aussi que tous les Compagnons *hurlaient*. Leurs hurlements étaient plus ou moins graves, plus ou moins aigus, selon les Sociétés ; de là sont venus sans doute ces sobriquets : *Loups, Loups-Garous, Chiens*, etc., etc.

D'autres prétendent que le nom de *Chien*, attribué à tout les Compagnons du Devoir, vient de ce que ce fut un chien qui découvrit le lieu où gisait sous des gravats le cadavre d'Hiram, architecte du Temple, et que, d'après cela, tous les Compagnons qui se séparèrent de ceux qui avaient tué Hiram furent appelés de ce nom de *Chien*.

Sur le sobriquet *Dévorant* je dirai : le Devoir est un Code ; c'est l'ensemble des lois et des règlements qui dirigent une société, ceux qui possédaient un Devoir furent nommés *Devoirants*, puis *Dévorants*.

Sur le sobriquet *Gavot*, voici ce que l'on dit : Quand les Compagnons du Devoir de Liberté, arrivant de la Judée, débarquèrent en Provence, ils se réunirent sur les hauteurs de la Sainte-Baume ; de là ils descendirent dans les vallées et dans les plaines pour se répandre

« que de Toulouse contre ceux de son diocèse qui se laissaient
« aller dans ces excès de libertinage, et il eut enfin la conso-
« lation de voir le Compagnonnage entièrement aboli, malgré
« toutes les oppositions qu'il trouva dans cette sainte entre-
« prise. »

Voir aux bibliothèques royales et autres l'histoire des Ordres monastiques, par le père Helyot, tome VIII, page 179.

Le bon Henri ou *Michel Buch* était un dévot ; il voulait que les Compagnons vécussent dans le célibat, et suivissent les pratiques religieuses en usage chez les moines : n'ayant pu réussir dans son projet, il dut naturellement les dénoncer et les calomnier : c'était très naturel et surtout selon l'ordre du temps.

Les auteurs du dictionnaire de Trévoux ont reproduit, à l'article *Compagnonnage*, le passage ci-dessus sans ajouter un mot de réflexion ; ils ont cru le Compagnonnage mort quand il était seulement forcé de se cacher. Le Compagnonnage est comme le chiendent ; on a beau couper sa tige, il travaille et croît sous terre, puis il reparaît à sa surface toujours plus serré.

4

ensuite dans les villes. Ceux qui les virent descendre de la montagne dirent : *Ce sont des Gavots*, et ce nom leur fut conservé. Je ferai observer qu'en Provnice on appelle Gavots les habitants de Barcelonette et tous les autres habitants des montagnes.

QUI HURLE ET QUI NE HURLE PAS.

Les tailleurs de pierre Compagnons étrangers, les menuisiers et les serruriers du Devoir de Liberté ne hurlent pas; les tailleurs de pierre Compagnons passants, les menuisiers et les serruriers du Devoir ne hurlent pas non plus. Les Compagnons de tous les autres corps d'états hurlent, et ils appellent cela chanter, par la raison qu'ils articulent ainsi des mots qu'eux seuls peuvent comprendre.

TOPAGE.

Si deux Compagnons se rencontrent sur une route, ils se *topent*. Voici comment. Étant à une vingtaine de pas l'un de l'autre, ils s'arrêtent, prennent une certaine pose, et ces demandes et ces réponses sont hautement articulées : — Tope ! — Tope ! — Quelle vocation ? — Charpentier. — Compagnon ? — Dans l'âme et dans les bras: et vous, le pays ? — Tailleur de pierre. — Compagnon ? — On s'en fait honneur. Alors ils se demandent de quel côté ou de quel Devoir. S'ils sont du même, c'est une fête; ils boivent à la même gourde; si un cabaret se trouve près de là, on y va choquer le verre. Dans le cas contraire, ce sont des injures d'abord, et puis des coups. Il est vrai que dans l'origine le topage n'avait qu'un but louable; des ouvriers ne voulant pas se rencontrer sans sympathiser ensemble, l'adoptèrent; mais malheureusement la chose la plus douce est devenue la plus détestable.

QUI TOPE ET QUI NE TOPE PAS.

Les Compagnons menuisiers et serruriers du Devoir de Liberté ne topent pas; ils ont adopté d'autres moyens pour se reconnaître. Tous les autres Compagnons topent encore.

Le Compagnon Teinturier du devoir.

RUBANS OU COULEURS.

Les couvreurs, les charpentiers et les tailleurs de pierre passants ont des rubans fleuris et variés en couleurs. Ils les portent au chapeau. Les couvreurs les font flotter derrière le dos; les charpentiers les font tomber par devant l'épaule gauche; les tailleurs de pierre aussi, mais un peu moins bas. D'après leur manière de voir, ceux qui travaillent au faîte des maisons doivent porter les couleurs au faîte des chapeaux. Les tailleurs de pierre étrangers ont des rubans fleuris et de toutes couleurs qu'ils portent attachés au cou, tombant sur la poitrine. On remarque de l'or chez ceux qui occupent de hauts emplois. Les menuisiers, les serruriers du Devoir de Liberté les portent bleus et blancs, attachés au côté gauche. Les chefs sont décorés de l'écharpe bleue ou blanche et très ornée.

Les menuisiers, les serruriers du Devoir, et presque tous les autres Dévorants ont le rouge, le vert, le bleu, le blanc pour couleurs premières; puis, en voyageant, ils en cueillent d'autres. Ils les portent tous au côté gauche, et attachées à une boutonnière plus ou moins élevée. Outre les rubans, les teinturiers portent des ceintures écarlates. Les Compagnons qui portent les rubans au chapeau ou au cou en portent au côté aussi.

Arracher les couleurs à un Compagnon, c'est le plus grand outrage qu'on puisse lui faire. Il faut considérer les couleurs d'une Société comme le drapeau d'une nation.

CANNES.

Tous les Compagnons portent des cannes : dans certaines Sociétés on les porte courtes; ce sont des cannes quelque peu pacifiques; dans d'autres on les portes longues et garnies de fer et de cuivre; ce sont alors des cannes guerrières, des instruments de bataille. Les jours de cérémonie on pare les cannes de rubans.

Le Compagnon qui arrache la canne à un Compagnon ennemi a fait une grande prouesse; il s'en glorifie.

ÉQUERRE ET COMPAS.

L'équerre et le compas sont les attributs de tout le

Compagnonnage, car on pense, je l'ai déjà dit, que le mot *compagnon* dérive de *compas*,

Néanmoins un grand nombre de Sociétés ne veulent pas permettre que de certains corps d'états s'en parent. On trouve ces états trop inférieurs et trop au-dessous d'un tel instrument!

Les cordonniers et les boulangers ont payé cher quelquefois la gloire de porter le compas; tous les Compagnons du Devoir des autres états sont tombés sur eux.

BOUCLES D'OREILLES.

Les charpentiers Drilles portent suspendus à l'une de leurs boucles d'oreilles une équerre et un compas, à l'autre la bésaiguë; les maréchaux portent un fer à cheval, les couvreurs un martelet et une aissette, les boulangers la râclette. Chacun de ces états croit avoir seul le droit d'embellir ainsi ses boucles d'oreilles. Les accessoires des boucles d'oreilles ont engendré des batailles.

CONDUITE EN RÈGLE.

Quand un Compagnon aimé part d'une ville, on lui fait la *conduite en règle*, c'est-à-dire que tous les membres de sa Société l'accompagnent avec un certain ordre. Le partant, et le Rouleur portant sur son épaule la canne et le paquet de celui qui s'en va, marchent en tête. Tous les autres Compagnons, armés de cannes, parés de couleurs, chargés de verres et de bouteilles pleines de vin, suivent sur deux rangs, et forment une longue colonne.

Un des Compagnons entonne une chanson de départ; tous les autres, d'une voix forte, répètent le refrain. La conduite s'en va ainsi en chantant au loin de la ville. Là, on s'arrête, on fait une cérémonie qui n'est pas la même pour toutes les sociétés. On *hurle* ou on ne *hurle* pas, mais dans tous les cas on boit, puis l'on s'embrasse et l'on se quitte; le partant s'éloigne, la conduite revient en ville.

FAUSSE CONDUITE.

Il arrive, quand il se fait une conduite en règle, que des Compagnons ennemis des premiers font une *fausse conduite;* ils improvisent un faux partart; ils se rangent en colonne, et vont au devant de la conduite qui revient; ils se rencontrent, ils se topent, ils se livrent bataille, et le sang coule toujours abondamment: il y a toujours des blessés et quelquefois des morts. A Nantes, un père de famille, s'étant joint à une de ces fausses conduites, se fit tuer.

CONDUITE DE GRENOBLE.

Cette conduite se fait, dans une Société, à un de ses membres qui a volé ou escroqué; c'est le châtiment qu'on lui inflige dans une chambre ou dans les champs. Celui qui a reçu la *conduite de Grenoble* est flétri moralement; il ne peut plus se présenter devant la Société qui l'a chassé comme indigne d'elle. Quand on a vu faire cette conduite, on n'est pas tenté de la mériter; elle n'attaque pas le physique brutalement, mais rien n'est si humiliant : il y a de quoi mourir de honte !

J'ai vu, au milieu d'une grande salle peuplée de Compagnons, un des leurs à genoux; tous les autres Compagnons buvaient du vin à l'exécration des voleurs et des scélérats; celui-là buvait de l'eau; et quand son estomac n'en pouvait plus recevoir, on la lui jetait sur le visage. Puis on brisa le verre dans lequel il avait bu, on brûla ses couleurs à ses yeux. Le Rouleur le fit relever, le prit par la main et le promena autour de la salle ; chaque membre de la Société lui donna un léger soufflet; enfin la porte fut ouverte, il fut renvoyé, et quand il sortit, il y eut un pied qui le toucha au derrière. Cet homme avait volé.

A Avignon, un individu, après avoir subi la conduite de Grenoble, porta plainte à l'autorité, qui prit des informations minutieuses sur les causes d'un tel traitement. Le plaignant fut devant la justice convaincu de vol, et condamné à un an de prison : mieux eût valu pour lui ne point porter plainte, et ne point provoquer une seconde punition.

FÊTES PATRONALES.

Les tailleurs de pierre fêtent l'Ascension, les charpentiers saint Joseph, les menuisiers sainte Anne, les ser-

4.

ruriers saint Pierre, les tanneurs saint Simon, les teinturiers saint Maurice, les blanchers saint Jean, les maréchaux saint Eloi d'été, les forgerons saint Eloi d'hiver, les cordonniers saint Crépin, les boulangers saint Honoré. D'autres corps d'états fêtent d'autres patrons.

Le matin du jour de la fête, les Compagnons vont à la messe ; de retour chez la mère, dans quelques Sociétés, on élit le nouveau chef, puis après il y a le festin de corps. Dans la plupart des Sociétés de Compagnons du Devoir, les Compagnons et les Aspirants ne sont ni aux mêmes tables ni dans la même pièce; il y a le bal des Compagnons et le bal des Aspirants ; ils s'invitent quelquefois réciproquement. Dans les Sociétés des Compagnons du Devoir de liberté, Compagnons et Afiiliés sont aux mêmes tables, et mêlés autant que possible. Chez les Compagnons étrangers, même mélange.

Enfin, dans tous les cas, la gaîté règne dans ces fêtes de Compagnons ; on boit, on chante, les imaginations s'exaltent, chacun est vraiment heureux et se croit transporté dans un paradis. Le lendemain ils donnent un bal où ils font danser les maîtres et les maîtresses qui les occupent. Ces jours de fêtes sont des jours de rapprochement et de sympathie entre des gens trop souvent divisés d'intérêt.

ENTERREMENTS.

Soit qu'un Compagnon meure dans une maison privée ou dans un hospice, sa Société se charge presque toujours de son *enterrement*, et de tous les frais qu'il peut occasionner.

Le défunt est porté dans un corbillard, ou par quatre ou six Compagnons qu'on relève de temps en temps. Le cercueil est paré de cannes en croix, d'une équerre et d'un compas entrelacés, et des couleurs de la Société. Chaque Compagnon a un crêpe noir attaché au bras gauche, un autre à sa canne, et de plus, quand les autorités le permettent, il se décore des couleurs, insigne de son Compagnonnage. Les Compagnons sont placés sur deux rangs, marchent dans un grand recueillement et vont ainsi à l'église, puis au cimetière. Arrivés à ce dernier lieu, ils déposent le cercueil sur le bord de la fosse, et l'entourent par le cercle vivant qu'ils forment. Si les

Compagnons en cérémonie sont des menuisiers soumis au Devoir de Salomon, l'un d'eux prend la parole, rappelle à haute voix les qualités, les vertus, les talents de celui qui a cessé de vivre, et tout ce qu'on a fait pour le conserver à la vie. Il pose enfin un genou à terre, tous ses frères l'imitent, et adresse à l'Être suprême une courte prière en faveur du Compagnon qui n'est plus; il recommande son âme à sa miséricorde et à sa douce justice. Après le prononcé de cette prière toujours s éloquente, on descend le cercueil dans la fosse, et l'on place aussitôt, près de la tombe, sur le terrain le plus uni, deux cannes en croix; deux Compagnons, en cet endroit, près l'un de l'autre, le côté gauche en avant, se fixent, font demi-tour sur le pied gauche, portent le droit en avant, de sorte que les quatre pieds puissent occuper les quatre angles formés par le croisement des cannes; ils se donnent la main droite, se parlent à l'oreille et s'embrassent. Chacun passe, tour à tour, par cette accolade (1), pour aller de là prier à genoux sur le bord de la fosse, puis jeter trois pelletées de terre sur le cercueil. Quand la fosse est comblée, les Compagnons se retirent en bon ordre.

La cérémonie funèbre des menuisiers du Devoir de maître Jacques diffère peu de celle que je viens de décrire.

Dans beaucoup de corps d'états, on remplace le discours par des cris lamentables auxquels le public ne peut rien comprendre. Quand on a descendu le cercueil dans la fosse, un Compagnon descend se placer à son côté; on pose aussitôt, à fleur de terre, un drap qui dérobe à tous les yeux le vivant et le mort; des lamentations partent de dessous terre, lamentations auxquelles les Compagnons qui entourent la tombe répondent par d'autres lamentations. Si cette cérémonie a lieu pour un charpentier de Soubise, il se passe à ce moment quelque chose dont je dois ne point parler.

Il est rare que les Compagnons fassent un enterrement sans aller, en sortant du cimetière, choquer le verre ensemble. Les enfants de Salomon vont, Compagnons et

---

(1) Des corps d'états appellent cela la guilbrette, d'autres l'appellent l'accolade.

non-Compagnons, fraterniser dans le même cabaret (1). On n'en use pas ainsi chez les enfants des autres fondateurs. J'ai assisté en 1839 à l'enterrement de mon ancien ami Dutaud, dit *Jean le Gascon*, Compagnon menuisier du Devoir : il avait, peu avant de mourir, pensé à moi, et recommandé à ses confrères de m'inviter à l'accompagner jusqu'à sa tombe. Je satisfis à son vœu si calme et si courageux. En sortant du cimetière du Père-Lachaise par la grande porte, je remarquai avec surprise, et, il faut le dire, avec un sentiment pénible, les Aspirants prendre à gauche, les Compagnons à droite. Ceux-ci m'invitèrent à aller choquer le verre avec eux, ce que j'acceptai avec plaisir et reconnaissance, mais je désirerais les voir sympathiser davantage avec leurs Aspirants, ils en seraient plus dignes et plus heureux les uns et les autres.

RECRUTEMENT, FORCE DU COMPAGNONNAGE.

Beaucoup de gens ont cru que les Compagnons étaient des hommes qui n'avaient ni feu ni lieu, et menaient une vie toujours vagabonde, toujours insouciante. Ceux-là n'ont point connu le Compagnonnage.

Les jeunes artisans des nombreuses contrées de la France, ceux surtout qui, ayant le plus d'intelligence et de courage, sentent le désir, le besoin de voyager, de voir et de s'instruire, partent de leurs villes ou villages, vont s'affilier à une Société de Compagnons, font leur tour de France, et, après deux, trois, quatre ans de voyage, rentrent dans leurs foyers, auprès de leurs parents où ils s'établissent.

Le Compagnonnage actif qui peuple les villes de Devoir, telles que Lyon, Avignon, Marseille, Nîmes, Montpellier, Toulouse, Bordeaux, Nantes, Paris, etc., etc., et tant d'autres villes plus ou moins grandes qu'on appelle villes bâtardes, par la raison que les Codes compagnonnaux et sacrés n'y sont pas déposés, se compose, en grande partie, d'ouvriers de dix-huit à vingt-cinq ans. Il se renouvelle sans cesse; c'est une filière, c'est un moule par où la classe ouvrière passe sans interruption ; les for-

(1) Les cabarets sont les salons des travailleurs.

mes bonnes ou mauvaises qu'elle contracte là ne s'effacent jamais entièrement; elles sont portées en partie par ceux qui les ont prises dans les familles, dans les ateliers et dans tous les coins de la France.

La jeunesse qui se retire du Compagnonnage actif, non de cœur, mais corporellement, est remplacée par une nouvelle jeunesse qui vient continuer la tradition et les formes anciennes. Le Compagnonnage est l'armée de l'industrie. Si l'armée française des champs de batailles, recrutée parmi les paysans, les artisans, les marchands et les rentiers, se compose en temps ordinaire de deux à trois cent mille soldats, l'armée française des ateliers s'élève, quoique les congés soient là volontaires et par conséquent beaucoup plus courts, au moins à cent mille ouvriers. Ainsi on peut compter que tous les trois ans cent mille ouvriers passent par cette filière.

Le Compagnonnage, quoi qu'on en dise, est très fort et très vivace; il exerce une action puissante sur l'esprit et sur les mœurs de la France; et ne sont ni philosophes, ni politiques ceux qui, le connaissant, croient pouvoir le dédaigner comme une chose sans conséquence.

REMERCIEMENT.

Dans beaucoup d'états, quand un Compagnon a fini son tour de France et qu'il veut se fixer dans un lieu quelconque, il *remercie* sa Société, c'est-à-dire qu'il s'en retire muni d'un certificat, à lui délivré dans une grande réunion, par ses confrères, certificat attestant la moralité et la conduite sage de celui qui l'obtient : ce certificat est une sorte de congé. Celui qui a remercié n'appartient plus à la Société active, il n'y doit plus rien, il est indépendant; il reste cependant attaché de cœur à cette Société et l'aime comme un bon soldat aime son régiment et ses vieux compagnons d'armes, avec lesquels il a souffert et combattu longtemps; il l'aime même à un degré supérieur, car son attachement fut toujours libre et ne dura qu'autant qu'il le voulut : aussi cette Société pourrait encore dans une grande occasion compter sur ses secours pécuniaires et sur sa personne.

Il est des Sociétés où l'on ne remercie jamais; celle

des Compagnons étrangers tailleurs de pierre est de ce nombre.

Dans beaucoup de villes, on voit des Compagnons retirés du Compagnonnage actif former entre eux une sorte de société de secours mutuels qu'ils ne quittent qu'avec la vie. Cette dernière Société commence à se pratiquer dans chaque corps d'état, et s'étend insensiblement sur plusieurs points. Les hommes sentent de jour en jour davantage le besoin de s'unir par des liens doux et durables.

PÈLERINAGE A LA SAINTE-BAUME.

Il était autrefois peu de Compagnons qui fissent leur tour de France sans faire un *pèlerinage* à la grotte de la *Sainte-Baume*, en Provence; ils en revenaient munis d'images symboliques et de rubans ou couleurs embellis de dessins mystérieux. Tout ce qui venait de là était réputé, sur le tour de France, comme chose sacrée. Une partie des Compagnons qui passent en Provence visitent encore la Sainte-Baume, lieu où la Madeleine, après le supplice de Jésus-Christ, se retira, dit-on, et mourut. Malgré la marche du temps, le culte et le pèlerinage ont conservé de leur sainteté et de leur poésie. Cette grotte humide et sombre, ces montagnes imposantes chargées d'un bois que les Compagnons appellent *sans pareil*, produisent toujours sur l'âme des *pèlerins* qui les visitent une impression profonde : on n'a jamais vu, dit-on, dans le bois *sans pareil*, le moindre vestige d'aucune espèce d'animaux.

Les Compagnons partent de ce lieu avec des rameaux de ce bois, passés tout autour de leurs chapeaux, et une branche à la main; ils portent aussi sur eux le carquois ou rouleau de fer-blanc qui contient les précieuses couleurs, le saint pilon et le chapelet d'ivoire. On nomme tout cela réuni jeu ou pacotille, et coûte 40 francs.

ÉVÉNEMENTS.

En 1834, à Marseille, un Compagnon étranger tailleur de pierre, nommé Montescaut, et par les siens la Prudence de Marmande, fut lâchement assassiné par un sergent de ville. Les Compagnons des différents Devoirs

Le Compagnon Blancher - Chamoiseur du devoir.
Revenant du pélérinage de la Grotte de Sainte-Baume en Provence.

en furent également affligés, aussi se rapprochèrent-ils, et accompagnèrent en bon ordre le défunt jusqu'à la tombe qui le reçut âgé de trente ans : ce jour fut un jour de deuil, d'union et de sympathie dont le souvenir ne s'effacera jamais de la mémoire des Compagnons.

Immédiatement après cet *événement*, le corps des sergents de ville fut dissous, et depuis il n'est plus reparu dans la ville de Marseille.

En 1838, à Auxerre, plusieurs Compagnons furent écrasés sous la chute d'un corps pesant; les Sociétés firent encore cause commune pour s'acquitter d'un dernier et pénible devoir.

Les malheurs, la tristesse, la vue du néant rapprochent souvent les hommes : puissent-ils se rapprocher un jour sans y être sollicités par la crainte et la terreur !

CONCOURS.

Quand une Société est établie dans une ville, elle veut, cela est très commun, en exploiter toute seule les travaux. Si une autre Société de gens du même état vient s'y établir, des querelles éclatent. Il arrive qu'après s'être battues violemment, les Sociétés se défient au travail; alors chacune d'elles réunit ses meilleurs ouvriers et produit un *chef-d'œuvre;* cela fait, on assemble un nombre d'hommes consciencieux et experts dans la partie de l'architecture et du trait, et on leur soumet les chefs-d'œuvre rivaux qui sont comparés et jugés...

Les Compagnons vainqueurs obtiennent une grande gloire, les Compagnons vaincus une honte éternelle; de plus, ils doivent quitter la ville ou donner aux vainqueurs une somme d'argent, cela dépend des conditions du *concours*.

Il y a cent quinze ans, les Compagnons étrangers tailleurs de pierre et les Compagnons passants du même état *jouèrent* la ville de Lyon : les derniers perdirent, et, se soumettant au mauvais sort, quittèrent la ville lyonnaise. Cent ans plus tard, les temps d'exil étant expirés, ils crurent pouvoir retourner dans une ville redevenue libre, et y travailler de nouveau ; mais leurs rivaux ne l'entendirent pas ainsi : quoique très nombreux, les passants furent repoussés; ils se rejetèrent alors sur Tournus où l'on taille la pierre pour Lyon ; les étrangers voulurent encore les repousser ; on se battit, il y eut des blessés, il y eut des morts, et les autorités elles-mêmes ne furent point respectées. A la suite de cette bataille, plusieurs Compagnons furent mis en prison, d'autres aux galères ; et, je crois pouvoir le dire, j'avais parmi ces derniers un ami que l'on pouvait citer comme un modèle de sagesse et de dévoûment : tels sont les résultats ordinaires de ces concours de Société à Société qui, cependant, auraient du bon si l'on était plus éclairé et plus raisonnable.

En 1808, les serruriers des deux partis eurent, à Marseille, un concours entre eux. Les Dévorants avaient remis leur cause à un Dauphiné, les Gavots à un Lyonnais. Les deux concurrents rivaux, comme cela se pratique toujours dans ces sortes d'affaires, furent renfermés chacun dans une chambre : les Gavots gardaient à vue le Dévorant, les Dévorants gardaient de même le Gavot. On ne faisait passer aux deux travailleurs que les aliments qui conservent la vie, et les matériaux nécessaires à la confection de leurs ouvrages ; mais point de traités spéciaux, point de conseils ni parlés ni écrits. Chacun devait avoir, selon l'antique usage, tout son génie dans sa tête, tous ses moyens d'exécution dans ses bras et dans ses mains.

Après plusieurs mois de claustration, les concurrents furent libres et leurs travaux présentés aux juges. Le Dauphiné avait achevé sa serrure que l'on dit fort belle, et la clef de cette serrure plus belle encore ; l'autre avait passé tout son temps à faire des outils qui étaient, dit-on, des petits chefs-d'œuvre, mais sa serrure n'était pas seulement commencée ; il eut perdu et sa Société perdit avec lui. Le Lyonnais fut accusé par ses coassociés de s'être vendu, de les avoir trahis. Il partit de Marseille, et depuis on ne l'a plus revu ; il s'est caché à tous les yeux, on ne sait ce qu'il est devenu. Ce concours engendra des batailles comme d'habitude.

En 1803, à Montpellier, les menuisiers des deux partis se provoquèrent ; il fallut concourir, chaque parti commença une chaire à prêcher ; mais les travaux n'étaient pas encore terminés que des contestations s'élevèrent ; on se battit, puis des deux côtés on chanta victoire, et la conclusion ne fut pas claire. Demandez aux Dévorants : Qui a gagné? ils répondront : c'est nous. Adressez la même question aux Gavots, ils répondront encore : c'est nous. Il faut cependant rendre justice aux travailleurs : j'ai vu la chaire des Gavots, et, on ne peut en disconvenir, c'est un ouvrage remarquable ; je n'ai pas vu celle des Dévorants, mais je suis persuadé qu'elle est fort belle aussi. Les jeunes concurrents, de part et d'autre, avaient un bien grand mérite. Quel malheur que ces concours n'aient jamais pour résultats que bouleversements et frais énormes ! c'est pour cela aussi que je n'en suis point partisan, quoique je reconnaisse la puissance et l'émulation de la gloire.

BATAILLES ET ASSASSINATS.

Les Compagnons se *battent* encore de nos jours, mais autrefois leurs *batailles* étaient bien plus fréquentes et plus sanglantes. Il paraît que vers l'année 1730 il y eut dans *la plaine de La Crau*, entre Arles et Salon, une affaire importante : les Compagnons de Salomon d'une part, et ceux de Jacques et de Soubise de l'autre, s'étant provoqués, se donnèrent rendez-vous dans la plaine pierreuse et immense que je viens de nommer. Les tailleurs de pierre, les menuisiers, les serruriers des deux partis, et des volontaires de beaucoup d'autres corps d'états, partirent par troupes de Marseille, d'Avignon, de Montpellier, de Nîmes, et arrivèrent au jour convenu sur le lieu désigné; ils étaient armés de compas, de bâtons et d'armes à feu; la mêlée fut longue et terrible, le sang coula à flots, et grand nombre de cadavres restèrent sur place : ce fut avec beaucoup de peine que les troupes appelées à la hâte parvinrent à rétablir l'ordre.

Après cette bataille, comme d'usage, chaque parti dut s'attribuer le succès ; on a conservé ce refrain d'une chanson qui a dû être faite dans un temps assez reculé :

   Vivent les Gavots,
   Au compas, à l'équerre,
   Vivent les Gavots,
   Dans la plaine de La Crau.

Ils se sont toujours signalés avec zèle,
  Avec zèle.
    Vivent les Gavots, etc.

En 1846, une *affaire très sérieuse* eut lieu dans le Languedoc, entre *Vergèze* et *Mus*, deux petits hameaux peu éloignés de Lunel. Les tailleurs de pierre des deux fondateurs faisaient là de grands travaux de construction : la concurrence, la jalousie les excita les uns contre les autres, un rendez-vous fut assigné, chaque parti appela ses alliés ; on s'y rendit de vingt lieues à la ronde. Le combat s'engagea et fut conduit avec un certain ordre, il dura longtemps. Il paraît que Sans-Façon de Grenoble, Compagnon étranger, sorti depuis peu de la garde impériale, était armé d'une fourche (1) et en menaçait, parmi les siens, quiconque faisait mine de reculer. On n'avait demandé que les hommes de bonne volonté ; mais il fallait, une fois engagé dans le combat, montrer de la bravoure. Ce jour fut le dernier de beaucoup de Compagnons ; voici un couplet d'une longue chanson qui se rapporte à cette rude affaire :

> Entre Mus et Vergèze,
> Nos honnêtes Compagnons
> Ont fait battre en retraite
> Trois fois ces chiens capons :
> A coup de cannes et de compas
> Nous détruirons ces scélérats ;
> Nos Compagnons sont bons là.
> Fonçons sur eux le compas à la main,
> Repoussons-les, car ils sont des mutins.

REFRAIN.

> Pas de charge en avant,
> Repoussons tous ces brigands,
> Ces gueux de Dévorants
> Qui n'ont pas de bon *sang*.

(1) On a vu des Compagnons, surtout des tailleurs de pierre, posséder une fourche à deux dents longues de six pouces et bien effilées, que dans des moments de danger ils attachaient au moyen d'une vis au bout d'un long bâton. C'est avec cet instrument qu'ils frappaient sans ménagements ; les fléaux n'étaient pas inconnus non plus.

Toute la chanson est dans le même goût, et chaque Société, en changeant quelques mots, l'adapte à son usage. Les Dévorants remplacent *Chiens capons* par *Loups capons*, et les deux derniers vers du refrain par ceux-ci :

> Tous ces faux Compagnons
> Fondés par Salomon.

Je ne puis retracer ici toutes les luttes déplorables qui ont ensanglanté notre pays; je me bornerai à rappeler brièvement quelques *faits* moins anciens.

En 1823, à Bordeaux, un Compagnon serrurier, né dans le Bugey, reçut la nuit, en se retirant pour aller se coucher, le coup de la mort : je ne sais si c'est à propos de cet événement ou d'un autre, que je n'ai pas connu, qu'on fit la chanson dont voici un couplet :

> En mil huit cent vingt-cinq,
> Un dimanche à Bordeaux,
> Nous fîmes des boudins
> Du sang de ces Gavots.
> Votre surnom en vérité,
> Votre surnom de Liberté
> Vous a rendus tous hébétés.
> Ah ! par ma foi votre chemin
> N'est pas vilain,
> Car la guillotine va se mettre en train,
> Le bourreau en avant
> Vous pendra comme des brigands
> Devant nos Dévorants,
> Pleins d'esprit et de talents.

Dans le commencement de 1825, il y eut une lutte à Nantes entre les Gavots et les Forgerons : un de ces derniers fut tué.

Dans la même année, à Bordeaux, il y eut une lutte entre les *Forgerons* et les *Sociétaires*. Un de ces derniers, jeune enfant de la Beauce, partant pour aller revoir son pays et sa famille, et que ses co-associés accompagnaient sur la route de Bordeaux à Paris, fut tué. C'était un dimanche de Fête-Dieu, j'allais, par hasard, me promener seul de ce côté, et je rencontrai sur le milieu du pont son cadavre sanglant, rapporté en ville par plusieurs de ses confrères, sur un brancard improvisé avec des branches d'arbres.

Je ne parlerai pas de mes impressions, chacun pourra bien les comprendre.

En 1827, à Blois, les Drilles allèrent assiéger les Gavots chez leur mère : deux charpentiers furent tués, un menuisier eut plusieurs côtes enfoncées, un second reçut plusieurs coups de compas dans le ventre, un troisième plusieurs coups de sabre sur la tête, car des soldats ivres s'étaient joints aux assaillants.

En 1833, à Marseille, un Compagnon de Liberté fut tué par un Compagnon passant.

En 1836, à Lyon, un Compagnon charpentier de Soubise tua un Compagnon tanneur de maître Jacques.

En 1837, à Lyon, un forgeron de maître Jacques tua un charron du même fondateur.

En 1840, à Usez, un cordonnier, enfant de maître Jacques, a donné la mort à un charpentier du père Soubise.

Le 15 avril 1841, à Grenoble, plusieurs boulangers de la Société de l'Union, dit les *Sociétaires*, ont frappé de cinq coups de couteau sur la tête un de leurs confrères en métier, mais appartenant à une autre Société que la leur.

Je pourrais donner une grande étendue à l'histoire des batailles, mais à quoi bon ?...

Voilà comment les Sociétés d'ouvriers se déciment : ouvrira-t-on les yeux ? renoncera-t-on à tant de barbarie ? je l'espère.

CHANSONS DE COMPAGNONS.

Les *Chansons de Compagnons* sont une des principales causes de désordres dans le Compagnonnage ; ce sont elles qui aigrissent les esprits, nourrissent la haine et provoquent tant de batailles. J'aurais sans doute pu, après les couplets inqualifiables que j'ai donnés ci-dessus, me dispenser d'en dire davantage à ce sujet. Je tiens cependant à reproduire ici dans leur entier quelques chansons satiriques et guerrières, très connues des partis rivaux : le lecteur les jugera.

CHANSON SATIRIQUE DES DÉVORANTS.

Chers Compagnons honnêtes,
Le printemps vient de naître ;
Le Rouleur nous a dit
Qu'il nous fallait partir.
J'entends le bruit des cannes,
Le Rouleur marche à grands pas ;
La conduite générale
Ne l'entendez-vous pas ? (*bis.*)

Que la terre est charmante !
L'on rit, l'on boit, l'on chante ;
Que les arbres sont beaux,
Portant des fruits nouveaux !
Les rivières sont calmes,
Et les prés sont tout verts ;
Il y a bien de la différence
Du printemps à l'hiver. (*bis.*)

Que diront ces fillettes
Là-haut dans leurs chambrettes ?
Elles pleurent leurs amants,
Qui s'en vont battre aux champs.
Descendant sur le Rhône,
Sur ce coulant ruisseau,
S'en vont droit à Marseille
Enchaîner les Gavots. (*bis.*)

Gavot abominable,
Mille fois détestable,
Pour toi quelle pitié
De te voir enchaîné !
Il vaudrait mieux te rendre
Chez notre mère à Lyon ;
Là on saurait t'apprendre
Le devoir d'un Compagnon. (*bis.*)

Chers Compagnons honnêtes,
Votre loi est parfaite :
Vous irez dans les cieux
Comme des bienheureux ;
Et les Gavots infâmes
Iront dans les enfers

Brûler dedans les flammes
Comme des Lucifers. (*bis.*)

On dit que je suis fière,
Je ne dis pas le contraire ;
Je n'ai que trois amants,
Je les rends tous contents.
Au Gavot la grimace,
A l'Aspirant les yeux doux,
Au Dévorant je déclare
Qu'il sera mon époux. (*bis.*)

CHANSON SATIRIQUE DES GAVOTS.

Age d'or, règne d'Astrée,
Oh ! souvenir fortuné,
Où naquit la renommée
Du Devoir de Liberté.
De sa fondation divine
Chacun connaît le pouvoir ;
Je vais chanter l'origine
Des Compagnons du Devoir. (*bis.*)

Lorsque l'aveugle fortune
S'empara de l'univers,
Q'une expression plus commune
Fit nommer l'âge de fer,
Maître Jacques sur la terre,
Sans argent ni sans savoir,
Pour vivre ne sachant que faire,
Fonda un nouveau Devoir. (*bis.*)

Associé au vieux Soubise,
Ces fondateurs ambulants
Pour vendre leur marchandise
Partirent pour Orléans ;
N'ayant aucune ressource
Pour vivre dans leur chemin,
Se firent coupeurs de bourse,
Crainte de mourir de faim. (*bis.*)

Nos deux faiseurs de grimaces,
Sitôt dans cette cité,

Exposèrent sur les places
Leur mystère et leur secret.
Depuis ce temps-là fourmille
Dans la ville d'Orléans
Quantité des imbéciles
Que l'on nomme Dévorants. (*bis.*)

Ils crurent, dans leur démence,
Paraître moins odieux
En publiant dans la France
Le très saint Devoir de Dieu.
Comment pouviez-vous, profanes,
Méconnaître votre erreur,
En faisant un dieu des ânes
Du souverain créateur ? (*bis.*)

Ils firent, sur leurs maximes,
Quelques burlesques chansons,
Et furent chercher des rimes
A cent lieues de la raison ;
Depuis ce temps, chez leur mère,
Dans leurs boutiques et chantiers,
Chaque jour l'on entend braire
Des ânes de tous métiers. (*bis.*)

Sans la foi, la confiance,
Peut-on avoir du crédit ?
Peut-on avoir d'éloquence,
Lorsque l'on n'a pas d'esprit ?
Sans lois, sans mœurs, sans usage,
Peut-on être Compagnon,
Être vertueux et sage,
Sans être de Salomon ? (*bis.*)

Vous, qu'une ardeur belliqueuse
Enflamme pour Salomon,
Suivez les traces heureuses
De nos dignes Compagnons.
Aux arts, ainsi qu'aux sciences,
Consacrez tous vos loisirs ;
Le temps et l'expérience
Accompliront vos désirs. (*bis.*)

Que chacun vide son verre
A la santé de l'auteur,
Et qu'une amitié sincère
Se grave dans tous les cœurs.
Aux doux accents de sa lyre
Ajoutez avec transport
Que l'auteur de la satire
C'est Marseillais Bon-Accord. (*bis*.)

CHANSON DE GUERRE DES DÉVORANTS.

Chers Compagnons honnêtes, il faut nous rassembler :
C'est pour chasser ces bêtes qui sont dans Montpellier.
Commençons de suite par tous ces Gavots,
Car ils sont sans doute de vrais animaux. (*bis*.)

La chasse étant faite, tous nos Compagnons
S'en vont chez la mère vider le flacon.
Apportez du vin rouge, aussi de la liqueur,
C'est pour faire boire nos Compagnons vainqueurs. (*bis*.

Soit dedans Marseille ou dedans Montpellier,
Tous ces Gavots infâmes ne peuvent travailler,
S'en vont dans les broussailles, dans les petits endroits,
Se cacher sans doute dans les bouts de bois. (*bis*.)

Dans leurs synagogues avec leurs attendants,
Ils jurent sans cesse contre nous, Dévorants.
Mais ils sont tous des bêtes qui ne connaissent pas ;
Nous connaissons l'équerre, le crayon, le compas. (*bis*.)

S'il en reste encore qu'on ne connaisse pas,
Peut-être par la suite on les reconnaîtra ;
Mais ils pourront bien dire : Adieu Nîmes, Montpellier,
Ils nous faut partir de suite pour aller à Beziers. (*bis*.)

CHANSON DE GUERRE DES GAVOTS.

Pays, sur le champ de conduite,
Malgré des guet-apens marchons,
Honorons d'une grande suite
De vrais et dignes Compagnons. (*bis*.)
Ils quittent la ville d'Auxerre,
Ils vont dans la grande cité ;

Chers Compagnons de Liberté,
Formons une marche guerrière.

Du grand roi Salomon intrépides enfants,
Faisons, faisons un noble effort,
Nous serons triomphants.

Oui, le danger nous environne,
Serrons nos rangs, mes chers pays,
Auprès des rives de l'Yonne,
Voyez nos cruels ennemis : (*bis.*)
Ils sont en nombre, ils sont en armes,
Marchent sur nous pleins de fureurs;
Les satellites de l'erreur
Pourraient-ils nous causer d'alarmes?

Du grand, etc.

Non loin de la ville de Nantes,
Sur la route qui mène à Tours,
Plusieurs cliques impertinentes
Voulaient mettre un terme à nos jours. (*bis.*)
Dans cette crise meurtrière,
Songez-y bien, chers Compagnons,
Un grand nombre de forgerons
Rougit de son sang la poussière.

Du grand, etc.

Des charpentiers, dans leur colère,
Voulant de Blois nous expulser,
Entrent un jour chez notre mère,
Osent enfin la terrasser. (*bis.*)
Et quoi! terrasser une femme!...
Oh! nos frères sont courroucés,
Et tombe sous leurs coups pressés
De Soubise une bande infâme.

Du grand, etc.

Nos frères, aux bords de la Loire
Furent bien braves et bien grands
En arrachant mainte victoire
A des rivaux trop arrogants. (*bis.*)
Chers Compagnons, à leur exemple,
Frappons! que nos bras réunis

Ecrasent tous nos ennemis :
Des cieux Salomon nous contemple.

Du grand, etc.

Elançons-nous pleins d'assurance,
Exerçons nos bras vigoureux :
Ils ont lassé notre prudence,
Eh bien ! nous voici devant eux. (*bis.*)
Enfant d'un roi brillant de gloire,
C'est aujourd'hui que, sans pâlir,
Il faut savoir vaincre ou mourir.
La mort ! la mort ! ou la victoire !

Du grand roi Salomon, intrépides enfants,
Faisons, faisons un noble effort,
Nous serons triomphants !

J'ai reproduit des couplets bien rudes, mais il ne faut pas juger de toutes les productions des Compagnons par ce que l'on vient de voir ; on trouvera plus loin des chansons plus humaines.

Je termine ici cette notice sur le Compagnonnage. Mon seul désir était de faire connaître, d'après la tradition, son origine commune, ses catégories diverses, les Sociétés qui les composent, l'organisation, les systèmes de ces Sociétés, et quelques particularités qui ne touchent point aux initiations et aux mystères. J'ai exposé le bon et le mauvais avec impartialité, en m'abstenant, autant que possible, de juger. J'ai usé de ménagement autant que je l'ai pu. Je présume que cette notice fera plaisir à beaucoup de personnes et en blessera peu. D'ailleurs, s'il en était autrement, elle ne répondrait pas à mon intention.

LA RENCONTRE

DE

DEUX FRÈRES

Un jour, après une marche longue et forcée, je me reposais sous un arbre peu distant de la grande route. Là, promenant ma vue sur le chemin que j'avais parcouru, je vis venir un Compagnon ; puis, tournant du côté par où je devais continuer mon voyage, j'en vis venir un second. Ils se faisaient face, marchaient tous deux la tête haute en se fixant avec des yeux où je lus tout d'abord leur bizarre intention. Enfin, n'étant plus séparés que par un court espace, l'un s'arrête brusquement, fait couler à terre le paquet qu'il portait au bout de sa canne, prend une pose martiale, et profère ces cris redoutables : — Tope pays ! quelle vocation ? L'autre, ayant également pris une attitude fière, répond —Compagnon cordonnier, et vous, le pays ? — Le pays répond à son tour qu'il est Compagnon maréchal dans l'âme et dans les bras, tout prêt à le faire voir. Aussitôt ils s'avancent, ils se trouvent face à face ; un colloque injurieux s'engage ; le maréchal dit à son émule. — Passe au large, sale puant ! Le cordonnier lui répond : — Passe au large toi-même, ô noir gamin ! Et là, dressés l'un devant l'autre, ils se lancent des regards foudroyants ; leur bouche vomit les imprécations les plus atroces, les injures les plus dégoûtantes. Ayant épuisé tous les traits que leurs langues pouvaient décocher, ils en viennent aux mains ; armés chacun d'une longue et solide canne, ils font quelques évolutions, quelques rapides moulinets, puis, s'élançant avec impétuosité, se portent réciproquement de rudes coups ;

le sang jaillit des deux côtés, et le combat ne se modère point. Mais, après avoir longtemps combattu avec un acharnement difficile à décrire, le maréchal, exténué de fatigue, meurtri, saignant, chancelle, tombe et s'allonge sur la poussière épaisse du chemin. Le cordonnier impitoyable ne retient point sa fureur; il frappe encore; il déchire son adversaire renversé..... Il le déchire! mais quelle ne fut pas sa surprise! quel ne fut pas son abattement! quel changement subit ne s'opérat-il pas dans tout son être lorsqu'il aperçut sur les bras nus, sur la poitrine découverte de son ennemi vaincu, des signes distincts, des marques non équivoques qui le frappent, qui lui font promptement reconnaître dans celui qui gît sur la poussière, Laurent!..... Laurent, son frère bien-aimé! — O mon frère! s'écriat-il, je suis François, ton frère et ton ami! Oh! pardonne. Et, se précipitant sur lui, il le prend, le relève, le serre dans ses bras..... Ils s'embrassent tous deux..... ils pleurent; mais dans ce moment la douleur est assoupie, et leurs pleurs sont doux, et leurs larmes sont des larmes de bonheur et de joie. Dès lors, moi témoin de cette scène détestable, puis touchante, j'approche (1) en disant : — Mes amis, permettez à un ouvrier menuisier, à un Compagnon de Liberté, de mêler ses larmes aux vôtres; et ils m'accueillirent favorablement. J'ajoutai : Mettons toute prévention de côté; car nous sommes également des hommes, et au lieu de nous haïr et de nous faire du mal, aimons-nous et soulageons-nous mutuellement.

Dans ce moment François, qui n'avait cessé de soutenir son frère dans ses bras, le soulève, le porte sur le bord de la route, et le pose sur un tapis de gazon. Après avoir reçu quelques soins, après avoir goûté quelques instants de repos, Laurent sentit ses forces renaître; il se releva; nous le prîmes chacun sous un bras, et marchant tous trois côte à côte, nous nous dirigeâmes, à petits pas, vers la ville la plus prochaine.

(1) On pourrait m'accuser de froideur pour ne m'être pas approché plus tôt; mais ceux qui connaissent le Compagnonnage savent bien que je ne pouvais tenter de les séparer sans attirer sur moi les coups de l'un ou de l'autre.

Après avoir marché pendant une heure, nous y arrivâmes heureusement. Nous entrâmes dans la première auberge, laquelle était remplie d'un grand nombre de Compagnons de divers états et de divers Devoirs qui s'y étaient réunis pour discuter des intérêts qui leur étaient communs. Quelque bruit de ce qui venait de se passer ayant déjà transpiré jusque-là, ils témoignèrent le désir de nous avoir parmi eux, et nous passâmes à leur table sans difficulté... Quand nous eûmes, par quelques aliments, réparé nos forces, un des Compagnons pria les deux frères de faire le récit de leur rencontre extraordinaire ; ce que, malgré leur bonne volonté, ni l'un ni l'autre ne purent accomplir, tant ils étaient émus. Dès lors, plusieurs Compagnons tournèrent leurs regards sur moi et semblaient me demander de satisfaire leur désir. Je pris donc la parole, je leur racontai l'aventure dont je venais d'être témoin, et mon récit les toucha profondément. Leurs cœurs étaient attendris, leurs bouches étaient muettes, nul bruit ne troublait le silence. Inspiré par une si heureuse disposition, je cède à l'entraînement de mes pensées :

« Eh bien ! mes amis, leur dis-je, une telle rencontre n'est-elle pas de nature à nous éclairer, à jeter dans nos âmes des sentiments plus nobles et plus élevés, à nous faire comprendre enfin combien il est barbare et ridicule de regarder comme ennemi quiconque n'appartient point à notre Société? Vous savez à combien de maux nous expose cette fièvre d'intolérance. Permettez-moi, à ce sujet, de rapporter un fait qui m'est personnel.

« Je partais d'un pays, je faisais un voyage à pied ; je rencontre sur la route, dans un lieu presque sauvage, un ouvrier à peu près de mon âge. Je ne l'avais jamais vu, je n'avais pas plus entendu parler de sa personne que lui de la mienne ; nous ne nous connaissions d'aucune manière ; mais par quelques mots d'un vieil usage il provoque de moi une courte explication. Il en résulte que nous ne sommes pas du même Compagnonnage. Nous sommes donc ennemis? Il faut donc se battre? En un mot, je suis attaqué, je dois me défendre, et je me sers de ma force et de mon adresse, des armes que la nature m'a données, et de celles que le hasard fait tomber dans mes mains (car lui en était pourvu). Ainsi deux jeunes gens qui se rencontrent dans un chemin solitaire, au lieu de s'aborder amicalement en s'offrant de mutuels services, s'abordent en forcenés, se font tout le mal qu'ils peuvent se faire, et se déchirent comme des tigres en furie ! Et, remarquez-le, on ne se bat pas toujours un contre un. Souvent plusieurs hommes tombent sur un faible individu ; ils l'écrasent, le dépouillent, et courent se vanter à leurs camarades d'avoir fait une grande prouesse. On voit des combats particls ; on voit aussi deux Sociétés rivales se donner rendez-vous et se livrer dans les champs une bataille sanglante. Eh ! quel motif a pu provoquer un tel désordre ? C'est ce qu'on ne peut expliquer. Mais le résultat de cette grande mêlée sera-t-il favorable à quelqu'un ? Point du tout, on se bat pour se battre, et par toute sorte de moyens ; on se sert du poing, du bâton, des instruments pointus et tranchants ; on se blesse, on se tue ; la force armée accourt ; les combattants se séparent, se dispersent et fuient. Mais il en reste toujours entre les mains de l'autorité ; partant de là les empoignés sont mis en prison, les blessés à l'hôpital, les morts au cimetière. Ainsi finit cette journée, ainsi se vide le champ de bataille ; et ceux qui se sont sauvés par la fuite, en supposant même qu'ils ne seront point poursuivis, ne sont pas sans punition, parce que tous les membres qui restent libres ont des frais énormes à supporter, soit pour le soin des malades, soit pour l'entretien des prisonniers, soit pour soutenir le procès qui survient ensuite entre les deux Sociétés, et où les vainqueurs et les vaincus sont également petits.

« Vous le voyez, les résultats ordinaires, les conséquences inévitables de ces fatales collisions, sont pour nous la ruine, la déconsidération, la mort. Nul n'y gagne, tout le monde y perd. De là nos sentiments s'aigrissent, notre esprit s'obscurcit, notre âme se dégrade ; dans nos pensées plus rien de grand, de généreux ; dans notre entendement tout devient trouble et confusion. Aussi tout travail d'application nous devient impossible jusqu'à ce que le temps, la paix et la raison nous aient ramenés à notre état naturel. Alors, alors seulement nous pouvons nous livrer de nouveau à cette étude paisible des arts et des sciences ; étude qui a tant d'attraits, tant de charmes pour nous, et que de tels malheurs ne devraient jamais interrompre. Je conviens cependant que depuis quelques années ces désordres sont moins fréquents, que les hommes en général commencent à penser sérieusement, que le fanatisme trouve partout des adversaires qui le combattent et le détruiront, que des voix généreuses appellent de toutes parts le peuple à la lumière et à l'émancipation. Eh bien ! je joindrai ma faible voix à ces voix puissantes, et je vous dirai : O mes camarades, nous vivons dans un siècle avancé, sachons le comprendre; nous sommes pauvres, nous sommes ouvriers, mais nous sommes hommes! Pénétrons-nous de cette grande idée, et relevons notre moral et notre condition. Considérez que nous ne sommes pas d'une substance moins délicate, moins pure que les riches; que notre esprit, que notre sang, que notre conformation n'ont rien de différent de ce qu'on voit en eux; que le progrès étant dans les lois de la nature, nous devons nous dépouiller de nos erreurs et de nos vices. Oui, sortons des ténèbres qui nous environnent, développons notre intelligence, acquérons des talents, des vertus; travaillons à nous éclairer, à nous rendre bons, et répandons sur nos camarades les connaissances, les vérités que nous aurons acquises; invoquons la justice, l'amour, la fraternité. Nous sommes enfants d'un père commun, nous devons vivre tous en frères. La liberté, l'égalité doivent se combiner et régner de concert dans la grande famille humaine.

« Renonçons donc, chers Compagnons, à toutes ces rivalités mesquines qui nous abaissent, nous avilissent et nous font un mal réciproque. Vous en êtes témoins, deux frères se sont meurtris de coups : tirons de cet événement un enseignement profitable. Je compte sur vous, ô mes amis; j'ai vu vos yeux trempés de douces larmes, je vois que votre âme s'élève, qu'une voix intérieure vous touche et vous persuade de la noble mission que nous devons remplir. Oui, répandons dans l'esprit de nos frères les idées neuves dont nous sommes pénétrés, et qu'à leur tour ils puissent faire entendre ces mots sacrés : union, concorde, justice, amour, fraternité. Alors une grande régénération sera faite : alors les Compagnons, groupés plus intimement, ne craindront ni la misère ni l'oppression, et le Compagnonnage sera un vaste foyer de lumière et de fraternité. »

A peine avais-je cessé de parler, que tous dirent ensemble : Oui, nous voulons la justice et la fraternité ! oui, une voix intérieure nous persuade de la noble mission que nous devons entreprendre et que nous remplirons avec persévérance ! Et l'enthousiasme fut au comble, le contentement, le plaisir, la joie étaient peints sur tous les visages, et chacun jouissait en soi d'un bonheur inexprimable.

Ainsi se termina la journée ; on fixa une réunion au lendemain, on se retira ; les deux frères et moi, restés dans l'auberge, nous fûmes nous mettre au lit, nous passâmes une nuit heureuse. Le matin, nous nous rendîmes à l'assemblée que nous trouvâmes plus nombreuse que nous n'aurions pu le penser. Tous les Compagnons de la ville y étaient accourus, et, à notre grande satisfaction, chacun y pensait comme il avait pensé la veille. L'isolement, la réflexion n'avaient rien changé, n'avaient rien refroidi ; au contraire, de bonnes idées s'étaient développées. Les Compagnons se formèrent en cercle, le plus ancien d'âge fut fait président. Un tailleur de pierre, Compagnon étranger, nommé La Fleur de Lavaur, prit la parole en ces termes :

« Mes pays et coteries, le discours prononcé hier, et qui a produit en nous une impression si profonde, est plein de vérités, et sa tendance me plaît infiniment ; mais le but de celui qui l'a prononcé n'étant pas de faire spécialement notre éloge, on y rencontre certains passages qui révèlent des faits qui ne nous sont pas avantageux. Des ouvriers qui ne savent point apprécier les bienfaits de l'association en concluront contre nous, et déclameront à outrance contre le principe qui nous unit. Je veux d'avance, et à l'instant même, répondre à toutes leurs déclamations par le parallèle que j'établis et que je leur adresse. — Quand vous arrivez dans une ville, vous pouvez vous trouver sans argent, sans connaissances, et par conséquent sans pain, sans gîte, sans crédit ; et si vous ne trouvez promptement de l'ouvrage, que devenir ? Quand nous arrivons dans une ville, sommes-nous sans argent, qu'importe ; nous allons chez la mère, nous y trouvons des amis, des frères nouveaux qui nous procurent le travail, la nourriture, le logement, qui nous font connaître les mœurs, les usages, les beautés de la ville, et nous sommes sans inquiétude.

« Si vous avez le malheur de perdre la santé, la maladie, l'isolement, l'ennui, la misère vous assiégent de concert : nul appui, nulle consolation.

« Si nous avons le malheur de tomber dans un tel état, nous recevons journellement les visites de nos frères, qui nous apportent des secours et les encouragements qui font tant de bien.

« Si dans un atelier le maître veut vous faire un passe-droit ; livrés à votre faiblesse, vous êtes contraints de le subir.

« Nous, dans le même cas, le premier Compagnon se rend auprès du maître et, fort des pouvoirs que la Société lui confère, plaide notre cause et la fait triompher.

« Si des maîtres, en se coalisant, conspirent contre les salaires des ouvriers, vous ne pouvez point, ô vous, hommes isolés, détourner le mal qui vous menace ; mais les Compagnons, faisant dès lors trêve à toute rivalité, se concentrent, se forment en faisceaux, et forts par leur union, conjurent l'orage qui grondait sur leur tête, et qui allait infailliblement tomber sur vous comme sur eux.

« Si vous êtes l'objet d'une attaque injuste, vigoureuse, qui viendra à votre secours? Vous êtes indifférents pour tous, tous sont indifférents pour vous. Qu'un de nous soit l'objet d'une agression dangereuse, formidable, la Société l'a su, elle accourt en tumulte ; on a frappé un frère, le coup a retenti, tous les frères accourent ; ils vont le délivrer ou partager son sort.

« Vous, jeunes encore, sans expérience, sans guides, vous courez grand risque de vous égarer. Nous, sous l'œil attentif de nos chefs, qui sont habituellement les plus instruits, les plus laborieux, les plus respectables de la Société, nous ne pouvons dévier de notre droit chemin. Nous recevons de sages conseils qui nous font aimer le travail, l'ordre, la vertu. Celui qui s'écarte quelque peu de ses devoirs est en particulier ou en pleine assemblée réprimandé fortement ; celui qui commet une action basse reçoit une punition proportionnée à son délit ; celui qui pèche gravement contre la probité est flétri moralement et chassé sans retour de la Société : sévérité exemplaire, qui fait ouvrir les yeux à ceux qui seraient quelquefois tentés de mal faire.

« Je conclus que celui qui voyage seul, sans liaison avec d'autres ouvriers, résiste mal aux coups de la misère et de l'oppression ; que rien ne l'encourage et lui facilite les moyens de s'instruire ; qu'il néglige souvent les choses les plus essentielles ; qu'ainsi isolé et rapportant tout à son individualité, il devient froid et égoïste ; bien heureux quand d'autres vices ne viennent pas se joindre à ceux-là.

« Celui qui voyage attaché à une Société, au contraire, déteste l'égoïsme, l'arbitraire, et sait leur résister ; il a le sentiment de l'égalité, de la fraternité, et son dévoûment est sans bornes. Non, il n'agit pas pour lui exclusivement, mais pour tous ses frères. Il ne demande pas si le bien produit par son action sera immédiat ; il pense également à ceux qui viendront après lui, et ne veut leur laisser que de bons précédents. Prenez-le au sein du repos et de ses affections, dites-lui qu'un danger pressant menace un de ses frères, il volera rapidement au lieu qu'on lui désigne, et exposera sa propre vie pour sauver celle qui est en péril.

« Je borne ici ce parallèle, qui prouve beaucoup en faveur des Compagnons ; mais gardez-vous de me prendre pour un lâche flatteur. Si je sais en eux applaudir le bon, je sais aussi combattre le mauvais, et je leur dirai avec la même franchise : Vous repoussez l'égoïsme individuel ; repoussez avec la même force l'égoïsme de corps. Vous ne voulez pas qu'on exerce sur vous l'arbitraire et l'oppression ; gardez-vous d'user de ces moyens détestables sur ceux qui, comme vous, ont droit à la liberté et à l'indépendance.

« Vous nourrissez entre vous, membres de la même Société, le sentiment de l'égalité, de la fraternité ; que ce sentiment soit étendu ; regardez également comme frères tous les ouvriers, tous les Français, tous les hommes qui ne sont point indignes d'en porter le nom.

« Votre dévoûment est sans bornes pour le Compagnonnage que vous avez embrassé ; qu'il soit sans bornes pour la patrie, pour la cause de l'humanité. Oui, vous avez des qualités bien grandes, qui ont besoin d'être éclairées; car, aveugles et quelquefois mal dirigées, elles vous ont fait commettre, je ne dirai pas des crimes, mais des erreurs sanglantes. Donc, éclairez, épurez ces grandes qualités, et qu'elles soient toujours bien employées et ne nuisent jamais à personne. »

Le tailleur de pierre s'arrêta là; je dirai que ses dernières paroles furent prononcées avec tant de force, avec tant d'exaltation, qu'elles firent tressaillir l'assemblée et l'agitèrent longtemps; la parole passa ensuite à un menuisier, Compagnon du Devoir, nommé Paul le Nivernais. Il s'exprima de la sorte :

« Mes pays, comme La Fleur, je fréquente, j'aime les associations; comme lui je voudrais, si cela était possible, les rendre moins égoïstes, moins intolérantes; comme lui, enfin, je vois que, lorsque la civilisation fait de toutes parts de profonds, de vastes progrès, le Compagnonnage, que nous servons avec tant de zèle, ne peut plus rester seul en arrière. Eh! le pourrait-il sans compromettre son existence? Non. Mes chers amis, puisqu'il en est ainsi, avançons à pas mesurés, et secouons sur notre route les vieilles coutumes, les sottes préventions, et ce fanatisme féroce qui trop souvent pousse l'ouvrier contre l'ouvrier.

« Sont-ils nos ennemis tous ces hommes courageux travaillant et suant comme nous? Non. Le tailleur de pierre, le charpentier, le menuisier, le serrurier, le forgeron, le tisserand, le cordonnier, le boulanger, ceux qui construisent, qui meublent, qui décorent nos habitations, ceux qui tissent, ceux qui confectionnent nos vêtements, ceux qui nous procurent ou qui nous préparent les aliments qui soutiennent et conservent notre existence, tous agissent, tous produisent et sont d'une égale utilité au bien-être commun de la grande société. Eh! pourquoi, ô membres d'un même corps, et destinés à vivre les uns près des autres et à s'entr'aider continuellement, pourquoi nous faisons-nous, depuis plusieurs siècles, une cruelle guerre? »

Un membre *interrompant*. — Parce que nous voyons des états qui ne sont pas si honorables que le nôtre, et que néanmoins ceux qui les professent ont l'orgueil et l'audace de se parer du beau nom de Compagnon, ce que nous ne pouvons souffrir.

Le Nivernais *répond*. — Aucun état producteur ne peut déshonorer ; au contraire, on y acquiert plus ou moins de réputation, selon qu'on y est honnête et plus ou moins habile ; ensuite je vous dirai que les ouvriers de n'importe quel état peuvent se former en société, et nous ne pouvons les troubler dans leur union sans nous rendre coupables aux yeux de la justice et de l'humanité. Quant au mot *compagnon*, dont quelques Sociétés veulent se faire un titre exclusif, on sait qu'il est très vieux et qu'il s'emploie en divers sens. On dit compagnon d'armes, compagnon de voyage ; pourquoi ne dirait-on pas compagnon maréchal, compagnon cordonnier ? Quel est le meilleur des Compagnonnages ? A mon avis c'est celui où l'on vit en bonne intelligence, toujours disposés, toujours prêts à s'aider les uns les autres ; qu'en dites-vous ?

Un membre *avec chaleur*. — Une chose qui me choque, c'est de voir une société prendre pour attributs des instruments dont elle ne sait pas se servir. Non, elle ne peut se parer de ces magiques instruments (1) sans s'attirer la haine et la vengeance de toutes les autres Sociétés.

Le Nivernais. — Je ne le vois pas comme cela. Si quelqu'un se pare par vanité d'un instrument au-dessus de sa portée, au lieu de se fâcher, il faut rire ; si nous voulions un jour, en place d'une équerre et d'un compas, prendre pour attribut un télescope ou un baromètre, croyez-vous que les astronomes, que les physiciens, s'ils y prenaient garde, en témoigneraient quelque mécontentement ? Non. Tout au contraire, ils riraient, et c'est tout ce qu'ils auraient de mieux à faire. On m'objecte encore qu'une société fait porter la couleur au chapeau, une autre au cou, d'autres à une boutonnière du côté gauche ; que le Compagnon qui la porte à une boutonnière basse ne peut l'élever davantage sans s'exposer au ressentiment de celui qui la porte à une boutonnière haute ; que ce dernier ne pourrait la porter plus haut sans violer les priviléges et sans s'attirer la colère et la vengeance de ceux qui les portent au cou et au chapeau.

(1) Il entend par là l'équerre et le compas.

« Doucement, doucement et écoutez un peu, je vous prie! Que répondriez-vous, par exemple, à un vieux marquis vêtu d'un bel habit, et qui viendrait vous dire à vous, homme de travail, à vous, homme du peuple et parfois aussi bien vêtu que lui : — Ouvrier, tu portes un habit aussi beau, aussi bien fait que le mien; et cela ne me plaît pas. Je ne veux pas que l'on me confonde avec toi : donc, quitte cet habit, je te l'ordonne! quitte-le, et prends-en un mauvais. — Je vous le demande, que répondriez-vous au vieux marquis qui vous aurait tenu un tel langage? qu'il est un vieux fou, n'est-ce pas? qu'il n'a aucun droit sur vous, et que, comme lui, vous êtes libre de vous mettre à votre goût et comme bon vous semble; et vous auriez raison. De même chaque société a le droit de porter la couleur où elle veut et comme bon lui semble. Trêve donc à ces cruelles guerres, qu'aucune bonne raison ne peut justifier. Ne voulant point supporter les injustices, commençons par être justes; qu'il ne soit plus dit que les Compagnons en France sont les seuls représentants d'un âge qui n'est plus. La prévention, la jalousie, un certain amour-propre mal entendu, nous ont trop longtemps divisés : que ce temps soit à jamais passé! Autrefois les hommes d'une religion différente s'entre-tuaient sans miséricorde; aujourd'hui on peut conserver chacun sa croyance et vivre en bonne intelligence; agissons de même, conservons chacun notre attachement à notre Société, et de plus rapprochons-nous, cherchons à nous comprendre, et aidons-nous les uns les autres autant que nous le pourrons. L'esprit de notre époque n'est pas un esprit de ténèbres et de persécution; c'est un esprit de lumière et de raisonnement; il faut s'y conformer, il faut ne point rester en arrière; autrement la jeunesse, instruite et imbue de principes nouveaux, ne viendrait plus à nous, et nos Sociétés, quoique fortes en ce moment, périraient avant peu, faute de recrues qui seules les renouvellent et les perpétuent.

« Vous trouvez que le Compagnonnage protége les droits, les intérêts des ouvriers; vous le regardez comme la dernière corporation populaire, et dont la conservation est un bien. Je pense comme vous, mais, je vous le conseille, dépouillons-le de ce qu'il a de trop vieux, de trop usé, et qui choque la raison et les usages de notre temps. Conservons-lui ce qu'il a de bon, ajoutons-y encore pour le rendre parfait, s'il est possible, et un jour nous nous applaudirons de notre œuvre à l'aspect du grand développement que nous lui verrons prendre, et au témoignage de l'estime publique que nous aurons su mériter. »

Le Nivernais fut applaudi; plusieurs Compagnons, qui jusque-là s'étaient regardés avec dédain, se rapprochèrent. Une grande fusion se fit dans l'assemblée. Dès que le silence fut rétabli, un serrurier Compagnon du Devoir de Liberté, nommé Espagnol l'Union, se fit entendre :

« Mes pays, mes frères, dit-il, je crois devoir élever la voix pour proclamer quelques vérités. Plusieurs discours ont été prononcés. On vous a montré les conséquences fâcheuses des luttes entre les divers Compagnonnages, on vous a fait sentir tous les avantages que vous pouvez retirer d'une association bien entendue, on a défendu la cause de la tolérance et de l'humanité; je parlerai dans le même sens, car notre siècle ne voit qu'avec pitié nos rivalités incessantes, qu'avec horreur les luttes sanglantes dans lesquelles nous nous engageons trop souvent... Elevons nos pensées à d'autres considérations; quittons un moment le sujet qui nous occupe spécialement pour nous occuper de choses plus vastes et plus générales... Regardons la nature; elle est immense. Considérons le génie des hommes, rien ne l'arrête, il envahit tout; il crée des villes nombreuses qu'il orne de monuments magnifiques; il creuse des canaux profonds et sûrs qui sillonnent les Etats dans tous les sens; il ouvre de larges routes qu'il fait passer sur les fleuves et sous les montagnes; d'une terre stérile il fait un jardin productif, embaumé; disposant de la force et des vents et du feu, il glisse rapidement sur le vaste bassin des mers qu'il parcourt d'un bout du monde à l'autre; il s'élève dans un autre élément à des hauteurs considérables, et porté par une barque légère suspendue à un globe transparent, il vogue à son gré dans la plaine des airs et parcourt des routes célestes; il calcule, il connaît la marche régulière des astres. Les phénomènes de l'atmosphère ne lui sont pas inconnus : il

Après les Questions d'Espagnol l'Union, et les réponses qui leur furent faites, il se fit un bruit sourd, confus... L'on vit des compagnons se serrer la main, d'autres s'embrasser avec transport.

prévoit les marées, les courants, les orages et les tempêtes ; la foudre même est domptée par lui. Il plane sur la terre, sur les mers, dans les cieux ; il met tous les éléments à contribution ; il range tout sous sa loi ; la nature entière est son domaine ; et cependant ce génie si profond, si vaste, qui place les hommes si haut dans l'échelle des êtres et les fait rois de la création, n'a pu encore les rendre heureux. Le fort bat le faible, le grand foule aux pieds le petit, quelques-uns commandent avec humeur, tous les autres obéissent en murmurant. Le bonheur n'est nulle part, car le bonheur n'est pas une chose toute matérielle. Eh quoi ! en sera-t-il toujours ainsi ? Ceux qui font tant de prodiges, ceux qui possèdent tant de sciences, ne posséderont-ils jamais la science de se rendre heureux ! Espérons en l'avenir. Dans ce moment le monde est en travail ; des idées nouvelles, mais nobles, mais généreuses, le parcourent ; elles s'infiltrent de toutes parts, et ceux chez qui elles ont pénétré ne disent pas : « Je suis de telle nation, et je déteste toutes les autres nations ; je suis de telle religion, c'est la seule bonne, la seule vraie, toutes les autres doivent être proscrites et anéanties ; je suis de telle couleur, et tous les individus qui n'ont pas cette couleur ne sont point des hommes ; je suis de telle classe du peuple, c'est la seule qui doive avoir des droits et des priviléges. » Non, les hommes chez qui ont pénétré les idées nouvelles ne parlent point ainsi. Ils n'excluent, ils ne proscrivent ni les nations en masse, ni la religion qui n'est pas la leur, ni la couleur chez les individus, ni les classes du peuple riches ou pauvres. Dieu a créé les nations diverses ; il a inspiré les sentiments religieux pour que chacun l'adore à sa manière ; il a voulu que tous les hommes fussent heureux, et cette volonté divine se comprend et se comprendra chaque jour davantage. Aussi, voyez comme insensiblement l'esprit des nations se rapproche et se lie, comme les croyances se tolèrent réciproquement, comme les préventions de couleur et de race s'éteignent, comme les diverses classes du peuple se mêlent et se confondent à leur insu ! Oui, des abus, des erreurs, des préjugés ont disparu, d'autres disparaîtront ; des réformes importantes ont été faites, il s'en fera de plus importantes encore. L'industrie, les arts, les sciences ont pris un grand essor, un grand développement; leurs produits variés se répandent dans la société ; ils se répandront avec plus d'abondance, avec plus de profusion, et surtout avec plus d'équité. Il ne doit point y avoir de parias sur la terre; il ne faut point donner tout à l'un, rien à l'autre, laisser pourrir les aliments ici, pendant qu'on meurt de faim là à côté. Oui, la corruption, l'égoïsme, ces hideuses maladies seront soignées et guéries. Le progrès a marché, il marche, il marchera jusqu'à ce que la grande société soit régénérée, réorganisée et assise sur une base plus large et plus solide. Au milieu d'un mouvement si grand, si profond, si continu, quand des Français, des Anglais, des Allemands, des Espagnols, des Italiens, des Polonais, des Russes même ! quand enfin des Européens, des Africains, des Asiatiques et des Américains se voient sans prévention ; quand des chrétiens, des juifs, des mahométans et ceux qui n'ont qu'un sentiment religieux sans culte extérieur, se voient, s'estiment réciproquement enfants du même Dieu ; quand un si beau mouvement se fait dans l'univers, entraîne tous les hommes les uns vers les autres et les force à s'aimer ; comment pourrions-nous, ouvriers laborieux et amis du progrès, y rester étrangers? Cela ne se peut pas. Vous pensez, je le présume, que les hommes de couleur sont hommes comme les blancs? Vous le pensez, n'est-ce pas? répondez-moi, mes amis.

La moitié de l'assemblée. — Oui, nous le pensons.

Espagnol. — Vous pensez aussi que chez les Anglais, que chez les Italiens on trouve des hommes comme chez les Français?

Les trois quarts de l'assemblée. — Oui, nous pensons cela aussi.

Espagnol. — Et ne pensez-vous pas que les pauvres sont hommes comme les riches?

L'assemblée tout entière. — Pourquoi non? Tous les hommes sont faits, dit-on, à l'image de Dieu.

Espagnol. — En ce cas, vous pensez que tous les membres de cette assemblée, que les ouvriers des divers états sont également hommes et ont les mêmes intérêts?

Toute l'assemblée. — Cela va sans dire.

Espagnol. — Pensez-vous que nous devons encore nous haïr et nous faire la guerre?

L'assemblée entière. — Non.

Espagnol. — Croyez-vous à la possibilité d'une paix et d'un rapprochement entre nous?

L'assemblée entière. — Oui.

Espagnol. — Comment devons-nous vivre désormais?

L'assemblée entière. — En frères.

Espagnol. — Persévérez, mes chers pays, dans ces généreux sentiments, et nous serons un jour plus heureux, parce que nous serons plus dignes de l'être. »

Après les questions d'Espagnol l'Union et les réponses qui leur furent faites, il se fit un bruit sourd, confus, l'oreille ne comprit plus un mot, mais les yeux virent des Compagnons se serrer la main, d'autres s'embrasser avec transport. Un entraînement général, une joie peu commune régnaient dans l'assemblée, le bonheur était là. Le silence se rétablit enfin. Il ne fut pas besoin d'en dire davantage pour éclairer les esprits et détruire les préventions. Chaque membre de l'assemblée était devenu un partisan zélé, un propagateur enthousiaste des idées nouvelles et du rapprochement général. Un dernier discours fut néanmoins prononcé. Il sortit de la bouche d'un charpentier Compagnon Bondrille, nommé Breton Bras-de-Fer. Le voici :

« Mes pays et coteries, je crois, comme la plupart des Compagnons qui se sont fait entendre, que, pour guérir le mal, il faut en effet le découvrir avec soin, mais sans fausse honte, et présenter un remède salutaire ; or, voici quelle est ma pensée. Il faut nous séparer, nous répandre sur tous les points de la France, et tenir à peu près, chacun à sa Société, le langage suivant : — O ma Société, je t'ai servie longtemps, et tu sais que je n'ai jamais manqué de zèle, de franchise, ni de pureté ; aucune tache ne salit ma vie, c'est pourquoi j'oserai te tenir un langage nouveau, mais vrai ; et si tu sais en faire ton profit, de tous les services que j'ai pu te rendre, ce sera le plus grand. Ecoute :

« Tes ennemis ne sont point dans les diverses sociétés de n'importe quels corps d'états ; ils sont dans ton sein ; tes ennemis sont ceux qui, chargés du soin de te gouverner, de t'administrer, se livrent aux vices, et qui, sous divers prétextes, gaspillent les finances et troublent ton harmonie.

« Tes ennemis sont ceux qui, froids et égoïstes, invoquent cependant ta bienfaisance, et qui, leurs besoins satisfaits, te méconnaissent et te calomnient.

« Tes ennemis sont ceux qui, sans foi, sans probité, sans pudeur, trompent journellement l'honnête homme qui les oblige, et s'en font une gloire scandaleuse. Le châtiment attaché à leurs méfaits retombe, rejaillit sur toi, et ternit ton éclat et ta considération.

« Tes ennemis sont ceux qui ne connaissent que la force brutale, la loi des tyrans, attaquent avec fureur tout Compagnon qui n'est pas de leur Devoir, acte injuste et barbare qui attire des représailles qui t'altèrent, qui t'aigrissent et te remplissent de désordre et de confusion.

« Tes ennemis sont ceux enfin qui, doués d'une certaine manie baroque, se livrent dans leurs chansons furibondes à des insultes, à des attaques grossières contre leurs adversaires qui, de leur côté, répondent par d'autres insultes de la même force et de la même valeur.

« Voilà la cause première du dérèglement des esprits, des discordes, des guerres, des haines profondes qui ne s'éteignent point entre les Sociétés ; et puis la plupart de ces fameux poètes, après avoir ainsi prodigué l'insulte, après t'avoir célébrée avec beaucoup d'emphase, après t'avoir dévouée éternellement, dans leur sublime galimatias, et leur cœur et leur âme, te font banqueroute en se moquant de toi !

« Ouvre les yeux, ô ma Société, agis pour ta conservation ; sache que le mal produit le mal, que le bien engendre le bien. Poursuis courageusement, et coupe le mal dans sa racine. Alors tes mœurs deviendront nouvelles, deviendront pures ; ton existence s'embellira et n'aura plus de terme.

« Oui, dit le charpentier en élevant sa voix sonore et promenant un regard prophétique sur l'assemblée ; oui, quand les sociétés sauront distinguer leurs plus dangereux ennemis, quand elles sauront apprécier leurs véritables intérêts, elles ne tarderont pas à prendre une face nouvelle ; alors ces idées extravagantes qui troublent si souvent notre imagination s'effaceront pour faire place à des idées plus douces, plus utiles, plus simples, plus naturelles : notre corps, notre esprit, notre moral y gagneront. L'instruction sera pour nous un besoin, un goût, une passion; et quand, après avoir fait notre tour de France, nous rentrerons dans nos familles, nos compatriotes diront : — C'est un Compagnon; — ce qui voudra dire : C'est un homme qui sait travailler, raisonner et vivre ; et l'on aimera le Compagnon et le Compagnonnage qui l'aura formé. »

Le charpentier impressionna toute l'assemblée, et il fut applaudi chaudement. Après ce discours les débats furent clos; on délibéra, et tout d'une voix on s'arrêta aux moyens qui parurent les plus convenables à la réussite d'une entreprise si belle.

Là se termina cette grande conférence, cette espèce de congrès improvisé par le hasard, duquel doit découler un bien incalculable sur le Compagnonnage.

On a fini par se séparer, par se répandre; on se dirige à la fois sur toutes les grandes villes de France; sous peu les Compagnons de Nantes, de Bordeaux, de Marseille, de Lyon entendront des voix fraternelles prononcer des mots d'humanité; des germes de progrès seront répandus, et ne peuvent manquer tôt ou tard de se développer, de croître et de fructifier.

Les deux enfants du vieux père Tauret, Laurent et François, se sont rendus dans la Bourgogne, auprès de leurs bons parents qu'ils n'avaient pas vus depuis longtemps. Mais ils l'ont promis, ils feront encore un petit voyage dans l'intérêt d'une juste cause, et certes ils ne se battront plus; moi je suis rentré dans Paris, et logé dans un quartier où les bras ne reposent guère (le faubourg Saint-Antoine), j'ai rédigé le procès-verbal d'une assemblée mémorable; je le livre à l'impression. Puissent les ouvriers le lire avec plaisir! et je promets bien de reprendre un jour la plume, non pour faire des phrases pures et élégantes, chose dont je me sens incapable, vu mon ignorance et mon peu d'habitude d'écrire, mais pour dire de bonnes vérités et opérer quelque bien, si cela m'est possible.

NOTES

NOTE 1.

Des signes distincts, des marques non équivoques qui le frappent (voy. p. 84, lig. 12).

On voit beaucoup d'ouvriers, et surtout de maréchaux, couverts de tatouages.

NOTE 2.

Si des maîtres, en se coalisant, conspirent contre les salaires des ouvriers, etc. (voy. p. 88, lig. 17).

Les maîtres qui veulent diminuer les salaires des ouvriers n'entendent pas leurs véritables intérêts. Je vois que si les ouvriers, en travaillant beaucoup, ne gagnent plus leur misérable vie, les maîtres eux-mêmes (excepté ceux qui sont riches et qui spéculent sur la misère des autres) ne font plus leurs affaires, et le temps des banqueroutes est arrivé. On se fait concurrence d'ouvrier à ouvrier, de maître à maître, de peuple à peuple; on travaille le jour, on travaille la nuit, et plus on travaille, plus les gains diminuent. J'examine si ceux qui estiment, qui proclament la concurrence acharnée de nos jours comme un signe de prospérité publique, se font concurrence entre eux; je vois que non (je veux dire au moins que leur concurrence est plus fine, plus adroite que la nôtre); car les employés, les fonctionnaires qui touchaient, il y a huit ou neuf ans, des traitements de vingt, trente, quarante, cinquante mille francs et plus, touchent aujourd'hui les mêmes traitements : aucun rabais, au contraire. Si cependant nous donnons en ce temps notre travail la moitié moins cher, ils dépensent la moitié moins pour se le procurer, et entassent par conséquent la moitié plus d'or. N'est-ce pas vrai? Je ferai d'autres remarques : les productions de la main des hommes perdent du prix; les productions de la nature gardent le leur. Oui, les bois, les fers, etc., se vendent ce qu'ils se vendaient autrefois, et ces mêmes objets façonnés se vendent moins qu'ils ne se sont jamais vendus. Pourquoi cela? c'est facile à deviner. La façon est la propriété d'une classe. Les matières premières sont la propriété d'une autre classe : l'une subit la loi sans la connaître, l'autre la fait et l'applique en connaissance de cause. Il arrive de là que les intérêts des uns sont méconnus, et que les intérêts des autres sont défendus de toute manière outre mesure. Aussi, chacun peut le voir, l'un des deux côtés se dégarnit, il n'y reste plus rien; l'autre côté attire tout à lui, il absorbe tout. Il ne faut pas s'en étonner; il ne peut en être autrement. Qu'est-ce qui protége les ouvriers? Rien. La loi même, en bien des circonstances, n'est-elle pas plus rigoureuse (1) pour eux que pour les maîtres? A qui profite cette inégalité? aux maîtres? Non; car moins gagnent les ouvriers, moins gagnent les maîtres. A qui profitent donc toutes les injustices tendant à abaisser et abaissant réellement les salaires des ouvriers? A qui? je l'ai déjà fait comprendre, à ceux qui consomment sans produire, à ceux-là seulement. Je dirai donc qu'à cause d'une organisation singulière, les choses descendent d'elles-mêmes, et l'on ne peut pas les faire remonter. Il n'est pas permis aux ouvriers de s'entendre pour soulever le fardeau qui les

(1) ART. 414 du Code pénal : Toute coalition entre ceux qui font travailler des ouvriers, tendant à forcer injustement et abusivement l'abaissement des salaires, suivie d'une tentative ou d'un commencement d'exécution, sera punie d'un emprisonnement de six jours à un mois, et d'une amende de deux cents francs à trois mille francs.

ART. 415 du Code pénal : Toute coalition de la part des ouvriers pour faire cesser en même temps de travailler, interdire le travail dans un atelier, empêcher de s'y rendre et d'y rester avant ou après de certaines heures, et en général pour suspendre, empêcher, enchérir les travaux, s'il y a eu tentative ou commencement d'exécution, sera punie d'un emprisonnement d'un mois au moins et de trois mois au plus.

Les chefs ou moteurs seront punis d'un emprisonnement de deux à cinq ans, et ils pourront, après l'expiration de leur peine, être mis sous la surveillance de la haute police pendant deux ans au moins et cinq ans au plus.

écrase. Les maîtres (1) pèsent immédiatement sur eux, les marchands sur les maîtres, les bourgeois sur les marchands. On s'empile, on s'entasse les uns sur les autres, et tout le monde enfin, dans cette position forcée, manque d'air et se sent oppressé. Si les ouvriers pouvaient résister aux maîtres, les maîtres, à leur tour, pourraient résister aux marchands, les marchands aux bourgeois, ce qui donnerait plus d'aise, plus de mouvement dans les rangs de la société, et principalement dans les rangs inférieurs, qui sont les plus forts, mais dont les charges aussi deviennent par trop lourdes. Si les choses étaient mieux organisées, si le travail des hommes qui fatiguent le plus était mieux rétribué, l'argent enfoui, l'argent que l'on ne voit plus, descendrait forcément un peu plus bas; le commerce en serait alimenté, et tous y trouveraient leur compte; car ce long croupissement d'une partie de la société répand une odeur fétide qui n'annonce rien de bon; il est temps d'y porter remède. Depuis quelques années les travailleurs gagnent à peine leur nourriture, et naturellement ils ont besoin de vêtements, ils ont besoin de linge, ils ont besoin de meubles, ils ont enfin besoin de tout; car leurs ménages sont nus et délabrés. Que l'on fasse en sorte que la main-d'œuvre soit payée à sa juste valeur, et chaque travailleur, avec ses économies, fera travailler d'autres travailleurs. Les besoins pouvant être satisfaits, la consommation deviendra plus grande et plus générale; les marchandises accumulées qui moisissent et dépérissent dans les magasins seront agitées; elles prendront un cours par toutes les voies pour se répandre dans toutes les localités, chez tous les individus. Ce marasme sans fin, qu'on s'obstine à nommer une crise commerciale, disparaîtra, et le peuple, après bien des souffrances, aura retrouvé ce temps meilleur, objet de ses désirs. Mais peut-on résoudre avec bonheur ce qu'on étudie sans intérêt et sans aptitude? Cherche-t-on sérieusement

(1) J'appelle maîtres ceux qui occupent les ouvriers en faisant fabriquer; marchands, ceux qui achètent aux maîtres et tiennent magasin soit de meubles, soit d'autres choses pour les revendre; bourgeois, les rentiers ou autres qui achètent pour leur usage et pour leur consommation.

à porter un remède efficace à un mal déjà bien grand, et qui s'accroît et s'aggrave toujours? Non, on fait des discours où les paroles sont artistement arrangées; on parle, voilà tout. Ce n'est pas avec des paroles que l'on peut guérir de graves maladies; il faut plus que cela. O vous qui gouvernez les peuples, pensez aux travailleurs, ne les réduisez pas à l'alternative ou de mourir de faim ou de se soulever. S'ils mouraient de faim, qui vous nourrirait? S'ils se soulevaient, si leur courroux venait à éclater, qu'en résulterait-il? Dans les deux cas, vous ne pouvez que perdre. Donc pensez aux travailleurs; ils souffrent beaucoup, et dans leur douleur ils se disent : « Il n'y a pas de guerres ruineuses, il n'y a pas d'épidémies destructives; les productions de la terre n'ont pas été ravagées par les orages et les tempêtes; les récoltes en blés, en vins, ont été abondantes depuis nombre d'années; nous sommes laborieux, nous sommes économes, et nous manquons de tout! Pourquoi cela, d'où provient tant de misère, où est la cause du mal qui nous ronge et nous tue? » Ainsi se plaignent les travailleurs. Oh! pensez à eux, ils souffrent beaucoup.

NOTE 3.

Le tailleur de pierre dit que celui qui voyage attaché à une société a le sentiment de l'égalité, de la fraternité, etc. (*voy.* page 90, lig. 12). On le voit, il ne voulut irriter personne, et n'eut pas tort. Mais, comme toutes ses paroles ne peuvent s'appliquer à toutes les sociétés indistinctement, je veux les relever par un seul exemple. N'a-t-on pas vu le Compagnon charpentier dire à son *renard*, qui est son semblable et néanmoins son esclave : Renard, va me chercher pour deux sous de tabac. — Renard, va m'allumer ma pipe. — Renard, verse à boire au Compagnon. — Renard, prends ce manche à balai, et va monter la garde devant la porte. — Renard, passe la broche dans ce sabot, et fais-le tourner devant le feu. — Renard, etc.; ce que le Renard fait ponctuellement et sérieusement, dans la pensée que lui, plus tard, lorsqu'il sera Compagnon, fera subir les mêmes humiliations à d'autres. Ainsi d'esclave il deviendra tyran! Ce ne sont pas les charpentiers que je blâme ici, ce sont leurs vieilles coutumes, indignes de notre époque et de notre pays, indignes des charpentiers eux-mêmes; car, je l'avoue franchement, si on leur trouve une certaine rudesse, on leur trouve aussi de la probité, de la franchise, de la générosité. J'estime et je proclame une action qu'ils ont faite en commun. Les gens qui lisent les journaux auront pu rencontrer ce passage :

« Les ouvriers charpentiers des faubourgs Saint-Martin et Saint-Denis donnent cinq cents francs pour les ouvriers malheureux de Lyon. »

Ce qui prouve suffisamment qu'ils ont le cœur bon, qu'ils sont travailleurs et économes, justice que je me plais à leur rendre; puissent-ils s'apercevoir que le siècle marche, et marcher avec lui!

Je m'adresse à vous tous, ô ouvriers de la France et du monde entier! comment pouvons-nous élever la voix contre ceux qui nous oppriment si nous sommes nous-mêmes les oppresseurs de nos frères?

NOTE 4.

Quand des Français, des Anglais, etc. (*voy.* p. 96, lig. 12).

Espagnol l'Union veut faire sentir que chaque pays produit des hommes de cœur et de génie; je comprends parfaitement son intention, et je crois lui venir en aide, en offrant le tableau suivant :

Abailard, théologien philosophe; Louis XII, roi appelé le Père du peuple; Calvin, réformateur; Descartes, philosophe, mathématicien, physicien et astronome; Pascal, moraliste et mathématicien; Corneille, Racine, fameux poètes tragiques; Molière, profond auteur de comédies et comédien; La Fontaine, bonhomme dont les écrits gracieux sont pleins d'audace et de malice; Turenne, Vauban, Catinat, braves généraux; Bossuet, Fléchier, Massillon, Bourdaloue, prédicateurs célèbres et grands écrivains; Fénelon, l'ami de l'humanité, l'auteur de *Télémaque;* La Bruyère, écrivain moraliste original et piquant; Le Poussin, Mignard, Vernet, peintres; Mansard, Perrault, architectes; Jean Goujon, Girardon, Le Puget, sculpteurs; Montesquieu, grand jurisconsulte, écrivain philosophe; Voltaire, l'encyclopédie vivante, possédant à la fois tous les genres d'écrire; Buffon, Lacépède, naturalistes; Vaucanson, mécanicien; Roubo, fameux menuisier; l'abbé de l'Épée, Sicard, célèbres instituteurs des Sourds-Muets; Montgolfier, physicien, chimiste, inventeur des ballons; Mirabeau, grand orateur; Bonaparte, le plus grand génie des temps modernes; Carnot, ministre, général et tribun dévoué au peuple; Bichat, Broussais, réformateurs de la médecine; Bernardin de Saint-Pierre, naturaliste, et surtout écrivain poétique et touchant; Laplace, Lagrange, mathématiciens; Lavoisier, Berthollet, chimistes; Monthyon, Larochefoucauld-Liancourt, philanthropes; Saint-Simon, Bazard, Fourier, réformateurs; Monge, mathématicien, créateur de la géométrie descriptive; Jussieu, botaniste; La Fayette, ami de la liberté des peuples; Chénier, Ducis, poètes tragiques; Talma, tragédien; Manuel, orateur, symbole du courage civil; Cuvier, Geoffroy Saint-Hilaire, naturalistes; David, Vernet, Ingres, Delacroix, Delaroche, peintres; Châteaubriand, grand littérateur, auteur des *Martyrs* et du *Génie du Christianisme*; Casimir Delavigne, poète tragique; Victor Hugo, poète lyrique et dramatique original et sublime; Lamartine, poète épique touchant, dont l'imagination n'a point de bornes; Béranger, poète lyrique, dont les chansons sont des odes; Berryer, orateur qui pourrait être un Démosthène; Garnier-Pagès, notre avocat à nous; Jacquart, mécanicien; Arago, astronome, qui, tout en s'occupant des cieux, ne perd pas de vue la terre; Lamennais, auteur des *Paroles d'un Croyant* et du *Livre du Peuple*, où la prose est vraiment de la poésie; Nicod, Michel de Bourges, Dupont, Charles Ledru, Ledru-Rollin, Favre, avocats éloquents et à principes, ce qui est rare; Thénard, Gay-Lussac, Dumas, chimistes; Raspail, chimiste, naturaliste et homme politique; Berthaud, le poète des pauvres; Pyat, Luchet, hommes plus de fond que de forme, dont la plume puissante plaide en faveur des malheureux de ce monde; Hégésippe Moreau, ouvrier imprimeur, grand poète que la misère a tué; David, sculpteur, dont le ciseau populaire fait l'apothéose du mérite et de la vertu seulement; Pierre Leroux, écrivain laborieux et désintéressé, dont les travaux philosophiques préparent l'avenir; Louis Blanc, jeune publiciste qui s'élèvera à la hauteur d'Armand Carrel, et qui descend plus profond dans le chaos social pour en faire jaillir quelque chose d'utile à la multitude; Cormenin, dont la plume est un pinceau, etc., sont nés en France.

Bacon, savant; Cromwell, usurpateur, génie audacieux et puissant; Shakespeare, poète tragique, dont les compositions énergiques font frémir; Milton, poète sublime au-dessus de toute expression, le *Paradis perdu* est son œuvre; Newton, savant mathématicien, grand astronome; Addison, Pope, Dryden, poètes; William Penn, philosophe, législateur de la Pensylvanie; Locke, philosophe; Chatterton, poète mort de dégoût et d'ennui; Cook, navigateur qui fit trois fois le tour du monde; Jenner, médecin, à qui on doit la découverte de la vaccine; Young, poète, auteur des *Nuits*; Fox, homme d'État, orateur immense; Watt, mécanicien; Jérémie Bentham, William Cobbet, publicistes radicaux; Walter Scott, romancier naturel et fécond; lord Byron, poète d'une énergie sombre et effrayante; lord Brougham, homme de savoir et d'esprit; O'Connell, orateur dont la voix puissante agite à volonté toutes les classes du peuple, etc., etc., sont nés en Angleterre.

Guttemberg, inventeur de l'imprimerie; Luther, réformateur; Leibnitz, philosophe et mathématicien; Kepler, Muller, Herschell, astronomes; Klein, naturaliste; Kant, métaphysicien; Wieland, Klopstock, grands poètes; Winkelman, savant; Schlegel, philosophe; Mozart, musicien; Goëthe, poète et littérateur; Gall, médecin, inventeur de la phrénologie; Schiller, poète vrai, énergique, sublime, grand auteur dramatique; Tieck, autre poète; Meyerbeer, musicien, etc., sont nés en Allemagne.

Averrhoès, médecin, philosophe; le Cid, Gonzalve de Cordoue, Gusman, hommes de guerre; Barthélemi de Las Casas, missionnaire, ami des hommes; Ribera, peintre illustre; Alphonse X, roi philosophe et astronome; don Alonzo d'Ercilla, poète épique, auteur de l'*Araucana*; Lope de Vega, poète épique et dramatique; Calderon de la Barca, poète dramatique prodigieux; Cervantes Saavedra, célèbre écrivain, auteur de *Don Quichotte*, livre où l'on croit voir tout ce qui y est décrit; Velasquez, peintre fameux; Riégo, héros martyr de la liberté; Mina, guerrier intrépide et libérateur; Arguelles, orateur; le malheureux Torrijos, etc., etc., sont nés en Espagne.

Rienzi, orateur, libérateur; le Dante, poète, auteur de la *Divine Comédie;* Pétrarque, poète, chantre de la Fontaine de Vaucluse et de Laure; l'Arioste, poète dont l'imagination créa le *Roland furieux;* le Tasse, le plus grand poète de son temps, auteur de *la Jérusalem délivrée;* Boccace, dont la prose est riche et l'imagination féconde; Christophe Colomb, navigateur qui découvrit l'Amérique; Galilée, astronome qui le premier dit : La terre tourne; Machiavel, écrivain politique ; Raphaël, les Carrache, le Titien, le Guide, le Dominiquin, l'Albane, Paul Véronèse, peintres célèbres; Michel-Ange Buonarotti, peintre, architecte, sculpteur et poète. On lui doit les plus grandes beautés de l'église Saint-Pierre de Rome; Bramante, Vignole, architectes célèbres; Toricelli, géomètre, physicien; Volta, célèbre physicien ; Galvani, physicien et médecin; Alfieri, poète tragique ; Canova, sculpteur; Buonarotti, descendant de Michel-Ange, homme politique; Rossini, Paganini, Rubini, grands musiciens, etc., sont nés en Italie.

Enfin, pour abréger, je dirai : l'Europe a produit Ticho-Brahé, astronome; Luther, réformateur; Boerhaave, médecin; Le Camoëns, poète, auteur de la *Lusiade;* Guillaume Tell, libérateur; Copernic, astronome; Jean-Jacques Rousseau, homme et écrivain extraordinaire; Kosciuszko, libérateur; et dans des temps plus anciens, Marc-Aurèle, Antonin, Trajan, empereurs ; Sénèque, philosophe; Lucain, Horace, Virgile, Lucrèce, poètes; César, génie éloquent et guerrier; Cicéron, orateur; Spartacus, libérateur; les Gracques, tribuns du peuple; Archimède, géomètre et mécanicien; Euclide, mathématicien; Pindare, poète lyrique; Démosthène, orateur; Alexandre, conquérant; Platon, Aristote, philosophes; Eschyle, Euripide, Sophocle, créateurs de la tragédie ; Socrate, estimé le plus sage des hommes; Solon, philosophe, législateur; Cimon, Thrasybule, Léonidas, généreux guerriers; Homère, le plus grand poète de l'univers.

L'Asie a produit Zoroastre, législateur des mages; Moïse, législateur des Juifs; Confucius, grand philosophe; David, Salomon, Cyrus, Porus, Darius, rois célèbres; Jésus-Christ, fondateur du christianisme, qui renferme tant de choses dans ces mots : « Tous les hommes sont également composés de chair et d'os ; Le premier est le serviteur des autres ; Aimez-vous les uns les autres ; Faites à autrui ce que vous voulez qu'il vous soit fait à vous-même, etc. ; » Mahomet, orateur, poëte et guerrier, fondateur du mahométisme ; Avicenne, médecin ; Abdérame, général ; Tamerlan, Gengis-Kan, héros célèbres, etc.

L'Afrique a produit Sésostris, roi conquérant ; Asdrubal, Amilcar, Annibal, grands héros : Jugurtha, brave Numide ; Ptolémée, astronome, inventeur d'un système astronomique ; Origène, Photin, Tertullien, saint Augustin, savants pères de l'Église ; Capitain, nègre d'un grand talent ; Méhémet-Ali et son fils Ibrahim, adroits et braves guerriers, réformateurs d'un peuple en décadence depuis longtemps, etc.

L'Amérique a produit Washington, général libérateur ; Franklin, homme d'État, philosophe, savant à qui l'on doit les paratonnerres ; Fulton, inventeur des bateaux à vapeur ; Ritten-House, astronome ; Bolivar, général libérateur, puis dictateur ; Toussaint-Louverture, général nègre, qui combattit pour l'indépendance des nègres, ses frères ; Fenimore Cooper, romancier ; Papineau, orateur libérateur.

Si j'avais voulu mentionner des femmes, j'aurais cité des Sémiramis assyrienne ; des Arthémise, des Sapho, des Corinne grecques ; des Lucrèce, des Cornélie romaines ; des Isabelle espagnole ; des Élisabeth anglaise ; des Marie-Thérèse autrichienne ; des Catherine russe ; des Marguerite d'Anjou, des Jeanne d'Arc, des Staël, des George Sand françaises, etc.

Cette liste, quoique incomplète, pourra néanmoins faire comprendre qu'il ne faut pas avoir de prévention contre les pays, puisque dans chacun d'eux sont nés d'aussi grands hommes et des femmes si justement célèbres.

NOTE 5.

Tes ennemis sont ceux qui, chargés du soin de te gouverner, de t'administrer, se livrent aux vices (voy. p. 97, lig. 39).

Le tailleur de pierre et le charpentier paraissent se contredire. Le premier exalte le mérite des chefs que les Sociétés se donnent, et je conviens que leurs choix sont rarement mauvais; le second n'envisage pas les choses au même point de vue, et signale les mauvais chefs (car il s'en rencontre quelquefois) comme les plus grands ennemis des Sociétés qu'ils gouvernent. Je suis persuadé qu'en ceci le tailleur de pierre ne pense pas différemment que le charpentier. Si l'on saisit bien leurs pensées, la contradiction n'existe plus.

NOTE 6.

Je promets bien de reprendre un jour la plume, (*voy.* p. 99, lig. 32).

Il me semble déjà entendre cette exclamation : Ah! reprendre un jour la plume! Un ouvrier! un Compagnon! un menuisier! Fi!... Ne ferait-il pas mieux de prendre son rabot et de raboter toujours? — Doucement, s'il vous plaît, gens inhumains! Raboter toujours! Je suis de chair et d'os, et la machine mal entretenue se disloque facilement! J'en ai l'expérience. Mais, malgré cela, croyez-le, je rabote comme un homme, comme un autre enfin; demandez à celui qui m'occupe s'il est content de ma besogne! Pourtant, je l'avoue, le rabot à la main, je pense, je médite, je prévois; et comme j'ai souvent vu mes prévisions se réaliser, je me suis dit : Tu penses assez juste; tu allais peu au cabaret, n'y vas plus! Emploie tes courts instants de repos à écrire, cela distrait et ne coûte rien; c'est ce qu'il faut, on gagne si peu à présent! — Ecrire! est-ce que je sais? — Qu'importe, écris tout de même, dis ce que tu penses ; si les ouvriers te comprennent et disent : C'est cela, c'est bien cela! que te faut-il de plus? — Rien. — Ah! si tu savais le latin, le grec, l'hébreu, le chaldéen, comme le fameux docteur qui disait il y a quelques jours des choses si belles, si sublimes, si hautes, si profondes! Oh! quelles phrases! oh! quelles périodes! On était saisi, confondu, on ne savait plus ni d'où l'on venait, ni par où on allait... Quel malheur que tu ne sois pas un savant, va! tu aurais fait merveille! Mais, après tout, console-toi, écris, parle comme on parle; on ne t'en comprendra que mieux. — Eh bien! oui, c'est décidé, résolu, oui, j'écrirai! Ouvrier, je parlerai le langage des ouvriers, les ouvriers me comprendront, d'autres aussi peut-être!...

7.

CHANSONS DE COMPAGNONS

AUX COMPAGNONS

DU TOUR DE FRANCE.

Jusqu'à présent, nos chers pays, on n'avait jamais songé à faire imprimer les chansons et autres poésies composées par nos confrères en l'honneur de notre Société. Nous tentons aujourd'hui d'introduire l'usage de l'impression parmi nous; nous croyons que vous nous approuverez, et que l'exemple ne sera pas perdu. Nous désirerions voir notre Société charger un Compagnon du travail de recueillir toutes nos meilleures chansons, et d'en former un recueil que l'on devrait faire imprimer à un grand nombre d'exemplaires.

Il faudrait aussi que celui dont vous auriez fait choix, tout en réunissant nos chansons, prît le soin de les corriger, pour les rendre telles qu'elles ont dû sortir de la plume de leurs auteurs. Marseillais-Bon-Accord, Nantais-Prêt-à-Bien-Faire, Bourguignon-La-Fidélité, Lyonnais-l'Union, et tant d'autres que nous pourrions vous citer, ont donné à notre Société leurs chansons en manuscrit; elles ont passé de mains en mains; elles ont été copiées, recopiées, et se sont popularisées parmi nous. Mais nous savons tous que ces chansons sont pleines de fautes qui ne viennent pas de nos poètes; on sent comment ces fautes ont pu s'y introduire : ce sont ces fautes qu'il faudrait faire disparaître, autant que la chose serait possible.

Nous croyons devoir inviter nos poètes actuels à faire attention que nous sommes au dix-neuvième siècle ; nous les invitons aussi à examiner avec nous beaucoup de nos vieilles chansons trop à la mode encore. Eh bien! qu'y trouvons-nous? Injures, grossièretés, barbarie, prévention! Nous y sommes portés aux cieux, et nos rivaux jetés dans les enfers ou aux galères de Rochefort et de Toulon. De telles œuvres, avouons-le, ne nous font pas honneur, et sont certes plus nuisibles à ceux qu'elles louent qu'à ceux qu'elles dénigrent. Tout homme sensé ne les entend point chanter sans hausser les épaules et sans sourire de pitié.

N'imitons donc plus ce qui est dégoûtant, repoussant même. Si le fanatisme se glisse partout, c'est un malheur que nous ne pouvons parer ; mais faisons du moins nos efforts pour empêcher ce monstre de s'introduire chez nous pour troubler et égarer notre belle Société. Puissiez-vous, nos chers pays, être satisfaits de ce recueil, et nous pourrons un jour vous en offrir un second. Nous espérons pouvoir suivre le progrès de notre époque et marcher avec la civilisation.

VOS PAYS ET AMIS.

Paris, 1834.

(Suivaient trente-trois signatures.

HYMNE A SALOMON.

AIR : Peuple français, sois fier de ta victoire.

Dignes enfants du roi dont la sagesse
Créa jadis nos équitables lois,
En ce beau jour, le cœur plein d'allégresse,
Avec ardeur accompagnez ma voix. (*bis.*)

CHŒUR.

De Salomon (*bis*) célébrons la mémoire,
Et répétons (*bis*) jusqu'au dernier soupir :
Grand fondateur, sage éclatant de gloire, } *bis.*
Tes fils pour toi savent vivre et mourir.

Oui, Salomon, ce monarque admirable,
Jérusalem! rehaussa ta splendeur,
De tes enfants fut le juge équitable,
Et des beaux-arts le digne protecteur. (*bis.*)
    De Salomon, etc.

Il existait dans ses villes antiques
Mille travaux dont l'œil fut enchanté,
De beaux jardins, des palais magnifiques,
Des tribunaux où siégeait l'équité. (*bis.*)
    De Salomon, etc.

Saint monument, ô merveille imposante,
Temple sacré touchant jadis aux cieux,
Maison de Dieu, ta ruine gisante
Surprend encore et le cœur et les yeux! (*bis.*)
    De Salomon, etc.

Tout florissait dans son royaume immense :
Les vrais talents, le commerce, les arts.
La douce paix, mère de l'abondance,
Rendait heureux jeunes gens et vieillards. (*bis.*)
    De Salomon, etc.

Fils de David, des voûtes éternelles
Jette les yeux sur tes pieux enfants,
Prête l'oreille à leurs voix solennelles,
Reçois, reçois leurs généreux serments. (*bis.*)

De Salomon *(bis)* célébrons la mémoire,
Et répétons *(bis)* jusqu'au dernier soupir :
Grand fondateur, sage éclatant de gloire } *bis.*
Tes fils pour toi savent vivre et mourir }

LE COMBAT D'ESPRIT.

AIR : Que l'union est agréable, *ou* Un soldat qu'une heureuse trêve.

Destin à mes vœux si contraire,
Pourquoi viens-tu donc m'affliger?
Pourquoi, par un ordre sévère,
A partir viens-tu m'obliger?
Il faut quitter ma tendre amie;
O Dieu, pour moi quel triste jour!
Il faut quitter mon Emilie,
Le cher objet de mon amour.

Puisqu'enfin le Devoir l'ordonne,
Je ne consulte que l'honneur.
O passion que Vénus donne,
Eteins ta flamme dans mon cœur;
Comptez sur mon obéissance,
Chers Compagnons de Liberté;
Tout soumis à votre puissance,
Je fuis mon aimable beauté.

Quoi donc? est-ce là la promesse
Que je faisais tous les moments,
A mon idole, à ma maîtresse,
Moi, le plus heureux des amants!
O belle, ô touchante Emilie,
Comment de toi me séparer?
Je veux, je veux toute ma vie
Te voir, te chérir, t'adorer.

Hélas! est-ce moi qui soupire,
Esclave d'une passion?
Quelle faiblesse, quel délire
Troublent mon esprit, ma raison!

Oh! non, je n'ai plus de courage;
Mes forces m'ont abandonné...
Mes yeux sont couverts d'un nuage,
Et mon corps est tout enchaîné...

Grand Salomon, vois ma faiblesse;
Vois mes transports irrésolus,
Vois mon cœur balancer sans cesse
Et pencher même vers Vénus.
Roi bon, exauce ma prière,
Daigne soulager ma douleur ;
Rends ton enfant à la carrière
De la sagesse et de l'honneur.

Je sens renaître mon courage,
Je sens triompher ma raison ;
Je sors d'un pénible esclavage,
Et je suis tout à Salomon.
Voyageons dans la belle France,
Accompagnés de l'équité,
En y célébrant la puissance
Du beau Devoir de Liberté.

LES ADIEUX A CAROLINE.

Air : T'en souviens-tu ? ou des Trois Couleurs.

Sous ta fenêtre, objet que je révère,
Je viens chanter ma dernière chanson ;
Puis te quitter pour suivre ma carrière
Et soutenir mon honneur et mon nom.
Hélas! pour moi quelle peine cruelle
D'abandonner tes charmes en ce jour !
O mon Devoir, ranime tout mon zèle
Pour m'éloigner de ce charmant séjour !

Entends la voix de ton amant perfide ;
Oui, son Devoir l'éloigne de ces lieux ;
De Salomon la puissance le guide,
En éclipsant le pouvoir de tes yeux.
Ne règne plus sur son cœur, sur son âme,
L'Amour malin, l'enfant de la beauté !

C'est désormais la raison qui l'enflamme,
Et le parfait Devoir de Liberté.

Adieu, adieu, charmante Caroline,
De ce moment je m'éloigne de toi;
Tout pénétré d'une force divine,
Je puis braver ton amoureuse loi.
Qu'à tes douleurs ta mère s'intéresse,
Que sa pitié sèche enfin tes beaux yeux.
Moi, je te fuis, je vaincrai ma faiblesse;
Adieu, adieu, reçois tous mes adieux!

LES PROMESSES DU NOUVEAU DIGNITAIRE
A LA SOCIÉTÉ.

CHANSON-IMPROMPTU *.

AIR : De ton baiser la douceur passagère.

Puisqu'en ce jour votre choix me préfère,
Puisqu'au pouvoir vous me faites monter,
Ce grand honneur, je veux le mériter;
Je veux agir, vous servir et vous plaire. (*bis.*)

Si dans mon temps, par un destin prospère (1),
De mes désirs je peux suivre l'ardeur,
Vous connaîtrez le penchant de mon cœur;
Je vous chéris, mais je saurai vous plaire. (*bis.*)

De Salomon, notre ami, notre père,
Du souverain l'exemple des bons rois,
Je maintiendrai les équitables lois,
Et je saurai vous chérir et vous plaire. (*bis.*)

Honneur et gloire à l'ancien dignitaire (2)
Qui sut remplir sa haute fonction!
Faisons un ban pour le vrai Compagnon (3)
Qui m'a montré le chemin de vous plaire. (*bis.*)

* J'avertis, une fois pour toutes, que le plus souvent chaque chanson aura ses notes qui la suivront immédiatement.

(1) *Si dans mon temps.* Ce mot *temps* n'est pas clair; mais, comme nous l'employons ordinairement pour dési-

gner le règne de six mois du premier Compagnon ou dignitaire élu par la Société, je m'en suis servi dans le même sens.

(2) Plusieurs anciens Compagnons étant réunis à la même table dans un grand café, parlaient de leur jeunesse et de leur Tour de France ; ils étaient joyeux : c'était pour eux le bonheur dans le passé et dans le présent ; chacun d'eux exposait ses titres avec un certain orgueil. Celui-ci disait : Je suis premier Compagnon de Nîmes ; celui-là : Je suis premier Compagnon de Chartres ; l'un disait qu'il était dignitaire de Lyon ; enfin d'autres disaient qu'ils l'étaient soit de Marseille, soit de Montpellier, soit de Bordeaux, soit de Nantes. Ils se glorifiaient surtout d'avoir été élevés à la première place de la Société par le libre suffrage de leurs égaux. Un beau Monsieur décoré était à une table voisine, et écoutait leur conversation avec un sourire moqueur sur les lèvres ; un des Compagnons s'en aperçut, et lâcha aussitôt les paroles suivantes : — Oui, nous portons des titres dans notre Société, et l'on trouve cela étrange ! mais des individus d'un rang plus élevé en portent aussi : ce sont des comtes de Cagliostro, des ducs de Valasque, des marquis de Cabrières, etc., et ces titres sont héréditaires dans leur famille. Quand un comte, un duc, un marquis ont des droits sur le pays dont ils portent le nom, passe ! mais porter le nom de duc d'un pays parce qu'on l'a arrosé de sang, c'est drôle ! mais porter le nom de marquis d'un pays parce que votre père l'a ensanglanté et dépeuplé, et surtout en porter le nom sans y avoir mis le pied, et sans y être connu d'un seul de ses habitants, c'est encore plus drôle ! c'est même ridicule. — Ces paroles furent entendues du beau Monsieur décoré qui ne sourit plus.

(3) *Faisons un ban.* Ce mot *ban* n'est, je crois, pas français ; mais, comme il désigne chez nous un applaudissement général et mesuré, j'ai cru pouvoir et même devoir m'en servir.

LE DÉPART.

Air de la Parisienne.

Oui, du départ l'heure est sonnée,
Mes chers pays (1), éloignons-nous

De cette ville fortunée,
Séjour des plaisirs les plus doux.
Fuyons d'ici la jouissance,
Pour trouver ailleurs la science.
      Amis, voyageons
        En vrais Compagnons
Du glorieux, du grand roi Salomon,
Sur le beau Tour de France. *(bis.)*

Voyez dans ces belles campagnes
Ces bosquets, ces gazons, ces fleurs,
Ces oiseaux près de leurs compagnes,
Chanter l'amour et ses faveurs.
Du printemps quelle est la puissance!
Tout se ranime à sa présence.
      Amis, etc.

Mes chers pays, au dignitaire
Obéissons avec ardeur.
Déployons l'antique bannière
De notre sage fondateur ;
Qu'au gré des airs avec aisance,
Mollement elle se balance.
      Amis, etc.

Si parfois dans notre voyage,
Nous rencontrons un *Devoirant*,
Non, non, envers ce personnage
N'agissons pas brutalement ;
Laissons l'affreuse intolérance
A la fanatique ignorance.
      Amis, etc.

Mais, si, bouffis de fanatisme,
Des insensés osaient enfin,
Croyant faire acte d'héroïsme,
Nous attaquer dans le chemin,
Sous le poids de notre vaillance,
Accablons leur sotte arrogance.
      Amis, etc.

Adieu, loyaux sociétaires,
Il faut se quitter désormais.
Embrassons-nous, adieu, nos frères,
Vivez heureux, vivez en paix ;

Et nous, sur cette route immense,
Partons, et faisons diligence.
 Amis, voyageons
 En vrais Compagnons
Du glorieux, du grand roi Salomon,
 Sur le beau Tour de France.

(1) Dans les Sociétés de Compagnonnage, le mot *monsieur* n'est point d'usage : dans les unes on se nomme *Coterie*; dans le plus grand nombre on se nomme *Pays*. Les Français, les Espagnols, les Italiens, les Suisses, les Allemands, faisant leur Tour de France et se trouvant ainsi réunis, se nomment réciproquement Pays espagnol, Pays italien, Pays suisse, etc. Ils sont éloignés de leurs familles ; ils se déplacent fréquemment pour habiter un endroit, puis un autre endroit ; ils vivent cordialement entre eux et sans prévention nationale. D'ailleurs ils habitent sous la même voûte, ils marchent sur le même globe, ils sont, ils se nomment Pays, car le monde pour eux n'est qu'un grand *pays!* Beaucoup de personnes rient de cette appellation ; qu'elles réfléchissent, et qu'elles rient encore après si elles le jugent à propos!

CONSEIL AUX AFFILIÉS.

Air : La république nous appelle, ou du Chant du départ.

O mes jeunes amis, qui sur le Tour de France
 Dirigez vos pas diligents,
D'un ancien Compagnon, instruit d'expérience,
 Ecoutez les avis prudents :
 Pour acquérir talents, sagesse,
 Pour jouir de l'égalité,
 Vous confierez votre jeunesse
 Aux Compagnons de Liberté.

CHŒUR D'AFFILIÉS.

Nous conserverons la mémoire
De votre dernière leçon ;
Nous ne ternirons point la gloire
Du beau Devoir de Salomon.

Partez, ô mes amis! et dans votre voyage
    Soyez résolus, mais prudents;
Et si l'on vous attaque, armez-vous de courage,
    Soyez braves, soyez vaillants.
    Vos coups sont alors légitimes,
    Frappez, domptez des inhumains
    Qui vont se chercher des victimes,
    En plein jour, sur les grands chemins.
        Nous, etc.

D'une riche cité, de la belle Marseille,
    Sous peu vous verrez les clochers;
Vous saurez visiter cette antique merveille,
    Ses champs, ses eaux, ses grands rochers;
    Mais allez d'abord chez la Mère,
    Ainsi l'ordonne le Devoir;
    Connaissez votre dignitaire,
    Soumettez-vous à son pouvoir.
        Nous, etc.

A d'utiles travaux occupez-vous sans cesse;
    Fréquentez de dignes amis,
Honorez les talents, les vertus, la sagesse;
    A l'honneur demeurez soumis.
    Fuyez celui dont l'imposture
    Chercherait à vous égarer;
    Fuyez un scélérat parjure,
    Qui voudrait vous déshonorer.
        Nous, etc.

D'être un jour Compagnons nourrissez l'espérance,
    Vos esprits sont intelligents;
Cultivez le dessin, puisez dans la science,
    Acquérez de nouveaux talents.
    Suivez surtout le sage exemple
    De qui pratique les vertus;
    Et dans le magnifique temple
    Un beau jour vous serez reçus.

CHOEUR D'AFFILIÉS.

Nous conserverons la mémoire
De votre dernière leçon;
Nous ne ternirons point la gloire
Du beau Devoir de Salomon.

RÉFLEXIONS.

Ceux qui partent d'une ville à la dérobée, et sans payer leurs dettes, sont appelés des *brûleurs*; leur nom, leur signalement sont répandus sur le Tour de France, et les brûleurs ne sont accueillis nulle part.

Il s'en trouve, parmi ceux qui partent ainsi, qui laissent des dettes bien légères : quelquefois ils ont terni leur réputation, ils ont sali leurs noms pour la somme de vingt ou trente francs ! Certainement ils ne calculent pas, en agissant de la sorte, les conséquences de leur vilaine action ; c'est le plus souvent quand ils sont retirés, ou quand un peu plus d'âge a mûri leur raison, qu'ils sont fâchés d'avoir si mal agi.

Si nous ne voulons point avoir de reproches à nous faire, ayons de la franchise et de la probité! car, si nous avions trompé quelqu'un, pourrions-nous dire du mal de celui qui nous tromperait sans dire du mal de nous-mêmes? Si, ayant trompé, nous appelions fripon celui qui nous tromperait, ne pourrait-on pas nous appeler du même nom? Et que répondrions-nous alors ? Rien. Donc, tâchons d'avoir toujours pour nous notre conscience ; c'est la plus solide de toutes les défenses.

L'on voit des Compagnons, des Affiliés, qui, pour avoir subi l'injustice de quelques chefs, se retirent promptement de la Société. Quand une Société est bien organisée, quand elle a des principes vrais et de sages lois, on ne doit pas la quitter si vite et pour si peu. Il faut avoir de la patience, et faire toujours tout ce que le devoir et l'honnêteté commandent : c'est le seul moyen de s'attacher le plus grand nombre, et de rendre honteux ceux qui vous auraient fait des injustices. En agissant autrement, vous donneriez raison à ceux qui ont tort : c'est ce qu'ils demandent, c'est ce que vous ne devez pas faire.

Nous sommes dans un temps où l'on se moque des gens trop mystérieux et trop séparés des autres. Nous devons dire tout ce qui peut se dire raisonnablement, et vivre avec tous ceux qui savent vivre. Sans être ennemis d'aucune Société, nous devons nous attacher à la nôtre, et la servir avec zèle et amour. Si, après avoir fait tout notre devoir, notre Société pouvait se tromper et nous en mal récompenser, il nous serait permis de faire entendre des plaintes modérées : ceux qui se trompent reviennent quelquefois d'une erreur; mais ne nous vengeons jamais aux dépens de nos engagements et de notre honneur : nous serions exécrés et flétris des noms de lâches, de traîtres et de scélérats; de toutes parts la défiance nous observerait, et nous vivrions, quoique au milieu du monde, dans un isolement complet. Ainsi nous aurions voulu faire du mal ; nous nous en serions fait à nous-mêmes.

Soyons toujours probes et honnêtes ; ne faisons jamais retomber sur la Société entière les fautes de quelques-uns de ses membres ; soyons fidèles à nos serments et à nos engagements. Tout cela n'est que notre avantage ; nous agirions contre nous en agissant différemment.

AUX COMPAGNONS

DU TOUR DE FRANCE.

Nos chers pays,

Il y a environ deux ans que nous eûmes le plaisir de vous présenter un dernier recueil de chansons de Compagnons, dont la préface promettait que nous n'en resterions pas là. Eh bien! aujourd'hui, vous serez convaincus que cette promesse, quoique un peu vague, n'en était pas moins fondée. En conséquence, vous recevrez un deuxième recueil. Puisse-t-il vous être agréable ; puisse-t-il mériter et obtenir votre approbation, et notre contentement sera au comble !

Vos pays et amis.

Paris, 1836.

(*Suivaient soixante et une signatures.*)

LE JEUNE AFFILIÉ, ADIEU AU PAYS.

Air de L'Aveugle de Bagnolet.

Enfants de Salomon le Sage,
Guidant un frère sur les champs,
Lorsqu'il prélude à son voyage
Prêtez l'oreille à ses accents. (*bis.*)
Je sors de la timide enfance,
Et j'entreprends le Tour de France (1);
Adieu, riche, charmant pays,
Climat brillant de la Provence !
Adieu, riche, charmant pays,
Adieu, vous tous, mes vrais amis.

Je quitte mon vertueux père
En butte à de sombres douleurs ;
Ma bonne, ma sensible mère
Se lamentant, versant des pleurs, (*bis.*)
Et ma jeune et tendre maîtresse,
De ses cris m'appelant sans cesse.
Adieu, riche, charmant pays,
Un jour renaîtra l'allégresse ;
Adieu, riche, charmant pays,
Adieu, vous tous, mes vrais amis. } *bis.*

Je vois de ma ville natale
Encor le plus haut monument ;
Mais d'intervalle en intervalle
Il s'abaisse insensiblement. (*bis.*)
Oh ! plus rien ne s'offre à ma vue,
Que des champs la vaste étendue.
Adieu, riche, charmant pays ;
Mon cœur bat, mon âme est émue ;
Adieu, riche, charmant pays,
Adieu, vous tous, mes vrais amis.

Quel temps ! quel chemin magnifique !
Comme l'avenir me sourit !
Une voix sourde, prophétique,
Echauffe, élève mon esprit. (*bis.*)
Je cueillerai par ma constance
Des talents et de la science.

Adieu, riche, charmant pays,
C'est un grand bien que l'espérance;
Adieu, riche, charmant pays,
Adieu, vous tous, mes vrais amis.

Allons, saisissez la bouteille,
Dans nos verres versez tout plein ;
Buvons, le doux jus de la treille
Enhardit, enflamme soudain.
Recevez les adieux d'un frère ;
Chacun a bien vidé son verre.
Adieu, riche, charmant pays,
Je te reverrai, je l'espère;
Adieu, riche, charmant pays,
Adieu, Compagnons, mes amis.

NOTE.

(1) *Et j'entreprends le Tour de France.*

Jeune Affilié qui entreprenez le Tour de France, quoique votre esprit et votre bon sens ne vous parlent qu'en faveur des choses utiles, permettez-moi de vous donner un conseil pour vous fortifier davantage, s'il est possible. Vous partez ; mais, quand vous reviendrez, soyez satisfait de l'emploi que vous aurez fait de votre temps. Beaucoup de jeunes gens, oubliant le but qu'ils s'étaient proposé d'atteindre en commençant leur Tour de France, ne pensent plus, comme ils disent eux-mêmes, qu'à se divertir ; mais plus tard, sentant une confusion dans leur cerveau, se trouvant embarrassés en tant de circonstances, ils se font mille reproches, et cela ne peut leur procurer les connaissances qui leur manquent. Tâchez de ne point vous trouver dans un pareil cas ; faites en sorte que le Tour de France soit une école profitable pour vous, apprenez-y à vivre et à travailler, faites-vous-y homme, et devenez, pour tout dire, menuisier dans la force du terme. Mais, pour en venir là, travaillez, travaillez des bras et de la tête. Savoir couper son bois, avoir, comme on dit, une bonne main-d'œuvre, c'est beaucoup pour l'ouvrier, et c'est bien peu pour le maître!

Oui, l'homme placé à la tête d'un atelier de menuiserie est certainement forcé de refuser plusieurs sortes d'ouvrages s'il ne connaît le dessin linéaire appliqué à son état. Donc, occupez-vous du dessin linéaire, prenez de bonnes notions des cinq ordres d'architecture, et vous formerez ainsi votre goût sur les proportions les plus justes et les plus belles. Acquérez la connaissance de la géométrie descriptive appliquée à la menuiserie, c'est-à-dire du trait de l'escalier, de l'arêtier, des voussures et d'un grand nombre d'autres coupes de bois. Alors vos idées seront claires, vous aurez la conception des ouvrages, quels qu'ils soient, et vous pourrez les exécuter avec goût et facilité. Mais si vous voulez acquérir ces connaissances, n'écoutez point ceux qui chercheront à vous décourager. Des hommes vous diront : — Vous perdez votre temps, vous dépensez votre argent, vous vous cassez la tête mal à propos ; le dessin n'est bon à rien, laissez donc ça là, et faites comme nous ! — Je vous le répète, jeune Affilié, n'écoutez point les hommes qui vous donneront de tels conseils. Ces hommes se plaisent dans l'ignorance ou dans l'abrutissement, ou dans la nonchalance, et pourtant l'orgueil est concentré dans tout leur être, et s'ils voient quelqu'un chercher à s'instruire et à s'élever, le venin de la jalousie les parcourt et les tourmente ; ils voudraient que tout le monde restât comme eux pour n'avoir à rougir, pour n'être humiliés devant personne. Il est aussi d'autres hommes d'un esprit plus sage et d'un caractère plus élevé, et qui par négligence ou faute de moyens pécuniaires (car l'homme sans fortune ne s'instruit pas toujours au gré de ses désirs), ou par toute autre cause enfin, n'ont pu s'initier aux connaissances que je vous cite comme essentielles. Mais ces derniers ne parlent pas comme ceux que j'ai cités plus haut, et vous n'aurez rien à redouter de leurs paroles ; au contraire, ils appuieront le conseil que je vous donne, et dont il me reste encore quelque chose à dire. Oui, j'ai à vous dire que celui qui retourne dans son pays sans avoir profité de son Tour de France, n'est point tranquille, et pour vous le prouver, je vais vous raconter le discours qu'un de mes amis me tint ; le voici : « Après avoir, en cinq ans, fait mon Tour de France, j'arrivai au pays et rentrai dans la maison paternelle. Comme je suis seul dans la famille exerçant la profession de mon père, comme mon père commence à prendre un âge avancé, je pensais lui succéder bientôt dans la direction, dans la conduite des travaux ; je pensais avec raison devoir être placé par lui à la tête de son établissement, et cela me donnait du chagrin, et cela m'inquiétait beaucoup, et je me disais : J'ai dessiné de l'architecture et du trait ; mais je suis peu avancé, peu approfondi, peu savant sur l'une comme sur l'autre de ces branches de dessin, dont je sens aujourd'hui toute l'utilité, et je crains de rester quelquefois en affront. Si par exemple, un jour, on venait me commander un escalier tournant, ou la boiserie d'une niche avec sa calotte, ou un autel à tombeau, ou une chaire à prêcher compliquée, réunissant à elle seule tous les principes du trait, ou autre chose d'aussi difficile, d'aussi délicat, que répondre, que faire?... Dois-je entreprendre? Mais si j'entreprends, n'entendrai-je pas au fond de ma conscience une voix effrayante qui me criera : Ne crains-tu pas de ne pouvoir achever? Dois-je refuser? Mais pour lors que dira-t-on de moi? A coup sûr on dira : — Voilà un homme qui a fait son Tour de France, qui est retourné au pays réputé comme bon ouvrier ; nous lui confions un travail, et il le refuse, ne se sentant point la capacité de le faire. Ah! valait-il la peine qu'il fît son Tour de France, qu'il y restât si longtemps pour ne rien apprendre? C'est une honte pour lui! — Et ces réflexions, et ces considérations me faisaient trembler, me faisaient frémir. Enfin, peu de temps après, j'eus quelques difficultés avec quelqu'un qui pourtant m'est bien cher, et j'en profitai pour m'éloigner de la maison. Je partis, je pris la route d'une grande ville en disant : Le dessin nous donne la hardiesse d'entreprendre toutes sortes d'ouvrages, et la facilité de les mener à bonne fin par les moyens les plus courts et les plus sûrs ; le dessin nous attire l'estime et la considération des habitants de notre cité, ainsi que le respect et la bienveillance des ouvriers que nous occupons ; le dessin, en un mot, est l'âme de la menuiserie, et je m'en occuperai. En effet, je m'en suis occupé ; on avait beau me dire : Cela ne vous servira jamais, vous perdez votre temps ; je dessinais toujours, et je m'en trouve bien, et cela m'est journellement d'une grande utilité. »

Vous venez d'entendre, jeune Affilié, ce que je vous ai dit par moi-même ; vous venez d'entendre ce que je viens de vous raconter de mon ami, et qui a quelque rapport avec mon passé, c'est-à-dire avec les sensations que j'éprouvai jadis. Maintenant je vous laisse tout à vous en vous recommandant, pour toute conclusion, de méditer sur mes paroles et de penser à l'avenir.

LE BANQUET.

Air : Giroflée au printemps.

REFRAIN.

Est-il plus heureux sort!
Notre fête est charmante :
L'on y boit, l'on y chante
Dans un parfait accord.

Il n'est rien de plus agréable
Que de voir ses nombreux amis
Rangés autour de cette table,
Où sont des vins, des mets exquis.
Quand nous fêtons notre patronne,
Livrés aux transports les plus doux,
Approche qui voudra du trône,
Oh! nous n'en sommes point jaloux.
  Est-il plus, etc.

Sujets soumis de l'étiquette
(Un bon vieillard me l'a conté),
Les grands seigneurs, dans une fête,
Ignorent la franche gaîté.
Les Compagnons, c'est autre chose :
Toujours contents, toujours joyeux,
Leur banquet est l'apothéose
Qui les élève au rang des dieux.
  Est-il plus, etc.

Non, point d'erreurs accréditées,
Point de propos adulateurs,
Point de manières affectées,
Ni de trompés ni de trompeurs.
Oui, la franchise la plus pure
Préside en ce riant salon,

Les gais disciples d'Epicure,
Les vrais enfants de Salomon.
    Est-il plus, etc.

Vainement l'inquiet avare
Entasse trésors sur trésors :
Il passera nu le Ténare (1);
Pluton l'attend aux sombres bords.
Laissant aux niais leur abstinence,
Les Compagnons de Liberté
Savourent en paix l'existence,
Et puis vienne l'éternité!
    Est-il plus heureux sort!
    Notre fête est charmante;
    L'on y boit, l'on y chante
    Dans un parfait accord.

(1) Le mot Ténare a deux acceptions; anciennement il désignait les enfers, ou un endroit souterrain du promontoire de Malée, dans la Laconie, qui y conduisait. Je l'emploie ici dans ce dernier sens.

HOMMAGE AUX POÈTES (1).

Air : A soixante ans il ne faut pas remettre, ou du bon
        Vieillard (de Béranger).

Sans être aimé du dieu de l'Harmonie,
Peut-on chanter comme chanta jadis
Ce Bon-Accord, dont le bouillant génie
Touchait les cœurs, enflammait les esprits? (*bis.*)
Oui, Marseillais, ta voix retentissante,
Prédominant sur les plus beaux accords, (*bis.*)
Changeait soudain, tant elle fut puissante,
Les lieux muets en lieux d'heureux transports. (*bis.*)

Tu célébras l'antique renommée (2)
De Salomon, notre grand fondateur;
Par ta satire incisive, animée,
Tu fis rougir le sot et l'imposteur.
Ton hymne saint (3), qu'à genoux je contemple,
Monta, porté sur de mâles accents,

Et retentit dans l'enceinte du temple,
Depuis la voûte à ses creux fondements.

Sans Apollon, Nantais-Prêt-à-Bien-Faire,
Eût-il produit des odes, des chansons
D'un goût exquis, d'une diction claire,
Sur des sujets variés et féconds?
Soit qu'il chantât l'Honneur ou la Victoire (4),
Ou la Concorde ou l'Amour fraternel,
Ou Percheron et les Palmes de Gloire,
Il est profond, brillant et solennel.

Sans Apollon, ce dieu qui tout éclaire,
Nous n'eussions pas entendu tour à tour
La liberté n'est pas une chimère (5),
Et d'autres chants dignes de notre amour.
Il fut sans doute inspiré jeune encore (6),
Ce Bourguignon, ce La-Fidélité
Qui célébra d'une voix si sonore
L'Amour, les Arts, l'Honneur, la Liberté.

Un jour, dit-on, sur les bords de la Loire (7),
Sous des tilleuls, Lyonnais-l'Union,
Enveloppé par des rayons de gloire,
Traçait des vers dictés par Apollon;
De nos aïeux célébrait les souffrances (8),
Les fers brisés, les travaux glorieux;
Puis il chantait les Beaux-Arts, les Sciences,
Et Salomon, roi puissant et pieux.

Nos troubadours des cordes de la lyre
Tiraient des sons touchants, mélodieux,
Que leur amour, que leur brûlant délire,
Que leurs transports poussaient jusques aux cieux.
Et maintenant nos lyres sont muettes (9);
De nouveaux chants n'ébranlent plus les airs;
Éveillez-vous, accourez, ô poètes,
Et reprenez vos sublimes concerts!

NOTES.

(1) *Hommage aux poètes.*

Marseillais-Bon-Accord, Courbier; Nantais-Prêt-à-Bien-Faire, Desbois; Bourguignon-La-Fidélité, Thévenot; et

ET NOTES 129

Lyonnais-l'Union, Chaila : le premier mort à Marseille en 1824; le deuxième établi à Avaray, près de Beaugency et de son ancien ami Percheron-Le-Chapiteau; le troisième établi à Ecamps, près d'Auxerre; le quatrième mort à Lyon en 1828. J'aurais voulu chanter encore quelques-uns de nos poètes, tels que Languedoc-La-Fidélité, qui nous a donné la charmante chanson : *Que l'union est agréable*; Bordelais-La-Prudence, auteur si abondant et si gai, et d'autres encore; mais ma chanson devait avoir des bornes, et je me suis arrêté.

(2) *L'antique renommée*, etc.

Chanson dont je donnais ici trois couplets et qu'on trouvera un peu plus loin. Voir page 179.

(3) *Ton hymne saint*, etc.

Chanson dont je reproduisais ici deux couplets, et que l'on trouvera en partie à la page 182.

(4) *Soit qu'il chantât l'Honneur ou la Victoire,
Ou la Concorde ou l'Amour fraternel.*

Allusion à deux chansons de l'auteur. La première, pleine de feu et d'énergie, commence ainsi :

« Compagnons, unissons nos voix ;
Chantons !.. que l'écho retentisse !
Nous sommes encore une fois
Les vainqueurs malgré l'injustice.

Et finit par ce couplet :

« Gloire à Percheron-Le-Chapiteau !
Rendons hommage à sa science,
Et donnons à ce vrai Gavot
Des marques de reconnaissance.
Pays, je vous laisse ordonner
Un prix digne de sa victoire ;
Pour moi, je veux le couronner
Des palmes sacrées de la gloire.
Chantons d'accord, etc. »

En citant ce couplet, je ne veux pas exciter des discussions sur les anciennes affaires de Montpellier; je le cite, parce que je le trouve bien fait ; voilà tout. La seconde, respirant la sagesse et des sentiments tendre, on la trouvera en entier à la page 163 de ce volume.

(5) *La liberté n'est pas une chimère.*

Chanson dont voici deux couplets :

« La liberté n'est pas une chimère,
Chers Compagnons, je viens de l'entrevoir.
Etant instruit du plus profond mystère,
J'admire en tout les décrets du Devoir ;
A le servir j'emploierai tout mon zèle ;
J'en fais serment le matin et le soir.
Jusqu'au tombeau je resterai fidèle
A Salomon, à l'honneur, au Devoir.

« J'achèverai le cours de mon voyage
En fils aimé du grand roi Salomon ;
Je veux encore au déclin de mon âge
Avec respect prononcer ce grand nom ;
Car dans les cieux un héritage immense
De paix, de gloire et d'éternel bonheur,
Sera vraiment donné pour récompense
D'être fidèle au Devoir, à l'honneur. »

(6) *Il fut sans doute inspiré jeune encore.*

On peut voir, page 195, une chanson qu'il composa étant encore Affilié.

(7) *Sur les bords de la Loire.*

Allusion au premier couplet de cette chanson :

« Sur les bords riants de la Loire,
Apollon m'inspire à chanter
Les Compagnons couverts de gloire
Du beau Devoir de Liberté.
   Oh ! quelle jouissance
De nous voir dans chaque pays,
   Et sur le Tour de France,
En bons frères, et vrais amis !
   Vivent les sciences,
   L'intelligence ;

Gloire aux talents !
Vive le nom
De Salomon !
Vive le nom
« De Salomon ! »

(8) Allusion à une chanson dans laquelle l'auteur remonte au berceau du Compagnonnage, et parle des beautés de la Judée, de la captivité de Babylone, de la Délivrance, du Retour à Jérusalem, etc., etc. voy. page 157.

(9) *Et maintenant nos lyres sont muettes,*
De nouveaux chants n'ébranlent plus les airs.

Depuis que j'ai composé cette chanson, plusieurs poètes ont rompu le silence, et fait entendre des chants nouveaux. Je citerai, entre autres, Bordelais-La-Clef-des-Cœurs, Tourangeau Bernadeau, Affilié.

LES VOYAGEURS.

Air : C'est ma Lison, ma Lisette.

REFRAIN.

Nous voyageons dans la France
Avec constance ;
Nous voyageons
En courageux Compagnons.

Le soleil du printemps,
Par sa douce influence,
Charme les habitants
Des villes et des champs.
Nous voyageons, etc.

Les arbres sont fleuris,
Le gazon en croissance,
Les oiseaux réunis
Chantent et font leurs nids.
Nous voyageons, etc.

Sous la voûte des cieux
Tout reprend l'existence ;

La nature en tous lieux
Parle au cœur comme aux yeux.
　Nous voyageons, etc.

Amis, doublons le pas,
Abrégeons la distance;
Les travaux ici-bas
Seraient-ils sans appas?
　Nous voyageons, etc.

Laissons aux êtres mous
La funeste indolence;
Après la peine, à nous
Les plaisirs sont plus doux.
　Nous voyageons, etc.

Les peines, les soucis,
A la seule présence
De nos joyeux amis,
Tombent anéantis.
　Nous voyageons, etc.

Nous sentons en chemin
Parfois quelque souffrance;
Mais dans un clair lointain
Nous attend le festin.
Nous voyageons dans la France
　Avec constance;
　Nous voyageons
En courageux Compagnons.

LE PARTANT AMOUREUX.

ROMANCE.

AIR : Reviens dans ta patrie.

REFRAIN.

En Compagnon fidèle,
En pur et tendre amant,
Au Devoir, à ma belle,
Je demeure constant. (*bis*.)

Entends au loin, ô ma fidèle amante,
Ces chants joyeux qui frappent les échos;

Ils sont poussés par une troupe ardente
De Compagnons, d'intrépides Gavots.
Quand le printemps reverdit les bocages,
Quand la nature orne son sein de fleurs,
Sur les chemins, sur les mers, sur les plages,
Vont s'agitant de nombreux voyageurs.
 En Compagnon fidèle, etc.

A ces seuls mots : *voyageurs* et *voyage,*
Je vois tes traits qui s'altèrent soudain ;
Des pleurs brûlants coulent sur ton visage,
Et des soupirs soulèvent ton beau sein.
Reprends courage, ô mon unique amie,
Aux Compagnons j'obéis sans débats ;
Mais loin d'ici puis-je chérir la vie ?
Mais puis-je vivre au lieu où tu n'es pas ?
 En Compagnon, etc.

Dans les cités ou dans un lieu sauvage,
Dans un tumulte ou seul, sombre et rêveur,
Je croirai voir ta séduisante image,
Et ta puissance agira sur mon cœur.
Le sentiment que ton regard m'inspire,
Cet amour pur, brûlant, délicieux,
Qui me plongeait dans le plus doux délire,
Règne à jamais sur mon être amoureux.
 En Compagnon, etc.

Mais entends-tu cette voix éclatante,
Puissante voix d'un digne Compagnon ?
Elle me dit de quitter mon amante,
De me soumettre aux lois de Salomon.
O toi, Lise, toi dont l'âme est si pure,
Sèche tes pleurs, calme ton désespoir.
En amant vrai, je le dis, je le jure :
Je reviendrai, Lise, Lise, au revoir (1).
  En Compagnon fidèle,
  En pur et tendre amant,
  Au Devoir, à ma belle,
  Je demeure constant.

(1) A peine cette chanson fut-elle terminée, qu'un Compagnon, que j'appellerai l'Inconstant, pour ne pas dire

plus, s'approcha du partant, et lui dit : — Vous promettez de revenir avec l'intention de tenir parole?

Le partant. — Pourquoi non?

L'inconstant. — C'est que maintes fois j'ai fait de semblables promesses, que je ne devais point tenir.

Le partant. — Et vous n'avez rien à vous reprocher?

L'inconstant. — Rien. Sur cet article, on n'en peut trop faire.

Le partant. — A la bonne heure.

L'inconstant. — A Châlons, à Nantes, et surtout à Marseille, j'ai fait parler de moi.

Le partant. — Comment cela?

L'inconstant. — Je les ai joliment attrapés.

Le partant. — Qui?

L'inconstant. — Écoutez-moi. J'avais pour ami à Marseille un jeune homme de la ville. Il me mena un jour chez ses parents; il avait une sœur; je la vis, j'en fus amoureux; je le lui exprimai le plus tôt possible. Mes sentiments furent peu à peu partagés; les parents m'accueillirent avec bonté, car j'avouais des intentions honnêtes; je fus aimé, chéri de toute la famille.

Le partant. — Et vous la chérissiez aussi.

L'inconstant. — C'étaient de bien bonnes gens. A la fin, il fut question de faire venir mes papiers; j'écrivis à mon pays, où j'avais un correspondant de mes amis qui avait le mot. A toutes les lettres pressantes que j'envoyais, il faisait des réponses évasives, et les papiers nécessaires au mariage n'arrivaient toujours pas. Je vis le papa devenir mécontent; quelque chose roulait dans sa tête, je fus au devant et je lui dis : Papa Briant, je m'impatiente, si mon pays n'était pas si éloigné, ou, pour mieux dire, si j'avais de l'argent pour faire un si long voyage, j'irais chercher moi-même ce qu'on me fait attendre depuis trop longtemps. — Quelle somme te faut-il? — Trois cents francs. — Tu les auras. — Mais j'aurais besoin aussi d'être habillé de neuf, car je ne voudrais pas me présenter chez mes parents sans être proprement mis. — Je t'accorde tout ce que tu désires. — Je fus donc habillé en beau drap, je reçus trois cents francs en or; ma tendre Cécile me remit encore quelque chose en cachette, et je partis en leur témoignant combien je serais impatient de les revoir et de les embrasser. Ah! je les ai bien attrapés.

Le partant. — Attrapés?

L'inconstant. — Oui, j'ai eu de ces bonnes gens tout ce que je pouvais désirer. Je ne désire plus rien; ils m'ont assez vu.

Le partant. — Et vous êtes content de vous?

L'inconstant. — Très content.

Le partant. — Et votre conscience ne vous reproche rien?

L'inconstant. — Rien. Qu'ai-je fait, du reste, un bon tour!...

Le partant. — Dites un mauvais tour.

L'inconstant. — Expliquez-vous.

Le partant. — Vous avez votre père et votre mère?

L'inconstant. — Oui.

Le partant. — Vous avez une sœur?

L'inconstant. — Oui.

Le partant. — Supposez, maintenant, que vous êtes dans votre pays, que vous y avez un ami que vous menez chez vos parents, que cet ami se fait aimer de votre sœur, qu'il gagne la confiance de toute votre famille, qu'un mariage est convenu, que, pour l'accélérer, le prétendu doit faire un voyage dans son pays, qu'il se fait habiller aux frais de vos parents, qu'il se fait prêter de l'argent par votre père, qu'il part enfin, et qu'il ne revient plus. Si vous apprenez dans la suite que votre ancien ami se moque de votre père et de votre mère, qu'il insulte, qu'il diffame, qu'il calomnie votre sœur et la traîne dans la boue, que direz-vous?

L'inconstant. — Qu'il est un fripon, une canaille, un lâche, et j'irai le chercher partout pour le tuer.

Le partant. — Votre emportement me plaît. Vous êtes donc un fripon, une canaille, un lâche; vous méritez donc la mort?

L'inconstant (*après un moment de silence*) : — Je suis confondu; ne m'en dites pas davantage. J'ai tort; je comprends toute l'étendue de ma mauvaise action.

Le partant. — Vous reconnaissez vos torts; il faut les réparer.

L'inconstant. — Je les réparerai.

Le partant. — Il est permis de s'amuser, mais il ne

faut jamais faire du mal à qui nous a fait du bien, il faut toujours être honnête homme.
L'INCONSTANT. — Je le sens.

LES ADIEUX DE DEUX COMPAGNONS.

Air de la Brigantine.

La providence
Lia jadis,
Dans la Provence,
Deux vrais amis ;
Ils voyagèrent
Tous deux long-temps,
Puis se quittèrent
Un beau printemps. (*bis 2 fois.*)

Dans ses alarmes,
L'un des deux fit
Couler des larmes
Par ce récit :
« Mon tendre frère,
« Nous nous quittons,
« Plus sur la terre
« Ne nous verrons. (*bis 2 fois.*)

« Dans ta chaumière
« Tu vas rentrant,
« Près de ta mère
« Qui t'aime tant ;
« Près de la mienne
« Je vais aussi,
« Calmer sa peine
« Et son souci.

« Dans nos campagnes,
« Chacun étant,
« Eaux et montagnes
« Nous séparant.
« Lors notre absence
« Est un devoir,
« Plus d'espérance
« De se revoir.

« Mais la pensée
« Que les tyrans
« Ont accusée
« Dans tous les temps,
« Par son essence,
« Unit soudain,
« D'intelligence,
« Le genre humain.

« On peut par elle
« Se réunir,
« Et d'un saint zèle
« S'entretenir.
« Le Tour de France,
« Les Compagnons,
« Par sa puissance,
« Nous les verrons.

« Ami sincère,
« Heureux retour ! »
L'autre à son frère,
Même discours...
Lors s'approchèrent
Et s'embrassant,
Tous deux pleurèrent
Amèrement.

Ils se quittèrent,
Ces cœurs aimants,
Qui tant montrèrent
De beaux penchants.
Le Tour de France
Aimait à voir,
En eux constance,
Bonté, savoir.

LA FRATERNITÉ.

Air : De ma Normandie.

Quand je sortis d'apprentissage
A peine savais-je le nom

8.

De la famille grande et sage
Du pacifique Salomon.
Le hasard seul put m'introduire
Dans l'aimable Société
Où tout exhale, où tout respire
Le charme heureux de la fraternité.

Il existe encor dans la France
De nombreuses Sociétés
Où sont cumulés l'ignorance,
Les abus, les absurdités.
Là, le plus rude fanatisme
Frappe, proscrit la vérité ;
Là, le plus brutal despotisme
Foule et détruit toute fraternité.

Mais chez nous tout sociétaire,
Petit ou grand, jeune ou grison,
L'affilié, le dignitaire,
Sont vrais frères en Salomon.
Eh ! qui n'aimerait à voir comme
Le beau Devoir de Liberté
Infiltre dans le cœur de l'homme
Le saint amour de la fraternité !

L'on voit dans une vaste salle (1)
Nos Compagnons, nos jeunes gens,
D'une aptitude sans égale
Cueillir, répandre les talents.
Chacun, pénétré d'un beau zèle,
Jette ou reçoit quelque clarté,
Dans cette école mutuelle
D'art, de science et de fraternité.

La pâle, la sombre tristesse
Habite-t-elle parmi nous ?
Non, mais la paix et l'allégresse,
Mais les sentiments les plus doux.
Ceux qu'un grand roi prit pour apôtres
Redoutent peu l'adversité,
S'appuyant les uns sur les autres,
Forts et puissants par la fraternité.

O vous, qui sortis de l'enfance
Et pleins de nobles sentiments,

Entreprenez le Tour de France,
Venez vous placer dans nos rangs,
Venez, venez, belle jeunesse,
Entendre avec sérénité,
Et les leçons de la sagesse,
Et les accents de la fraternité.

(1) L'on voit dans plusieurs villes notre Société entretenir, pour l'instruction de chacun de ses membres, de vastes écoles de dessin. N'est-ce pas beau, n'est-ce pas intéressant de voir les Compagnons, les Affiliés, tous mêlés, tous confondus, s'encourageant, s'excitant les uns par les autres, travailler avec attention et persévérance pour acquérir des talents utiles? Celui-ci résout un problème géométrique ; celui-là projette des lignes et développe les courbes les plus tortueuses ; l'un dessine le feuillage d'un chapiteau corinthien ; l'autre, à l'aide des pinceaux trempés dans l'encre de Chine délayée, imitant les clairs et les ombres, donne du relief et de la grâce aux objets qu'il représente sur le papier. D'autres mettent la théorie en pratique, et, armés des instruments propres à couper le bois, exécutent toute sorte de modèles. Ici on voit couper, tracer, débillarder ; là on voit jouer les scies, les rabots, les ciseaux et les limes, et des ouvrages finis et élégants sortent enfin des mains des élèves. Aussi ces salles prennent-elles l'aspect de petits musées, et les yeux se promènent avec plaisir sur les rayons qui les entourent, et sur lesquels sont placés une infinité de petits modèles : là on voit des escaliers, des portes cintrées en plan et en élévation ; des autels à tombeaux, des calottes, des voussures, des dômes, des baldaquins, des confessionnaux, des chaires à prêcher, et tout ce que le trait et l'architecture ont de plus beau et de mieux combiné. Les professeurs, choisis habituellement parmi les Compagnons les plus éclairés, donnent tous leurs soins à leurs nombreux élèves, et les élèves eux-mêmes, complaisants les uns pour les autres, se donnent réciproquement des avis : les connaissances sont en commun. Ainsi ces écoles, quoique instituées sur d'anciennes bases, n'en offrent pas moins quelque chose de nouveau, et je crois pouvoir dire d'elles que ce sont des écoles mutuelles d'arts, de science et de fraternité.

Honneur aux Compagnons sages et éclairés qui ont eu l'heureuse idée d'ouvrir ces écoles! honneur à la Société qui les a si bien compris! Je ne serais point surpris d'entendre dire prochainement que notre Société a ouvert dans toutes les villes du Tour de France des écoles semblables.

C'est par de tels moyens que l'on acquiert à juste titre l'estime et la bienveillance de tout le monde.

CHANSON

Chantée par Madame Joanni le jour qu'elle quitta son ancienne maison et les Compagnons, pour se retirer avec son mari dans une jolie campagne près de Paris.

AIR : J'étais bon chasseur autrefois.

Voilà vingt ans qu'un sort heureux,
Foulant aux pieds la loi d'usage (1),
M'entoura d'un essaim nombreux
D'aimables enfants de tout âge.
Depuis ce temps avec fierté
Je m'avouais à tous la Mère
Des Compagnons de Liberté,
D'une famille si prospère. (*bis.*)

Oh! pour moi c'était un bonheur
De vous voir et de vous entendre.
Vos accents parlaient à mon cœur
Et s'en faisaient toujours comprendre.
Et c'est pourquoi, jeunes amis,
J'éprouve des peines secrètes
A quitter les murs de Paris,
Surtout le logis où vous êtes.

Mais quel plaisir si quelque jour
Je vois dans mon champêtre asile

---

(1) Elle n'eut d'enfants que ceux qu'elle avait adoptés, les Compagnons.

Entrer sans bruit et sans détour
Un de mes fils de la grand'ville !
Je nourris ce riant espoir,
Mes Compagnons, mes enfants sages,
Un jour je pourrai vous revoir
Au sein de mes épais feuillages.

LE ROI DE JUDÉE.

Air : Grand Salomon, sois-nous propice.

    Que nos concerts
    A l'univers
    Disent le nom
  Du puissant Salomon.

Mille ans avant l'ère chrétienne,
Sous le ciel bleu de l'Orient,
Sur la terre Chananéenne,
Régnait un prince bienfaisant.
Ce roi, fils d'un foudre de guerre,
Détesta les fureurs de Mars,
Et fit renaître les beaux-arts
Dans le sein d'une paix prospère.
    Que nos, etc.

Du vivant d'un père qui l'aime,
Et n'ayant pas vingt ans encor,
Il ceint son front du diadème,
Et prend en main le sceptre d'or.
Dès lors la pieuse Judée,
Calmant son esprit agité,
Vécut dans la sécurité,
Paisible, heureuse et fécondée.
    Que nos, etc.

Dans les vallons, sur les collines
On entend des accents joyeux,
Célébrer par de nobles hymnes
Celui qui rend son peuple heureux
Comme le campagnard rustique,
L'humble habitant de la cité

Livre son cœur à la gaîté,
Et chante aussi la paix publique.
    Que nos, etc.

Dans ses grandes et riches villes,
Vont s'élevant de toutes parts,
Sous les mains d'artistes habiles,
Des travaux, prodiges des arts.
Mais une œuvre sainte et profonde
Fut ce temple majestueux,
Digne du monarque des cieux,
Digne du souverain du monde.
    Que nos, etc.

Oh! qu'il fut juste et magnanime,
Le favori du Tout-Puissant!
Oh! que sa vertu fut sublime,
Et son règne resplendissant!
Oui, sur le plus lointain rivage,
Comme sur le bord du Jourdain,
Le peuple aima le souverain
Qui fut et si grand et si sage.
    Que nos concerts
    A l'univers
    Disent le nom
Du puissant Salomon.

LE COMPAGNON CONTENT DE PEU.

A UN RICHE.

Air :

Parlez sur un ton bien pompeux
De vos honneurs, de vos richesses,
De vos châteaux majestueux,
Fruits de soucis et de bassesses;
Et sur vos pieds vous redressant,
Dites que du divin Neptune
Vous tenez en main le trident!
L'homme toujours accumulant
Peut-il jouir de sa fortune?

Moi je n'ai qu'un petit taudis,
Où je possède en paix Lisette ;
Nous y vivons contents, unis,
Sans entrave et sans étiquette.
Dans ce réduit de nulle ampleur,
Non, jamais visite importune
Par des propos pleins de noirceur
Ne vient troubler notre bonheur,
Et nous jouissons sans fortune.

Un temps vous fûtes électeur,
Puis député, plus tard ministre.
Vous avez troqué votre honneur
Pour de l'argent et plus d'un titre.
Trompant notre crédule espoir,
Combien de fois, à la tribune,
Vos longs discours nous ont fait voir
Que votre dieu c'est le pouvoir,
Votre déesse la fortune.

Je suis fier de ma pauvreté ;
N'ayant l'orgueil ni l'or pour maître,
Je fais en tout ma volonté,
Aussi ne suis-je jamais traître.
Me reposant de lourds travaux,
De temps en temps, sans gêne aucune,
Je vois mes amis, mes égaux ;
Chez nous on sourit aux bons mots,
Sans s'occuper de la fortune.

Vous avez des biens, des honneurs,
Mais vous en convoitez encore.....
Plus sur vous tombent les faveurs,
Plus l'ambition vous dévore.
Pour vous rien de satisfaisant !
Dans l'or vous sentez l'infortune ;
Le temps fuit, un chagrin cuisant
Vous ronge et vous traîne au néant.
Adieu, grandeur, adieu, fortune !

De mon sort je suis satisfait,
Le bonheur doit être en nous-mêmes ;
Dans un caractère bien fait
Est la source des biens suprêmes.

Loin de l'intrigue et du fracas,
Je méconnais toute rancune;
Joyeux, je voyage ici-bas,
Pour mon or je ne tremble pas,
Et je me ris de la fortune.

REMERCIMENT A LA SOCIÉTÉ.

AIR : Laissez reposer le Tonnerre.

Après avoir pendant cinq ans,
Chers Compagnons, voyagé dans la France,
Je vois apparaître le temps
De rentrer satisfait au lieu de ma naissance.
Je reverrai bientôt, enfin,
De bons parents et des amis sincères ;
Ce plaisir n'est pas sans chagrin,
Quand il faut quitter tant de frères. (*bis.*)

Non, il n'a jamais existé
Société plus sage et mieux basée ;
Oui, le Devoir de Liberté
Doit être apprécié comme une œuvre avancée.
Le chef n'obtient de grands pouvoirs
Que du concours de nos voix populaires ;
Sa place impose des devoirs
Dont il rend compte à tous ses frères. (*bis.*)

L'Affilié, le Compagnon,
Doivent aux lois l'un l'autre obéissance.
Chez les enfants de Salomon
Thémis ne quitte point sa divine balance.
Le Devoir nous rend tous égaux ;
Nous partageons fortunes et misères,
Mais plus de plaisirs que de maux ;
L'on est si bien avec ses frères ! (*bis.*)

Nous repoussons avec fierté
Les préjugés, l'orgueilleuse ignorance ;
Nous chérissons l'humanité,
Nous cultivons en paix les arts et la science.
Un jour viendra que nos rivaux
Seront contraints d'abjurer leurs colères,

Et d'estimer dans les Gavots
Une pépinière de frères. (*bis*.)

Dans peu je serai de retour
Au doux pays qui berça mon enfance;
Là, je penserai chaque jour
A mes instants passés sur le beau Tour de France;
Je chanterai, rempli d'ardeur,
Le saint pouvoir de nos lois salutaires,
Et sentirai toujours mon cœur
Battre au souvenir de mes frères. (*bis*.)

L'ANCIEN COMPAGNON.

Air : Honneur aux enfants de la France.

Un de nos anciens Compagnons,
Dont le cœur aime la droiture,
Dont l'âme est courageuse et pure,
Poussait au loin ces cris profonds :
Compagnons de tous les Devoirs,
Soyez sans haine, sans colère,
Et soumettez-vous aux pouvoirs
D'un temps où tout se régénère,
    Se régénère.

REFRAIN.

Oui, la Société chérie
Du beau Devoir de Liberté,
D'une voix puissante vous crie :
N'outragez pas l'humanité! (*bis*.)

Laissez circuler les passants,
N'attaquez jamais vos émules
Par des grimaces ridicules,
Par des cris vils et menaçants.
De quel droit, comment osez-vous,
Exerçant votre affreux tapage,
Frapper, mutiler sous vos coups
L'homme paisible en son voyage,
    En son voyage?
Oui, la Société, etc.

Si vous rencontrez en chemin
Un jeune et timide adversaire,
Surpris de froid et de misère,
Couvrez son corps, calmez sa faim.
Dans tous les temps, dans tous les lieux
Un acte saint de bienfaisance
Exhale un air délicieux
Qui rafraîchit la conscience,
    La conscience.
Oui, la Société, etc.

Dédaignant les progrès du temps,
D'un sérieux sombre et bizarre,
Vous singez le chien du Tartare
Dans ses horribles hurlements.
Peut-on ainsi, se dégradant,
Outrager notre beau langage,
Et s'abaisser évidemment
Au-dessous du Lapon sauvage!
    Lapon sauvage!
Oui, la Société, etc.

Etes-vous enfin clairvoyants?
N'enseignez plus le fanatisme;
Mettez un terme au despotisme
Qui pèse sur vos Aspirants.
Du chaos il faut s'arracher,
Fuir les ténèbres, fuir le vice,
Et comme le siècle marcher
Vers la lumière et la justice,
    Et la justice.
Oui, la Société, etc.

Fraternité, chez les humains
Exerce ta douce influence;
Fais sentir aux fils de la France
Tes faveurs, tes charmes divins.
Que les Compagnons plus heureux,
Oubliant leurs funestes guerres,
Puissent se voir, s'aimer entre eux,
Comme des amis et des frères,
    Et des frères.
Oui, la Société, etc.

Les enfants du roi Salomon
Prêtent l'oreille aux voix des hommes
Prêchant, dans l'époque où nous sommes,
Et la concorde et la raison.
Veuillez de même, ô nos rivaux!
Prenant l'esprit d'un nouvel âge,
Concevoir que des jours plus beaux
Doivent luire au Compagnonnage,
    Compagnonnage.
Oui, la Société chérie
Du beau Devoir de Liberté,
D'une voix puissante vous crie:
N'outragez pas l'humanité.

UN MOT POUR MOI.

Comme dans ma dernière chanson j'attaque le topage (1), les hurlements, les duretés des Compagnons du Devoir envers les Aspirants, je crois devoir déclarer ici que ce n'est point par méchanceté que je le fais. J'appartiens à une Société que j'estime et que j'aime; mais je suis loin d'être l'ennemi des autres Sociétés. Il y a dans diverses Sociétés de mes amis intimes, desquels j'honore les talents et les vertus, et je ne m'en cache nullement. Ce ne sont donc pas les hommes que j'attaque, mais les abus révoltants, les préventions aveugles, les bizarreries anciennes et qui doivent avoir un terme, et rien de plus.

Parlant contre l'intolérance, serais-je intolérant moi-même? Parlant de fraternité, n'en sentirais-je point le prix? Mon esprit serait-il sans impartialité et mes pensées et mes paroles sans portée? J'ai certainement composé ce Recueil dans un but utile; ai-je réussi? O vous, Compagnons du Devoir de Liberté, vous qui avez approuvé la première partie de mes chansons, puissiez-vous approuver celle-ci de même, et vous aurez répondu affirmativement à ma dernière question !

(1) Ces mots : tope Pays, mots peu français pour beaucoup de monde, n'effraient pas autant que ceux-ci : la bourse ou la vie! et pourtant ils ont souvent des conséquences aussi terribles.

CHANSONS

DE TOUS LES DEVOIRS

Les chansons qui précèdent, je les ai composées bien jeune encore, les unes à Chartres, ou près de Chartres, les autres à Lyon, le plus grand nombre dans la capitale; celles qui suivent ont pour auteurs des Compagnons du Devoir et des Compagnons de Liberté, et célèbrent, par conséquent, les Sociétés les plus opposées. Elles ne sont pas toutes anciennes, beaucoup ont été faites depuis la publication des premières éditions du *Livre du Compagnonnage*.

J'éloigne d'ici tout ce qui est provocateur, et j'ai même dû mettre des points ou des blancs à la place de certains couplets... Je ne veux mécontenter personne, et je ne fournirai point les armes qui blessent. Ce principe amoindrit un peu mon choix.

Une chanson est-elle naïve, honnête, capable d'inspirer de bons sentiments, est-elle facile à comprendre et à chanter? je m'en empare, je la place dans ma collection, assuré qu'elle sera bien reçue de la masse des Compagnons.

Je donne ici les chansons particulières à chaque Société, à chaque Devoir; on trouvera dans le second volume des chansons d'un caractère plus large, plus général et plus fraternel, qu'on peut appeler chansons de réforme et de progrès.

Quand je publiai mon *Livre du Compagnonnage* pour la première fois, j'ignorais l'existence de plusieurs Compagnons déjà célèbres dans leur Société, dont on trouvera ici les noms et quelques-unes de leurs productions. Ces productions se sont accrues; ils ont joint leurs efforts aux miens, et nous sommes arrivés à de bons résultats.

CHANSON DE RÉCEPTION.

Air : Jeunes amants, cueillez des fleurs.

De nous admettre parmi vous
Aujourd'hui l'honneur vous nous faites.
Fut-il un jour plus beau pour nous?
Du bonheur nous touchons aux faîtes.
Nos cœurs pénétrés de plaisirs,
S'abandonnent à la douce ivresse
De suivre, selon vos désirs,
Les traces de votre sagesse. (*bis.*)

O vous, maîtres et professeurs,
Qui nous guidez dans nos ouvrages,
Daignez recevoir de nos cœurs
Le plus sincère et pur hommage.
Veuillez continuer sur nous
Vos soins et votre bienveillance ;
Nos cœurs seront toujours pour vous
Pénétrés de reconnaissance.

Toi, bienfaitrice des mortels,
Amitié, sensible déesse,
Au pied de tes sacrés autels
Ensemble nous jurons sans cesse
De n'avoir tous que même accord,
Qu'une âme et qu'une même vie;
Et de vivre jusqu'à la mort
Dans une douce sympathie.

C'est par l'union que se maintient
Toute société du monde ;
Sans elle rien ne se soutient,
Tout tombe dans la nuit profonde :
Depuis des siècles infinis
Que nous datons notre existence,
Nous n'en sommes que plus unis,
Je vous en donne l'assurance.

Respectable Société,
Oui, nous nous aimerons sans cesse ;
Au nom de la fraternité
Joignons celui de la tendresse.

Les hommes qui n'ont pas d'amis
Sont bien malheureux sur la terre :
Avec eux rien ne réjouit,
Avec nous tout aime à se plaire.

Salomon, le grand fondateur
Du corps dont vous êtes les membres,
A fait passer dans notre cœur
Le beau Devoir qu'il vous fit prendre.
Pleins de ces sentiments si beaux,
Qu'inspire un si puissant génie,
Oui, nous jurons d'être Gavots
Jusqu'au dernier jour de la vie.

Par DESBOIS, dit *Nantais-Prêt-à-Bien-Faire*,
Menuisier de Liberté.

LE DEVOIR.

Sur le Devoir chacun raisonne,
Mais sans pouvoir le définir ;
S'il se trouvait quelque personne
Qui tâcherait d'y parvenir,
Il faut qu'il montre son ouvrage,
Qu'il plaise à tous nos Compagnons ;
Et plus qu'il mène une conduite sage ;
Avec honneur il portera son nom.

Sans ces qualités, je vous le jure,
Vous ne réussirez en rien ;
Oui, sans cela, je vous l'assure,
Aucun mortel n'y parvient.
Il faut donc suivre les manières
De nos Compagnons sur les champs ;
Pour découvrir ce grand mystère,
Il faut jurer d'être toujours constant.

Sous les lois du Compagnonnage
Nous sacrifions sur les champs
La plus belle fleur de notre âge ;
Oui, tout se passe en voyageant.

Nous sommes tous amis et frères ;
Toujours les mêmes sentiments :
Jusqu'à la fin de notre carrière
Nous soutiendrons ce beau serment.

Quand maître Jacques nous commande,
Promptement nous obéissons ;
Mais, sans aucune réprimande,
Jamais nous ne contredisons.
Son autorité est si grande
Sur tous les cœurs des Compagnons,
Qu'il n'en est aucun qui ne tremble
Lorsqu'il entend prononcer son nom.

Maître Jacques nous estime,
Nous dit : Courage, mes enfants !
L'on a vu fléchir des empires,
Renverser des gouvernements ;
Notre Devoir est admirable
Par ses vertus, par sa grandeur,
Mais il sera impérissable,
Puisque j'en suis le protecteur.

Dans ce saint jour, pleins d'allégresse,
Portant nos brillantes couleurs,
Nous assistons tous à la messe,
Tout en y invoquant le Seigneur,
Les règles de ce grand mystère,
Jusqu'à la fin du monde entier ;
Nous finirons notre carrière
En laissant de bons héritiers.

Bacchus, l'amour et la folie
Ont pour l'auteur quelques attraits,
Et la belle union qui nous lie
Chez nous forme un bonheur parfait.
Je vais vous le faire connaître :
Va-Sans-Crainte, voilà son nom !
Oui, c'est Bordeaux qui l'a vu naître,
Vitrier est sa profession.

Par BORDELAIS-VA-SANS-CRAINTE,
Vitrier du Devoir.

LES SERMENTS D'AMOUR.

A peine avais-je atteint l'âge de quinze ans,
Que je fis choix d'une maîtresse :
Nous n'étions encore que des enfants,
Que nous nous prodiguions nos tendresses ;
Mais les serments que je fis en ce jour
N'étaient encor que des serments d'amour. (*bis.*)

Quand on voulut me faire apprendre un métier,
De choisir j'eus la préférence :
Je choisis celui de menuisier
Dans l'intention de faire mon Tour de France ;
Mais les serments que je fis en ce jour
N'étaient encor que des serments d'amour.

Quand mon apprentissage fut achevé,
Je fis choix d'un Compagnonnage :
Ce fut celui du Devoir de Liberté,
Fondé par Salomon le Sage ;
Mais les serments que je fis en ce jour
N'étaient encor que des serments d'amour.

Quand on me mit au rang des Compagnons,
Oh ! pour moi quel jour de gloire
D'être enfant du grand roi Salomon,
Et d'être enfin l'ami de la victoire !
Mais les serments que je fis en ce jour
Ce n'était plus comme des serments d'amour.

Le lendemain de ma réception,
Je partis toujours avec courage
Pour Toulouse, ville de réunion
Des Compagnons de Salomon le Sage ;
Mais les serments que je fis en ce jour
Étaient encor comme des serments d'amour.

Dedans Toulouse étant tous réunis,
Je ne tardai pas à faire la demande
D'être au rang des Compagnons finis,
Et je le fus, oh ! quelle jouissance !
Mais les serments que je fis en ce jour
Ce n'était plus comme des serments d'amour.

Qui est l'auteur de ces simples couplets?
Mes chers pays, ce n'est pas un poète;
C'est un Compagnon menuisier
Qui les chan a le jour de notre fête.
Bordelais-La-Prudence est son nom;
Buvons un coup à la fin de sa chanson. (*bis*.)

Par BILLOT, dit *Bordelais-La-Prudence*,
Menuisier de Liberté.

L'ALOUETTE.

L'alouette a chanté l'aurore,
Et mon amant va battre aux champs.
Me tiendra-t-il tous ses serments?
Faut-il, hélas! que je l'ignore?
Hier encore il m'assura
De son amour, de sa constance;
Mais bientôt sur le Tour de France
    Il m'oubliera.

Printemps, saison enchanteresse,
En lui promettant de beaux jours
Des miens tu abréges le cours
En me plongeant dans la tristesse.
Si tes attraits sont séduisants,
Ton retour fait couler mes larmes,
Et pour moi tu n'as plus de charmes,
    Cruel printemps!

Quel bruit déjà se fait entendre!
De son départ l'heure a sonné,
Et le signal en est donné;
A le revoir dois-je prétendre?
Mais c'est en vain! pourquoi gémir?
Pourquoi cette douleur mortelle?
Sur les champs son Devoir l'appelle,
    Il doit partir.

Ainsi parlait la jeune Adèle,
S'abandonnant à la douleur,
Quand celui qui avait son cœur
Avec regret s'éloignait d'elle!

Mais le destin combla leurs vœux,
Réalisa leur espérance,
Et leur fit oublier l'absence :
    Ils sont heureux.

Un menuisier à la constance
Consacre ces quelques couplets.
Amants, s'ils ne sont pas bien faits,
Ayez pour lui de l'indulgence ;
Jacques-Le-Chambéry est son nom,
Et sur l'aimable Tour de France
Il se dira en assurance
    Vrai Compagnon.

Jacques-Le-Chambéry passe pour s'être attribué une chanson qu'il n'aurait point faite. Vendôme-la-Clef-des-Cœurs a réclamé à ce sujet par une lettre qui est insérée dans le commencement de la seconde partie de cet ouvrage. J'y renvoie le lecteur désireux de connaître la vérité ; mais comme la chanson que voilà est signée d'une certaine façon, donnons aussi la signature du réclamant :

Un Chamoiseur à la constance
Consacre ces quelques couplets ;
Amants, s'ils ne sont pas bien faits,
Ayez pour lui de l'indulgence.
La-Clef-des-Cœurs, voilà son nom,
Le Vendômois est sa patrie ;
Il sera pour toute la vie
    Vrai Compagnon.

Disons, sans plus attendre, que le couplet de Vendôme doit être le couplet préféré, et que Jacques-Le-Chambéry mérite la plus complète réprobation.

L'ANTIQUE.

Enfants, vous qui sortez du temple, } *bis.*
Du temple du roi Salomon,
Venez ici en assurance
Si vous êtes des Compagnons (*bis.*)
Fondés par le roi Salomon.

Il nous faut des gens raisonnables } bis.
Dans notre aimable Société,
Un Jeune homme prudent et sage
Parmi nous sera respecté (bis.)
Dans notre aimable Société.

O vous, affiliés aimables, } bis.
Qui depuis longtemps soupirez,
Continuez d'être bien sages,
Comme nous un jour vous serez, (bis.)
A la tête de la Société.

Compagnons reçus pleins de charmes, } bis.
Qui avez déjà commencé,
Continuez le tour de France,
Comme nous un jour vous serez (bis.)
A la tête de la Société.

Que chacun de nous félicite
Nos quatre anciens Compagnons;
Et le Rouleur d'honneur ensuite,
Sans oublier son second, (bis.)
Sans oublier son second.

Vivent nos anciens *capitaines*,
Qui font leur temps fidèlement.
On les voit quitter avec peine
Lorsqu'ils nous règlent sagement, (bis.)
Lorsqu'ils nous règlent sagement.

Mon cher Rouleur, versez à boire,
Voici la fin de ma chanson;
Buvons à la santé du père,
De la mère et de ses enfants, (bis.)
Qui sont ici présentement.

Un Auteur inconnu.

LES TABLEAUX DU DEVOIR.

Air. Giroflée au printemps.

O précieux Devoir,
Doux charme de la vie,
La France ma patrie
Respecte ton pouvoir.

Chers Compagnons, aux premiers temps du monde,
Sous ce beau ciel, brillant de liberté,
Chez nos aïeux, dans une paix profonde,
Tout existait sans ordre et sans clarté.
De tant de maux le Dieu de la lumière,
Pour soulager le faible genre humain,
Commande aux arts de régner sur la terre,
Et le génie se réveille soudain.
    O précieux, etc.

Tous prosternés vers la céleste voûte,
Les bras tendus vers l'astre créateur,
Devant leurs yeux, les ténèbres, le doute
Vont s'éclipser, faire place au bonheur.
Salut à toi, divine intelligence !
De notre amour accepte le tribut,
A ton aspect les siècles d'ignorance
Ont pour jamais du monde disparu.
    O précieux, etc.

Quand des besoins l'utile prit naissance,
Sans goût, sans art, mais tout plein d'avenir,
De cet état du génie la puissance
Va se former, s'accroître, s'agrandir.
Incline-toi, superbe architecture,
Avec respect contemple ce tableau,
L'homme existant à l'état de nature
S'est empressé de former ton berceau.
    O précieux, etc.

Dieu ! c'est ici que les mathématiques
Vont nous donner la distance des lieux,
Et les savants, à l'aide des optiques,
Nous mesurer l'immensité des cieux.
O Galilée, dont la science profonde
De la nature a surpris les secrets,
Gloire, avec toi, à qui dota le monde
Du télescope source de tes succès.
    O précieux, etc.

Quel monument se présente à ma vue?
De Salomon c'est le temple sacré...
A son aspect mon âme est toute émue,
D'un saint respect mon cœur est pénétré.

Trois fois mille ans depuis sa dédicace
Ont disparu dévorés par le temps.
Charmant Devoir, ô toi que rien n'efface,
Toi seul survis à tant de changements.
    O précieux, etc.

Temple élevé à nos premiers mystères,
C'est de ton sein que des hommes pieux,
Que nous pouvons nommer nos premiers pères,
Nous ont légué le moyen d'être heureux.
De ce saint lieu, chers Compagnons fidèles,
Sortent ces mots : force, sagesse, union,
Pourquoi faut-il que d'horribles querelles
Fassent injure à notre fondation ?
    O précieux, etc.

Quand du bûcher la flamme criminelle
Va dévorer des hommes courageux,
Mes chers pays, ce tableau nous rappelle
Du temps passé le rigorisme affreux.
Rendons hommage à cette foi sincère
Qui préférait la mort au déshonneur ;
Par leurs vertus ils prouvent à la terre
Qu'ils sont tombés victimes de l'honneur.
    O précieux, etc.

Chère aux humains, ô fraternité sainte,
Œuvre du ciel, bienfait du Créateur,
Un sentiment, que je chéris sans crainte,
Remplit mon cœur d'espoir et de bonheur :
Zèle fervent pour une union si chère,
Étends sur nous tes attraits paternels ;
L'homme trouvant en son semblable un frère,
Riche d'amour, il touchera le ciel.
    O précieux, etc.

Par BRAULT, dit *Bien-Décidé-le-Briard*,
Tisserand du Devoir.

LA CAPTIVITÉ DE BABYLONE.

De nos ancêtres rappelons l'heureux temps.
Dans la Judée, ce pays plein de charmes,

Près la forêt du fameux mont Liban,
Sur le sommet d'une haute montagne.
Dans ces beaux lieux passant de si beaux jours,
Toujours fidèles au serment qui nous lie,
Ils ont juré de s'aimer pour toujours,
    Et fidélité pour la vie. (*bis*.)

Dans la Judée cherchant de toutes parts,
Salomon! Salomon! ce monarque admirable,
Fit réunir les professeurs des arts,
Et fit construire un magnifique temple.
    Dans ces beaux lieux, etc.

Dans sa fureur Nabuchodonosor,
Cruel tyran que l'histoire nous nomme,
Chez nos loyaux jeta un fatal sort,
Les conduisit captifs à Babylone.
    Dans ces beaux lieux passant de tristes jours, etc.

Ainsi naguère épuisés de travaux,
Nos Compagnons affermis de courage,
Ont tant souffert de tourments et de maux,
Et soixante ans dura leur esclavage.
    Dans ces beaux lieux passant de tristes jours, etc.

Le roi Cyrus, ce roi plein de bonté,
Ayant enfin éprouvé leur courage,
Récompensa leur noble fermeté,
Brisa leurs fers, les sortit d'esclavage.
    Dans ce beau lieu passant de si beaux jours, etc.

Affiliés, au récit de ces maux,
Je sens un feu qui embrase votre âme,
Pour parvenir au rang de nos héros,
Pénétrez bien cette divine flamme.
    En ce beau lieu passant de si beaux jours, etc.

De ces couplets la muse de l'auteur,
Joint aux accents de la plus douce lyre,
Aurait voulu produire un chant meilleur;
Lyonnais-l'Union fut touché de délire.

Dans ce beau lieu passant de si beaux jours,
Toujours fidèles au serment qui nous lie,
Ils ont juré de s'aimer pour toujours,
    Et fidélité pour la vie. (*bis*.)

Par CHAILA, dit *Lyonnais-l'Union*, Menuisier de Liberté.

LE DEVOIR A DES CHARMES.

Ah! que le Devoir a de charmes
Pour un honnête Compagnon,
Qui peut sans crainte et sans alarmes
Voyager en tous lieux en portant ce beau nom !
    Devoirants, sachons avec gloire (*bis.*)
    Soutenir ce titre d'honneur,
    De maître Jacques la mémoire
Nous fait trouver le chemin de l'honneur.

Lorsque sur le champ de conduite,
Nous accompagne le Rouleur,
Doucement le zéphyr agite
Et nos cheveux épars, et nos vives couleurs.
    Devoirants, etc.

Aspirants, qui brûlez d'envie
De goûter des plaisirs si doux,
Soyez constants, je vous convie,
Si vous voulez un jour répéter avec nous :
    Devoirants, etc.

Amis, à mon heure dernière,
Quand vous serez tous réunis,
Veuillez à l'entour de ma bière
Aux échos vigilants faire entendre ces bruits :
    Devoirants, etc.

De ce beau Devoir admirable,
Connaissant les puissants attraits,
Guépin qu'on surnomme l'Aimable,
Guidé par le plaisir produisit ces couplets.
    Devoirants, etc.

Par **DAILLY**, dit *Guépin-l'Aimable*, Ferblantier du Devoir.

LE TABLEAU.

Je vais divulguer le mystère,
Chers Compagnons, excusez-moi,
Vous entendez l'un de vos frères
Qui vivait sous vos justes lois.

Au sujet du Compagnonnage,
Et aux yeux de tous nos rivaux,
Il ne faut que des hommes sages
Pour décrire notre tableau. (bis.)
Salomon par sa grande sagesse
Fut un modèle à l'univers ;
Chantons donc avec allégresse
Ce beau nom qui nous est si cher.
Il fonda notre Compagnonnage
Pour récompenser nos travaux.

. . . .
. . . .

Salut, ô monument antique !
Ornés d'un globe dans le fond ;
Des instruments mathématiques
Forment la ligne du fronton.
Sur des colonnes corinthiennes
On y voit les quatre saisons,
C'est ce qui fait chanter des antiennes
Aux Compagnons fondés par Salomon.

A droite on y voit la Justice
Tenant la balance à la main ;
Toutes ces nobles symétries
Sont l'ouvrage de nos anciens.
Oui, cela seul nous représente
Une sincère liaison,
Et l'amitié la plus constante
Des Compagnons fondés par Salomon. (bis.)

Affiliés, ma muse vous trace
Le détail de notre tableau,
Prenez parmi nous une place,
Vous ne verrez rien de si beau.
Sachez bien si vos caractères
Peuvent suivre ces leçons,
Car il nous faut pour être frères
Des Compagnons fondés par Salomon.

Je ne sais si j'ose vous dire
Quel est l'auteur de ces couplets ;
Il n'a point accordé sa lyre,
Mais vous prie ne pas l'oublier.

C'est là le seul enthousiasme
De Marseillais-le-Corinthien,
Qui brûle d'une vive flamme
Pour le beau Devoir qu'il soutient.

Par PORTALÈS, dit *Marseillais-le-Corinthien*,
Menuisier de Liberté.

LA NAISSANCE.

Du fier séjour que mon âme contemple
Je voulais voir la noble majesté,
J'allais franchir le portique du temple
Quand tout à coup je perdis la clarté ;
Sur le parvis je restais immobile,
Un doux frisson s'empara de mon cœur ;
Je languissais de voir l'auguste asile
    Du fondateur (*bis*.)

Phébus avait quitté notre hémisphère
Quand sur mon front la main d'un Dévorant
Vint imprimer le signe du mystère,
En me disant : « Venez, brave Aspirant,
« Suivez mes pas dans l'enceinte sacrée
« L'autel est prêt, le parfum va brûler,
« Venez puiser les lois que la Judée
    « A vu former (*bis*.)

En palpitant mon cœur suivait le guide
Qui lui frayait du temple le chemin,
De Télémaque il lui prête l'égide
Qui protégea le cours de son destin.
Tel que Mentor, ce Compagnon sincère
Me promettait le plus tendre avenir,
Car à mes yeux il rendit la lumière,
    Doux souvenir ! (*bis*.)

Ce souvenir offre encore à mon âme
L'heureux instant qui fixa mon bonheur ;
Je sens encore cette immortelle flamme
Dont le Devoir vint embraser mon cœur.
En savourant le nectar du grand maître,
J'ai couronné mes vœux et mon espoir :

Les Compagnons au temple m'ont fait naître
　　Fils du Devoir (*bis*.)

Que ton pinceau, puissant Dieu d'harmonie,
Trace l'éclat de ce noble appareil ;
Peins les transports que mon âme ravie
A ressentis à ce tendre réveil :
Fuis un moment de l'Olympe suprême,
Prends ton burin et les divins crayons,
En traits de feu viens colorer l'emblême
　　Des Compagnons (*bis*.)

Le faible auteur dans la belle Provence
Est né deux fois sous ce ciel enchanté,
A vous il doit sa seconde naissance,
Et la première à la divinité.
Pays ! le Bien-Aimé du Tour de France
A vos bontés doit ce glorieux nom.
Daignez encore avoir de l'indulgence
　　Pour son crayon (*bis*.)

Par PROVENÇAL-LE-BIEN-AIMÉ-DU-TOUR-DE-FRANCE,
　　　　Cordonnier du Devoir.

L'ANCIEN DU TOUR DE FRANCE.

J'étais assis au bord d'une onde pure,
Je respirais le calme et la fraîcheur ;
Des fleurs, des fruits, de la tendre verdure
Que j'admirais les brillantes couleurs !..
Le rossignol seul troublait le silence...
Sa douce voix m'excitait à chanter,
Moi, dans mes vers, j'essaie de vous tracer
　L'avantage du Tour de France.

Vous, jeunes gens, qui avez atteint l'âge
D'être ouvriers de vos professions,
A peine étant sortis d'apprentissage
De voyager ayez l'ambition.
Quittez les lieux témoins de votre enfance,
Abandonnez vos amis, vos parents :
Si vous voulez acquérir des talents,
　Allez faire le Tour de France.

Mais il en est que tôt l'amour engage,
Sans y songer n'y même réfléchir ;
A peine étant sortis d'apprentissage,
Ne pensent plus qu'à vouloir s'établir.
Là, sans talent et sans expérience,
Leurs plus beaux jours coulent dans la douleur :
Ils auraient pu éviter ce malheur
  S'ils avaient fait le Tour de France.

Oui, je sens bien qu'une jeune maîtresse
Vous tient captif dans les liens de l'amour,
Et qu'il en coûte au cœur, à la tendresse,
D'abandonner sa fortune et ses jours.
Mais au retour comblant son espérance,
D'un tendre hymen l'on goûte les douceurs :
L'on connait mieux le prix du vrai bonheur
  Quand on a fait le Tour de France.

Ne croyez pas que le Compagnonnage
Soit un travers criant de la vertu ;
Du fondateur les lois justes et sages
Ont supprimé les vices, les abus.
Là le talent reçoit sa récompense,
Et les méchants, nous savons les punir :
Palmes de gloire et roses de plaisir
  Se cueillent sur le Tour de France.

Un bon vieillard, jadis, en son jeune âge,
A de la France arpenté l'heureux Tour,
Et parvenu au terme du voyage,
Sait rappeler tant et tant d'heureux jours ;
De ce temps là choyant la souvenance,
Il dit sans cesse avec un long soupir :
Si jeune encor je pouvais devenir,
  Je referais mon Tour de France.

O jeunes gens, vous que ma voix convie,
Daignerez-vous accepter ces couplets
D'un serrurier qui peut très bien vous dire
Que sur son Tour se nomma Dauphiné.
A Marseille comblant son espérance,
Fut mis au rang des Compagnons d'honneur,
Et fut surnommé La-Douceur
  Des Compagnons du Tour de France.

    Par DAUPHINÉ-LA-DOUCEUR, Serrurier de Liberté.

MAITRE JACQUES.

Air : Tu fais la gloire des Compagnons.

Chantons en ce jour le pouvoir
De maître Jacques notre père ;
Lui seul dans notre beau Devoir
Nous fait connaître le mystère.
 Du fondateur des Dévorants (*bis.*)
  Chantons la gloire (*bis.*)
  Et les talents.

Puisqu'il nous reçut Dévorants,
Jurons de lui rester fidèles,
Car sa loi punit le méchant,
Quiconque se montre rebelle.
 Du fondateur, etc.

Les sages lois qu'il nous transmit,
Sont la vertu, sont la prudence,
Et toujours il nous a prescrit
L'humanité, la tolérance.
 Du fondateur, etc.

En observant, chers Compagnons,
Ses maximes avec constance,
Nous nous attirons le renom
Qui brille sur le Tour de France.
 Du fondateur, etc.

Pour nous toujours plein de bonté,
Ce grand maître, par sa puissance,
Du séjour d'immortalité
Nous inspire la bienfaisance.
 Du fondateur, etc.

Vivarais-l'Union-des-Cœurs,
Compagnon blancher pour la vie,
De ces couplets seul est l'auteur ;
Il veut suivre des lois chéries.
 Du fondateur, etc.

  Par BERNARD, dit *Vivarais-l'Union-des-Cœurs*,
   Blancher-Chamoiseur du Devoir.

LE NOUVEAU COMPAGNON.

Quand je partis pour commencer mon Tour,
Bien jeune encor je quittai mon vieux père,
Et d'Élisa j'oubliai les amours ;
Quel désespoir pour elle et pour sa mère !
Me voilà loin, hélas ! quel crève-cœur !
La larme à l'œil et mon âme attendrie :
Je reviendrai, je le jure sur l'honneur,
C'est mon espoir, conserve-moi ton cœur ;
   Adieu, je pars, ma douce amie.   (*bis*.)

Ce fut Marseille qui vit mes premiers jours,
Où tout sourit par sa beauté suprême,
Où Compagnons se rendent tour à tour
Avec honneur et un bonheur extrême.
Ils sont guidés par le roi Salomon,
Et un compas, vrai triomphe de gloire,
Qui fit le nom de tous nos Compagnons ;
Soyons unis pour soutenir son nom
   Et pour chanter à sa mémoire.   (*bis*.)

Fils de David, entends un Compagnon
Tout devoué te dépeindre sa flamme ;
Car son désir est de porter un nom,
De le graver dans le fond de son âme.
Grand Salomon, pour toi vivre et mourir,
A toi mon sang et mon âme et ma vie ;
Plutôt mourir que de jamais trahir,
Ce beau Devoir, je veux le soutenir;
   Après mon Devoir mon amie.   (*bis*.)

Si d'Affilié je supprime le nom,
Si de ce pas je puis entrer au Temple,
Je suis admis au rang des Compagnons,
De Salomon je veux suivre l'exemple.
Si le destin me conduit près de toi,
Je chanterai ta gloire et ta science ;
Je fais serment, je jure sur ma foi:
Chers Compagnons, je ne suis plus à moi,
   Je suis l'enfant du Tour de France.   (*bis*.)

Si d'Élisa je néglige l'amour,
Je suis fini, en Compagnon fidèle,
Après avoir parcouru tout le Tour
Je reviendrai réchauffé de mon zèle.
Si d'Élisa le cœur avait changé,
Que mon absence eût détruit sa constance,
A l'avenir je pourrais m'engager,
De mon pays je reprendrai congé,
  Et referai mon Tour de France.   (*bis.*)

Si de l'auteur vous êtes satisfaits,
Faisons un ban et trinquons tous ensemble ;
Pardonnez-moi si je n'ai pas bien fait
Ces quelques vers qu'en hâte je rassemble.
C'est l'Agenais nommé le Décidé,
Qui vous réclame au moins votre indulgence ;
Un double ban ! c'est un bon procédé...
Amis buvons, ranimons la gaîté ;
  Voilà la vie du Tour de France.   (*bis.*)

Par L'Agenais-le-Décidé, Menuisier de Liberté.

LES ARBRES SONT EN FLEURS.

Air : Maudit printemps.

L'hiver et sa robe de neige
Ont fui de nos riants climats,
Le printemps et son doux cortége
Sont accourus dessus leurs pas ;
La nature se renouvelle,
Flore prodigue ses faveurs ;
Chers Devoirants, la route est belle,
Partez, partez, les arbres sont en fleurs. (*bis.*)

Voyez le Rouleur qui s'apprête
Et vient vous mettre sur les champs,
Et le gai refrain qu'il répète
Est fait pour enivrer nos sens.
En décorant votre coiffure
De vos magnifiques couleurs,
Déliez votre chevelure :
Partez, partez, les arbres sont en fleurs.

Par trois fois saluez vos pères,
Et que vos chants mystérieux
Rappellent que par nos mystères
L'homme se rapproche des dieux.
Puisque dans une paix profonde
Le pavillon à trois couleurs
Est dans les quatre coins du monde,
Partez, partez, les arbres sont en fleurs.

De vos doyens blanchis par l'âge
Recevez, avec dignité,
Le pain, le vin et le fromage,
Symbole de divinité;
Puis, demandez qu'on y ajoute
Le juste prix de vos labeurs;
On vous tracera votre route;
Partez, partez, les arbres sont en fleurs.

Allez à la ville prochaine
Porter le baiser paternel,
Car ils sont anneaux de la chaîne
Qui forme un pacte solennel.
Chaque jour l'ennemi s'efforce
De rompre nos nœuds enchanteurs,
Mais l'union fait notre force;
Partez, partez, les arbres sont en fleurs.

Arbre sacré de la science,
Fais que tes rameaux toujours verts,
En protégeant notre alliance,
Protége aussi mes faibles vers;
Car Parisien, dans sa vieillesse,
N'est plus favori des neuf Sœurs;
Mais il redit à la jeunesse :
Partez, partez, les arbres sont en fleurs.

Par LYON, *dit Parisien-Bien-Aimé*, Cordonnier du Devoir.

QU'IL EST BEAU D'ÊTRE COMPAGNON.

Les Compagnons pleins de mérite
Par Salomon furent fondés,
C'est lui qui fut le seul arbitre
Du beau Devoir de Liberté. (*bis.*)

Devant moi je vois son image,
Elle me dit avoir raison :
Quand on est de ce Devoir sage,
Qu'il est beau d'être Compagnon! (*bis*.)

Vous, Affiliés de tout âge,
Près de nous venez vous ranger,
Quand vous connaîtrez l'avantage
D'être de la Société.
L'on s'aime tous comme des frères,
L'on rend hommage à Salomon;
L'on dit, connaissant ses mystères,
Qu'il est beau d'être Compagnon!

Vous à qui la chanson s'adresse,
Approchez-vous avec ferveur,
De ce roi si plein de tendresse
Fondateur de notre grandeur.
En suivant ses principes sages,
Qui font partout notre renom,
Vous direz sur votre vieil âge :
Qu'il est beau d'être Compagnon!

Faire l'aimable Tour de France,
C'est là le désir de l'auteur,
D'un Compagnon plein d'espérance
Du nom de Parisien-Francœur.
Dans quelques villes à son entrée,
S'il entend chanter ses chansons,
Il se dira l'âme enivrée :
Qu'il est beau d'être Compagnon!

Par CABIT, dit *Parisien-Francœur*, Menuisier de Liberté.

LE SOUTIEN DE LA CANNE.

AIR : Vivent les enfants de maître Jacques.

Amis, je suis un gai luron,
Né dans le pays d'Henri-Quatre;
Comme ce roi, bon Compagnon,
Je sais boire, aimer et combattre;
Chacun sait que nos Béarnais
Ne sont pas capous, Dieu me damne!

Et qu'ils ne reculent jamais
Pour soutenir le nom français.
Eh bien ! moi, je soutiens la canne ;
Je suis le soutien de la canne.

Sur le Tour vous avez pu voir,
Dans le cours de votre voyage,
Des braves soutiens du Devoir,
Pleins de loyauté, de courage,
Et puis des soutiens des couleurs ;
Mais qu'on m'approuve ou me condamne,
De tout ces vaillants souteneurs,
Ce qui convient mieux à mes mœurs,
C'est d'être soutien de la canne ;
Je suis le soutien de la canne.

Lorsque par devoir ou par goût,
Il faut que je batte en campagne,
Toujours elle me suit partout,
C'est ma véritable compagne ;
Elle m'aide et je la soutiens,
Avec sa couleur diaphane.
Cela donne un joli maintien :
Aussi moi je m'en trouve bien,
Je suis le soutien de la canne ;
Je suis le soutien de la canne.

J'offre la pomme au Créateur
Comme un pur et sincère hommage ;
J'offre les yeux au fondateur
De notre beau Compagnonnage ;
J'offre le jonc aux Compagnons,
Et puis sans craindre la chicane,
Aux margajats, aux espontons
J'offre dans toute occasion
Ce qui brille au bout de ma canne ;
Je suis le soutien de la canne.

Canne chérie, ô mes amours !
En toi j'ai mis ma confiance,
Puisque tu protégeas mes jours
En voyageant au Tour de France.
J'aime ta superbe longueur
Et ton embout, l'effroi du crâne,

Qui souvent sur le champ d'honneur
Sut rendre ton maître vainqueur.
Je suis le soutien de la canne ;
Je suis le soutien de la canne.

Parisien-Bien-Aimé, Cordonnier du Devoir.

L'ACTE DE GRACE.

Air : France, tu dors.

Grand Salomon ! je chante pour ta gloire,
Je suis admis au rang de tes soutiens,
Et je saurai conserver la mémoire
D'avoir été reçu parmi les tiens.
    Grand Salomon ! (*bis*.)

Grand Salomon ! je te serai fidèle,
Je me soumets à tes augustes lois ;
A leur maintien j'emploirai tout mon zèle,
En toi je vois le plus juste des rois.
    Grand Salomon ! (*bis*.)

Grand Salomon ! je suivrai ton exemple,
Tu le traças à tous nos Compagnons,
Et maintenant jusqu'aux voûtes du temple,
A haute voix je porterai ton nom.
    Grand Salomon ! (*bis*.)

Grand Salomon ! du temple de la gloire
Que jusqu'à toi s'élèvent mes accents,
Etant assis au trône de mémoire,
Jette les yeux sur tes dignes enfants.
    Grand Salomon ! (*bis*.)

Grand Salomon ! par ces chants d'allégresse,
Entends la voix d'un nouveau Compagnon ;
Son cœur encore est palpitant d'ivresse
Du souvenir de sa réception.
    Grand Salomon ! (*bis*.)

Par Denu, dit *l'Angevin-la-Sagesse*, Menuisier de Liberté.

LE FLAMBANT ROULEUR.

J'ai conduit nos vrais Devoirants
Aux sons bruyants des instruments
      Charmants.
On disait, voyant les couleurs
C'est le plus flambant des Rouleurs.
    Un jour de la fête
    De nos deux patrons,
    La joie et complète
    Chez nos Compagnons;
    Et chacun souhaite
    D'être le Rouleur,
    Pour être à la tête
    Comme un éclaireur.
J'ai conduit, etc.

    L'âme noble et fière,
    Le regard perçant,
    La démarche fière
    D'un vrai Devoirant.
    Toilette élégante
    Sans apprêts, sans art;
    Tournure charmante,
    D'un joyeux flambart.
J'ai conduit, etc.

    Pour notre cortége...
    Toujours un beau temps,
    Car le ciel protége
    Tous les bons enfants,
    Douce symphonie,
    Air vif et piquant,
    La canne garnie,
    Les couleurs au vent.
J'ai conduit, etc.

    Dessous sa mantille,
    Voyez-vous là-bas,
    Cette jeune fille
    Observer mes pas?

L'amour en cachette
Me donne un signal,
Aussi je m'appr te
Pour ouvrir le bal.
J'ai conduit, etc.

Avec notre mère,
Pour les malheureux
J'ai fait la prière,
Et qu té pour eux;
Car l'âme, si bonne
Un jour de bonheur,
Fait toujours qu'on donne
La part du malheur.
J'ai conduit, etc.

La table servie,
Un digne Rouleur
Jamais ne s'oublie
Près du fricoteur ;
Crainte de reproches,
J'ai mis de côté
Les grosses brioches
De l'autorité.
J'ai conduit, etc.

Pour que la décence
Se joigne au bon ton,
Au bal en cadence,
On suit le piston.
Ce bruit m'électrise
Et me charme tant,
Que je m'autorise
Un léger cancan.
J'ai conduit, etc.

Le soleil colore
Les toits d'alentour
La naissante aurore
Annonce un beau jour.
Un Rouleur sans peine
Voit la nuit finir ;
Il a la semaine
Pour se divertir.
J'ai conduit, etc.

Souvenir fidèle,
Rempli de bonheur,
Cela me rappelle
Que j'eus cet honneur.
Le plus grand des princes,
Les fiers potentats,
Eux et leurs provinces,
Ne me valaient pas.
J'ai conduit, etc.

Parisien-Bien-Aimé, Cordonnier du Devoir.

LA SAINTE ANNE.

Air : Eteignons les lumières.

Le jour de notre fête
Chantons sainte Anne et Salomon,
Et que chacun répète :
Honneur aux Compagnons !

Ah ! que pour nous ce jour est beau,
Que notre fête est belle !
Chantons donc un refrain nouveau
Et redoublons de zèle !
Elevons tous notre voix,
Et chantons tous à la fois :
Le jour, etc.

Tous les convives sont joyeux
Autour de cette table,
Vivent le vin délicieux
Et les mets délectables ;
Quoi ! dans leurs festins pompeux,
Les rois sont-ils plus heureux !
Le jour, etc.

Chassons loin de nous le chagrin,
Qui tant d'hommes dévore ;
Pour nous le passé n'est plus rien,
L'avenir rien encore ;
Car tout en nous amusant,
Nous ne prenons qu'au présent !
Le jour, etc.

Que nos voix frappent les échos
 Afin qu'ils retentissent ;
Que des gais et joyeux Gavots
 Les verres se remplissent,
Faisons sauter les bouchons
Et retentir les chansons.
  Le jour, etc.
    L'Angevin-la-Sagesse, Menuisier de Liberté.

LES ADIEUX A LYON.

Adieu Lyon, Lyon rempli de charmes !
Il me faut donc te quitter en ce jour !
Ah ! de douleur mes yeux versent des larmes ;
Adieu séjour des arts et de l'amour ;
Adieu beaux prés, vallons et verts bocage,
Petits oiseaux habitants de ces lieux,
Brillants coteaux, et vous, charmants rivages,
Que vos échos répètent mes adieux.

O toi Lyon, ô toi célèbre ville !
Des Devoirants protége l'union ;
C'est dans ton sein que leur beau Devoir brille
Et fait la gloire de tous nos Compagnons.
En te quittant je te rends mes hommages,
De nos enfants tu combleras les vœux :
  Brillants coteaux, etc.

Adieu séjour du génie et des belles,
Où les talents de tous nos Devoirants
Leur font cueillir des palmes immortelles
Et les unit au plus beau des serments.
O maître Jacques ! admire les ouvrages
Que tes enfants daignent offrir à tes yeux.
  Brillants coteaux, etc.

Adieu ruisseau de l'aimable prairie,
Et vous bosquets témoins de mes amours,
Où tant de fois près de ma douce amie
Je lui jurai de l'adorer toujours.
Mais dans mon cœur j'emporte son image,
Et sans tarder me dérobe à ses yeux.
  Brillants coteaux, etc.

Adieu, adieu vous tous, amis sincères,
Vous, Compagnons que j'estime et chéris;
N'oubliez pas que je suis votre frère,
Mon cœur de vous sera toujours l'appui.
Mais vos bontés me laissent pour partage
Dedans mon cœur un souvenir heureux.
 Brillants coteaux, etc.

Adieu, amis, je pars avec grand zèle;
Adieu le père, la mère et les enfants...
Vos souvenirs me resteront fidèles,
Que les plaisirs vous soient toujours constants.
Que d'heureux jours vous échoient en partage,
Avec transport j'invoquerai les cieux.
 Brillants coteaux, etc.

Amis, l'auteur de ces couplets aimables
A bien voulu y graver son surnom:
L'Angevin-sans-Chagrin est son nom véritable,
Et vitrier est sa profession,
Des Compagnons il emporte pour gage
Au fond du cœur un bien très précieux:
Douce espérance, qui guidez son jeune âge,
A ses amis répétez ses adieux.

  Par L'Angevin-sans-Chagrin, Vitrier du Devoir.

LOI ET SAGESSE DES ENFANTS DE SALOMON.

La paix et l'honneur et la gloire,
Unis à la juste raison,
Ouvrent le temple de mémoire
A nos exploits, à notre nom.
Amitié, vertus et concorde,
Estime, respect, union,
Sont les charmes des Compagnons (*bis*.)

Notre fondateur respectacle,
Obtint du Seigneur tout-puissant
Bonté, science incomparable,
Et des grands il fut le plus grand.
Et vous tous, mes amis et frères,

Compagnons du grand Salomon,
Suivez ses sublimes leçons (*bis*.)

Quel beau Devoir ! que de sagesse !
Qu'on est heureux de le prouver...
Chassons loin de nous la tristesse ;
Que nos cœurs sachent triompher.
Parcourons ce vaste hémisphère,
Aimons la muse et les beaux arts,
L'œil fixé sur leur étendard (*bis*.)

Grand Salomon, ô notre père,
Nous ne reconnaissons que toi ;
Toi seul, toi seul sur cette terre
Nous as dicté de justes lois.
Eloignons-nous du cœur rebelle,
Hostile à tout beau sentiment ;
Aimons et le beau et le grand (*bis.*)

Sublime Devoir qui m'inspire,
Devoir sacré de Salomon,
Pour ces vers j'accorde ma lyre
Imitant le noble Apollon.
En suivant nos lois immuables
Rien ne saura nous ébranler ;
Dans l'univers tout doit aimer
Le beau Devoir de Liberté.

Dignes maîtres, dont la science,
Eclaire tous nos Compagnons,
Vos talents et votre prudence
Obtiennent un juste renom.
Suivant toujours votre sagesse,
Armés du compas vigilant,
Nous serons Gavots triomphants,
Et vos légitimes enfants.

Le menuisier qui, pour vous plaire,
Et sectateur de Salomon,
A convoité pour tout salaire
L'estime de nos Compagnons,
Dans Lunel il a pris naissance,
Il voyagea tout plein d'ardeur
Sous le surnom de Noble-Cœur (*bis*.)

Par PERRIER, dit *Lunel-le-Noble-Cœur*, Menuisier de Liberté.

SOUVENIRS D'AUTREFOIS.

Air : Suzon sortant de son village.

Je me souviens qu'en mon jeune âge
Mon père souvent me vantait
Les douceurs du Compagnonnage,
Et les plaisirs qu'on y goûtait.
    De sa jeunesse,
    Avec ivresse,
Il racontait les heureux passe-temps.
    Son âme émue,
    Quoique abattue,
Semblait se croire encore sur les champs.
    S'il est un sol où l'espérance
    Promette le parfait bonheur;
    Ah! disait-il, sur mon honneur,
    C'est sur le Tour de France.

Bientôt je sens naître l'envie
D'être comme lui Compagnon;
Déjà je me dis pour la vie
Je veux en soutenir le nom.
    Je vois mon père,
    D'un cœur sincère,
Je lui explique alors mon sentiment;
    Un regard tendre
    Me fait comprendre
Qu'il applaudit à ce désir naissant.
    Allons, de la persévérance,
    Quelle route prends-tu, mon fils?
    Mon père, selon vos avis,
    Celle du Tour de France.

Je prends congé de ma famille,
Sur mon dos un sac est placé;
Dans mon âme la gaîté brille,
Une gourde est à mon côté.

J'arrive à Nantes,
Je me présente
Chez notre mère; aussitôt le Rouleur,
A ma prière,
D'un pas célère,
A son devoir obéit d'un grand cœur;
Il m'interroge d'importance,
Je réponds : Je suis Aspirant;
Mais je voudrais en Devoirant
Faire mon Tour de France.

Mon instance ne fut point vaine,
Du Rouleur je suis écouté ;
Au bout de quinze jours à peine
Vint ce moment tant désiré.
De l'ignorance,
Je sens d'avance
Se détacher le bandeau de mes yeux ;
Mon cœur respire,
Ce qu'il aspire
Dans ce beau jour va combler tous mes vœux.
Je dis plus : enfin ma constance
Bientôt couronne mon espoir,
Je suis Compagnon du Devoir :
Vive le Tour de France !

L'auteur de ces couplets, mes frères,
Compagnon blancher-chamoiseur,
Je vous le dirais sans mystère,
Est Vendôme-la-Clef-des-Cœurs.
Ce qu'il exprime,
Par cette rime,
Est le tableau de ce qu'il éprouva ;
Faible peinture,
Car je vous jure,
Lorsqu'il reçut le nom qu'on lui donna,
Rien n'égalait la jouissance
Dont son cœur se trouvait épris ;
Il ne comptait d'autres amis
Que sur le Tour de France.

Par PIRON, dit *Vendôme-la-Clef-des-Cœurs*,
Blancher-Chamoiseur du Devoir.

L'ANTIQUE RENOMMÉE.

De Salomon l'antique renommée
Dès mon enfance avait séduit mon cœur,
Et des beaux-arts l'heureuse destinée
M'ouvre un champ libre au sentier du bonheur.
Bientôt le temps et mon faible génie
M'ont fait admettre au rang des Compagnons.
Dès ce moment je consacrai ma vie
   A Salomon, à Salomon.

Pour Salomon, de la belle Provence
J'abandonnai le séjour enchanteur ;
Amour, plaisirs, bonheur, douce espérance,
Semblaient partout m'accorder leurs faveurs.
Si tes appas, séduisante Emilie,
Ont une fois égaré ma raison,
Pardonne-moi, je connais ma folie,
   Car je n'aime que Salomon.

Grand Salomon, si tu permets encore
De t'avouer le penchant de mon cœur :
Trois jours j'aimais la tendre Eléonore
Lorsque d'Eglée je devins le vainqueur ;
Un jour d'été je brûlai pour Hortense,
Lise lui succédait vers l'horizon,
Et j'oubliais la sensible Clémence
   Au souvenir de Salomon.

Grand Salomon, les vers que tu m'inspires
Font quelquefois retentir les échos,
A te chanter, quand j'accorde ma lyre,
Je fais pâlir le front de nos rivaux.
. . . . . je fais semer l'alarme
En lui offrant un compas, un crayon ;
. . . . . on fait rendre les armes
   Au nom du grand roi Salomon.

Grand Salomon, du séjour de ta gloire,
Par tes bienfaits veille sur tes enfants ;
A nos couleurs enchaîne la victoire,
Et rends partout nos triomphes éclatants.

. . . .
Et qu'on n'adopte sur cet hémisphère
Que le devoir De Salomon.

A Salomon donnons tous une larme,
Et que son nom à nos derniers neveux
Offre un tableau de vertus et de charmes
Qui réalise et comble tous nos vœux.
Remercions l'ingénieux Dédale (1)
Du talisman qui forma notre nom,
Et conservons toujours dans nos annales
Le nom sacré de Salomon.

L'illustre auteur de la chanson jolie
Par modestie n'y a pas mis son nom ;
Mon cœur réclame, et mon fa ble génie
Veut réparer une sainte omission.
Marseillais-Bon-Accord, par ta douce éloquence,
Tu t'es fait roi de tous nos Compagnons,
Avec transport je t'offre récompense
Au nom sacré de Salomon.

  Par COURBIER, dit *Marseillais-Bon-Accord*,
    Serrurier de Liberté.

Je ne peux tout reproduire de Marseillais-Bon-Accord; il vivait dans un temps de lutte, et ses plus beaux morceaux ne peuvent prendre place ici. Quel malheur qu'il soit descendu si jeune dans la tombe! S'il eût vécu, il chanterait maintenant le progrès et serait l'un de mes plus puissants appuis... il serait la gloire et la lumière du Tour de France.

(1) Dédale est ici regardé comme l'inventeur du compas, que l'on désigne sous le nom de talisman ; car on fait avec son secours des choses prodigieuses. On regarde ce talisman ou compas comme ayant formé notre nom, de *Compas*, *Compagnon*.

LES BIENFAITS DU COMPAGNONNAGE.

Air de la Cardeuse de matelas.

Compagnons, sur le Tour de France,
Si je bénis la Providence,
Si je rencontre le bonheur
En voyageant avec honneur;
Si je recherche la Sagesse
Par-dessus toute autre richesse,
C'est que, voulez-vous le savoir,
Je suis Compagnon du Devoir.

Quand je descends chez une mère,
Si l'on m'accueille comme un frère,
Si l'on me reçoit tout de bon
Comme le fils de la maison,
Si je suis là comme en famille,
Si pour moi le bon vin pétille,
C'est que, etc.

Des charmes de la bienfaisance
Si je sens la douce influence,
De ses dons si je suis l'objet,
Si je sais garder un secret ;
Dans le sentier de la justice
Si je cherche à vaincre le vice,
C'est que, etc.

Si l'amitié daigne sourire
Aux sentiments qu'elle m'inspire,
Si je fais des vœux constamment
Pour acquérir le vrai talent,
Loin d'une famille chérie
Si je passe gaîment ma vie,
C'est que, etc.

Avec vous si je ris, je chante,
Si mon âme est toujours contente;
Si je me permets sans façon
De faire sauter le bouchon ;
A la gaîté si je me livre,
De vos plaisirs si je m'enivre,
C'est que, etc.

Des bienfaits du Compagnonnage,
Qui nous peint ici l'assemblage,
Par ces couplets, en traits flatteurs ?
C'est Vendôme-la-Clef-des-Cœurs.
S'il nous a conservé sa muse,
Sans que jamais il n'en abuse,
C'est que, etc.

Par Vendome-la-Clef-des-Cœurs, Blancher-Chamoi-
      seur du Devoir.

L'ÉCHO DU TEMPLE.

Que l'écho répète en ce jour,
Jusque sous les voûtes du temple,
Les vœux de respect et d'amour
Dont chacun de nous doit l'exemple.
Entends nos voix, grand Salomon,
Du séjour qu'habitent les sages ;
C'est la voix de tes Compagnons
Qui t'offre aujourd'hui leurs hommages.

L'on dit que le roi Salomon
Fit creuser, pour punir le vice,
Des cachots! moi, je dis que non ;
L'équité faisait sa justice.
Heureux de vivre sous ses lois,
L'orphelin retrouvait un père ;
Ce fut le modèle des rois,
Il rendit son règne prospère.

. . . .
. . . .

Des Compagnons de Liberté
Tout mortel connaît l'existence,
Aussi sont-ils bien respectés
Dessus le noble Tour de France.
Enivré d'un si doux bonheur,
Que chacun s'écrie avec zèle :
Vive notre grand fondateur !
Des vertus c'est le vrai modèle.

Tous ensemble, chers Compagnons,
Offrons à notre dignitaire

Les vœux sacrés de Salomon,
En ce moment dépositaires.
Aux vœux que nous formons pour lui,
A sa vertu, à sa clémence,
Il promet d'être notre appui,
Jurons-lui notre obéissance.

De mon amour, chers Compagnons,
Ces vers vous donnent l'assurance ;
Daignez donner à ma chanson
De vos bontés quelque indulgence.
Si le tribut de mes efforts
Etait payé de vos suffrages,
Oui, Marseillais-le-Bon-Accord
S'applaudirait de son ouvrage !...

Par MARSEILLAIS-BON-ACCORD, Serrurier de Liberté.

C'est avec chagrin que j'ai supprimé deux couplets de cette chanson ; ils sont les plus poétiques et les plus vigoureux ; mais, s'éloignant trop des principes que je veux faire triompher, je ne pouvais les reproduire.

LE DEVOIRANT,

OU LE PAN PAN DES COMPAGNONS.

AIR de la Vivandière (de Béranger).

Digne apôtre de la gaîté,
  Dès qu'il vit la lumière,
Entre Bacchus et l'amitié
  Poursuivre sa carrière,
Joindre au plaisir le vrai talent,
Pan pan pan pan pan pan pan pan pan,
Joindre au plaisir le vrai talent,
  Voilà le Devoirant.

Etre fidèle à son serment,
  Voyager pour s'instruire ;
Etre sage, discret, prudent,
  A la vertu souscrire,

Du vice éviter le penchant,
Pan pan pan pan pan pan pan pan pan,
Du vice éviter le penchant,
Voilà le Devoirant.

Au malheur tendre avec bonté
Une main bienfaisante,
Faire entendre à l'infortuné
Une voix consolante,
Soulager un frère indigent,
Pan pan pan pan pan pan pan pan pan,
Soulager un frère indigent,
Voilà le Devoirant.

Vrai disciple du fondateur,
Du Devoir qui l'éclaire,
Unir à ce titre flatteur
Celui d'ami sincère ;
A ce lien être constant,
Pan pan pan pan pan pan pan pan pan,
A ce lien être constant,
Voilà le Devoirant.

Faut-il fouler le vert gazon
Pour se mettre en voyage,
Ou sur la neige et le glaçon
Se frayer un passage?
Partir toujours le cœur content,
Pan pan pan pan pan pan pan pan pan,
Partir toujours le cœur content,
Voilà le Devoirant.

En ville, voyageurs heureux,
Descend-il chez la mère ;
Là, plus d'un ami généreux
Le reçoit comme un frère ;
Partager ce doux sentiment,
Pan pan pan pan pan pan pan pan pan,
Partager ce doux sentiment,
Voilà le Devoirant.

Dans son pays, après avoir
Fini son tour de France,
N'oublier jamais son Devoir,
Quelle que soit sa naissance,

Maître ou non, quel que soit son rang,
Pan pan pan pan pan pan pan pan pan,
Maître ou non, quel que soit son rang,
Voilà le Devoirant.

Or, écoutez, chers auditeurs,
La muse véridique
De Vendôme-la-Clef-des-Cœurs,
Sincèrement s'explique :
Qui se voit ici ressemblant,
Pan pan pan pan pan pan pan pan pan,
Qui se voit ici ressemblant,
Est un vrai Devoirant.

Par Vendôme-la-Clef-des-Cœurs, Blancher-Chamoiseur du Devoir.

LA CONCORDE.

Air de Roland.

Compagnons, frères et amis,
Chantons l'amitié la plus pure ;
Puisque nous sommes réunis,
Laissons donc parler la nature ;
Livrons-nous aux ravissements
De nous voir réunis ensemble,
Et célébrons tous par nos chants
Cet heureux jour qui nous rassemble.

Oui, Salomon nous a fondés,
Nous nous en faisons toujours gloire ;
Nous nous plaisons à répéter :
Tout pour l'honneur et la victoire.

Salomon, notre fondateur,
Ce tendre ami, ce tendre père,
Grava dans le fond de nos cœurs
Qu'à jamais nous serions tous frères ;
Ah ! suivons tous, mes chers pays !
Ses maximes si sages, si belles !
Soyons sans cesse bien unis,
Et soutenons-nous avec zèle.
    Oui, Salomon, etc.

Vous avez part à nos lauriers,
D'avance nos cœurs vous les donnent,
Fidèles compagnons étrangers,
C'est enfin vous que l'on couronne.
Ah ! jurons tous de maintenir
Cette belle et triple alliance ;
Jurons de vivre et de mourir
Pour illustrer le Tour de France.
   Oui, Salomon, etc.

Et vous, jeunes affiliés,
Qu'entre vous règne la concorde...
Jurez-vous tous fraternité,
Chassez loin de vous la discorde.
De notre auguste fondateur
Tâchez d'imiter la sagesse,
Et gravez surtout dans vos cœurs
  Ces mots de gloire et de tendresse.
   Oui, Salomon, etc.

Par SERANNE, dit *Montpellier-le-Cœur-Royal*, Menuisier de Liberté.

L'ABEILLE.

Insecte ailé chéri des dieux,
Toi qui leur fournis l'ambroisie ;
Toi dont on admire en tous lieux
Et la sagesse et l'industrie,
Permets que ma muse aujourd'hui,
En lui rappelant ton image,
Offre aux yeux de plus d'un ami
Le miroir du Compagnonnage.

Or, écoutez, chers Compagnons,
Je vous parle ici de l'abeille ;
Car en fait de comparaisons,
Le sujet convient à merveille.
L'abeille fut dans tous les temps
Des Compagnons de vrai modèle :
Union, sagesse et talents,
Est-il un plus beau parallèle ?

L'abeille suit la même loi
Qu'ont toujours suivi ses ancêtres,
Et, toujours fidèle à son roi,
Ne reconnaît point d'autres maîtres.
Comme l'abeille nous n'avons
Qu'un maître sur le Tour de France,
Et la règle que nous suivons
N'est point soumise à l'inconstance.

L'abeille construit en secret
Le chef-d'œuvre de son génie;
De ses travaux l'œil indiscret
N'en connaît que la symétrie;
De même dans notre Devoir,
Qui peut connaître nos mystères?
Qui peut même jamais savoir
Ce qui se passe entre nos frères?

Quand la plus belle des saisons
Nous ramène Zéphyre et Flore.
Je vois, en dépit des frelons,
Mille essaims d'abeilles éclore;
En dépit de nos ennemis,
Le printemps vient-il de renaître?
Mille aspirants se sont promis
De servir aussi notre maître.

Quand vient le temps de ses travaux,
J'entends l'abeille qui bourdonne;
Pour elle il n'est plus de repos
Jusques au milieu de l'automne.
Chers Compagnons, c'est en ce temps
Que s'anime notre courage,
Et que nous cueillons sur les champs
Les doux fruits du Compagnonnage.

Sur les champs il est des frelons
Qui voudraient détruire nos ruches;
Comme l'abeille, Compagnons,
Méfions-nous de leurs embûches.
Armons-nous de notre aiguillon
Contre ces frelons pleins de rage;
Vendôme, par cette chanson,
La Clef-des-Cœurs nous y engage.

Par Vendôme-la-Clef-des-Cœurs, Blancher-Chamoiseur du Devoir.

CARON, DIT LA FLEUR-DE-COUTRAS,
PÈRE DES COMPAGNONS ÉTRANGERS DE PARIS,
MORT PAR ACCIDENT AU CHEMIN DE FER DE BELGIQUE.

Air : Il faisait chaud au soleil de juillet.

Repose en paix sous cette froide pierre,
Fleur-de-Coutras, père des Compagnons.
Tu nous guidas dans la noble carrière ;
Pendant vingt ans on chérit ton beau nom.
Ta cendre est loin de tes amis fidèles ;
Tes nobles fils, dignes d'un nom si beau,
Iront un jour ombrager d'immortelles
Ce lieu sacré (bis), le lieu de ton tombeau.

Quand tu partis pour aller en Belgique
Voir cet ami de la fraternité,
Père des arts, homme scientifique,
Un songe affreux fut la réalité.
Tu voyageais sur un coursier de flamme,
Quand tout à coup la Parque au long ciseau,
Près d'embrasser l'ami que tu réclames,
Vint sans pitié (bis) te creuser un tombeau.

Comme un héros brisant un diadème,
Tu fis jadis trembler des concurrents ;
Toulon, Lyon, Montpellier, Paris même,
Furent témoins de tes nobles talents.
Tu n'es plus là, rempart de la victoire,
Noble géant de tes braves rivaux ;
Mais, pleins d'orgueil, nous chantons à ta gloire,
Et nous irons (bis) couronner ton tombeau.

Lorsque la mort te frappa de son glaive,
Tu dis ces mots, oh ! souvenir sacré :
« J'ai, disais-tu, plus de soixante élèves
Que je voulais diriger à mon gré. »
Mais nous avons, après toi, la Sagesse ;
Valence, enfin, se met à ton niveau,
Et comme nous, il a fait la promesse
D'aller un jour (bis) pleurer sur ton tombeau.

Chaque printemps une belle couronne
Sera dressée sur de nouvelles fleurs;
Va, ne crains pas qu'un de nous t'abandonne :
Ton souvenir est gravé dans nos cœurs.
Si tu n'es plus, tu nous reste en mémoire,
Dans nos chansons, un refrain sera beau,
De pouvoir dire, au temple de mémoire :
Ton nom paraît (*bis*) comme sur ton tombeau.

Par Escolle, dit *Joli-Cœur-de-Salerne*, Tailleur de pierre, Compagnon étranger.

LES ENFANTS DE SOUBISE.

Air des Girondins.

Aussitôt que du Tour de France
L'on parcourt le sentier d'honneur,
L'aspirant, par sa vigilance,
Parvient à goûter le bonheur.

    D'être fils de Soubise,   (*bis*)
    C'est le sort le plus beau,
    Là chacun fraternise,
    Frères, jusqu'au tombeau,
    Respectons sa devise.

L'initié à nos mystères
Reçoit dans le sacré manoir,
Environné d'amis, de frères,
De Soubise le beau Devoir.
    D'être fils, etc.

Anoblis du nom de bon-drille,
Nous formons, par notre union,
Cette indissoluble famille
Qui constitue le Compagnon.
    D'être fils, etc.

Aucun n'a terni la puissance
Du beau titre de Devoirant;
Nous avons tout le Tour de France,
Un refuge pour l'arrivant.
    D'être fils, etc.

Si l'amour parfois nous enchaîne
A la beauté qu'on fait la cour,
Bacchus nous délivre sans peine
Lorsque sonne l'écho du Tour.
D'être fils, etc.

Quand un frère est dans la détresse,
Tout *passant* doit le soulager ;
S'il est borné, chacun s'empresse
De l'instruire, pour propager.
D'être fils, etc.

De couleurs, Soubise notre père
Embellit nos chapeaux altiers,
Et rassemble sous sa bannière
Charpentiers, Couvreurs, Plâtriers.
D'être fils, etc.

Un bon-drille de la charpente,
Albigois-Bien-Aimé son nom ;
Par ses couplets, qu'encore il chante,
Vient confirmer notre renom.
D'être fils, etc.

Par **ALBE**, dit *Albigeois-le-Bien-Aimé*, Charpentier bondrille.

LA TOUSSAINT.

Entendez-vous, la cloche sonne!
C'est la Toussaint, fête aux élus ;
On va porter une couronne
Pour les parents qui ne sont plus.
La fête, on la chôme à sa guise,
L'un par des pleurs, le curé d'un sermon ;
D'autres en chœur chantent Soubise, } *(bis.)*
Et nous, ici, nous chantons **SALOMON**. }

Grand Salomon, par ta sagesse
Tu fus au rang des immortels ;
Les Judéens, dans leur ivresse,
Te construisirent des autels.
Thémis te donna la balance
Lorsqu'à tes pieds la vertu sanglotait ;
Hommage à ta magnificence,
Nous fêterons ta gloire à ce banquet.

Tu fondas le Compagnonnage
En enseignant la charité;
Et par toi l'homme qui voyage
Ne doit chercher que l'unité.
Premier architecte du monde,
Premier auteur de la construction,
Partout, sur la terre et sur l'onde
Nous chanterons tes lois, ô Salomon!

Propagateur de la science,
Ton étendard fut l'équité;
Tu nous donnas l'intelligence,
Pour Devoir la fraternité.
A tes enfants tailleurs de pierres,
En leur donnant et compas et crayons,
Et l'amitié comme à des frères,
Tu leur as dit : Je vous fais Compagnons.

Initiés dans le mystère,
Nouveaux Compagnons étrangers,
Prenons le compas et l'équerre
Et travaillons sans déroger.
Notre art, l'univers le contemple,
Il est redit par l'écho d'Apollon;
O Dieu! jusqu'aux voûtes du temple,
Fais retentir le nom de Compagnon.

Fils de David, auguste père,
Inscris cinq nouveaux Compagnons
Sur ton grand registre annuaire,
Accepte leurs réceptions.
Bénis de ta main paternelle
Tes jeunes fils, oh! comble leur espoir!
Ils seront toujours avec zèle
Fermes soutiens de ton digne Devoir.

Par JOLI-CŒUR-DE-SALERNES, Tailleur de pierre étranger.

LES ENFANTS DU DEVOIR.

AIR : Mon pays avant tout.

Maint roturier que la finance
A rendu vain, capricieux,

Nous répète que pour la France
L'amour n'est plus contagieux ; (*bis.*)
De ces Crésus, oui, la parcimonie
Me fait dire vraiment sans le vouloir :
Que pour aimer notre belle patrie,
Il est encor des enfants du Devoir.

   La fortune capricieuse
   Peut détruire un trône de roi ;
   Et nous, troupe vive et joyeuse,
   Nous ne redoutons point sa loi.
En travaillant nous bravons la misère,
Petite bourse a soin de notre avoir,
Nous la vidons pour soulager un frère ;
Il est encor des enfants du Devoir.

   Le cours de la vie est pénible,
   Pourtant l'ouvrier voyageur
   Sous le fardeau reste impassible,
   Et porte un paradis au cœur.
Ces tout joyeux enfants de l'industrie,
Regardez-les au travers le miroir,
Et vous verrez que sans or, sans envie,
Il est encor des enfants du Devoir.

   Pour célébrer un jour de fête
   Chacun se trouve au rendez-vous ;
   L'amitié se trouve à la tête,
   Et le plaisir entre avec nous.
Minerve arrive, et bientôt son oreille
Entend Bacchus dire sans s'émouvoir :
Que pour vider gaîment une bouteille
Il est encor des enfants du Devoir.

   Zoé se plaint de ma constance,
   Rose et Lise ne disent rien,
   L'adorable et belle Clémence
   Murmurait dans un entretien :
Je sais fort bien que gentes demoiselles
Au rendez-vous se trouvent chaque soir ;
Pour être aimé par tant et tant de belles,
Il est encor des enfants du Devoir.

   Si le destin nous est contraire,
   Sachons braver les coups du sort ;

Chantons, chantons le prolétaire,
Marchons pour arriver au port.
Si le matin, au cœur de l'alouette
Un ciel serein a su rendre l'espoir,
Bien-Décidé, par une chansonnette,
Sait rendre heureux les enfants du Devoir.

Par Bien-Décidé-le-Briard, Tisserand du Devoir.

LA MENUISERIE.

air de ma Normandie.

Dans les palais, dans les chaumières,
Le menuisier porte son art;
Partout cet art est nécessaire,
Partout il flatte le regard;
Il joint l'utile à l'agréable,
Il sert le luxe et le bon goût.
Amis, chantons cet art aimable,
Qu'on est heureux de rencontrer partout.

Une forte menuiserie
Doit fermer tous nos bâtiments,
Dans l'intérieur sa symétrie
Décorer nos appartements;
Dans les salons de l'opulence
Les yeux charmés, les yeux surpris,
Souvent admirent l'élégance
Des beaux parquets, des superbes lambris.

Cet art étale sa richesse
Dans les temples de l'Éternel;
Il les décore avec noblesse,
Il embellit jusqu'à l'autel.
Quand les ordres d'architecture
Par lui sont bien exécutés,
Leur riche et superbe structure
Présente alors beaucoup plus de beauté.

Qui sait bien la menuiserie
Possède aussi d'autres talents :

Principes de géométrie,
Dessin, calcul, lavis des plans.
A d'autres arts cet art s'applique,
Il les aide de son concours,
Imprimerie et mécanique
Viennent souvent réclamer son secours.

Par THÉVENOT, dit *Bourguignon-la-Fidélité*, Menuisier de Liberté.

QU'IL EST DOUX D'ÊTRE COMPAGNON.

Avant que du Compagnonnage
J'eusse enfin goûté les douceurs,
Malgré mon zèle et mon courage,
Je chansonnais avec froideur.
Maintenant c'est une autre affaire,
Car je vais dans cette chanson
Chanter, dans l'espoir de vous plaire :
Qu'il est doux d'être Compagnon ! (*bis.*)

Arrive-t-il chez notre mère
L'un de nos braves Devoirants,
Couvert de sueur, de poussière,
Fatigué d'être sur les champs ?
Aussitôt le Rouleur s'empresse
De lui déboucher un flacon,
Et lui prodigue sa tendresse.
Qu'il est doux d'être Compagnon !

Rien n'est aussi beau, ce me semble,
Que lorsque chez la mère on voit
Être tous Compagnons ensemble,
Et n'avoir qu'une seule voix.
D'accord dans la même entreprise,
Par une juste ambition,
Nous avons tous même devise :
Qu'il est doux d'être Compagnon !

Soutenus par notre mystère,
Nous intriguons bien des jaloux ;
Rien ne peut nous causer la guerre,
La paix sans cesse est avec nous.

La gloire fait notre sagesse,
L'amitié fait notre renom ;
Nous nous voyons avec ivresse.
Qu'il est doux d'être Compagnon !

Aspirant, vous que l'espérance,
A conduit jusqu'à ce beau jour,
Par vos mœurs et votre vaillance
Tâchez d'acquérir notre amour.
Puis ayant comblé votre envie,
Vous redirez dans vos chansons
Comme Toulonnais-le-Génie :
Qu'il est doux d'être Compagnon !

Par LAUGIER, dit *Toulonnais-le-Génie*, Cordonnier du
Devoir.

HOMMAGE AUX COMPAGNONS.

Faisons retentir cette ville
Du nom du grand roi Salomon,
Il excite les plus habiles
A la noble émulation ;
Du nord au midi de la France
Faisons résonner les échos
Des noms de gloire et de vaillance (*bis.*)
Dus à nos Compagnons gavots.

Les œuvres les plus difficiles
Leur doivent naissance et beautés,
Et les travaux les plus utiles
Sous lui furent exécutés.
Minerve en est la protectrice,
Nous marchons sous ses étendards ;
Cette déesse bienfaitrice   (*bis.*)
Aime à protéger les beaux-arts.

Au vaisseau battu par l'orage,
Flottant sur le bassin des mers,
Ressemble le Compagnonnage
Luttant contre de grands revers.
Oui, sur l'océan de la vie,
S'en va flottant d'un noble orgueil,

Bravant la discorde ennemie, (*bis.*)
La tempête comme l'écueil.

Vivent le bleu, le blanc sans tache ;
Gloire à nos célestes couleurs ;
Qu'à son côté on les attache,
Et qu'on les porte avec honneur.
C'est la marque de l'alliance
Des enfants du grand Salomon,
Les signes de reconnaissance (*bis.*)
De nos honnêtes Compagnons.

En commençant votre carrière,
Enfants, venez avec respect
Voyager sous notre bannière,
D'un cœur vaillant, bon, mais discret.
Avec ces titres respectables,
Parmi nous vous serez reçus.
Notre devoir inébranlable (*bis.*)
Ne demande que des vertus.

O vous, dont l'âme est noble et fière,
Gais Compagnons, chanteurs charmants,
Souffrez qu'un Affilié sincère
A vos accords mêle ses chants ;
Il craint qu'un peu trop de hardiesse
Ne vous blesse dans sa chanson ;
Mais, s'il n'a pas votre sagesse, (*bis.*)
Il a la même intention.

Par BOURGUIGNON-LA-FIDÉLITÉ, Menuisier de Liberté ;
Avant d'être reçu Compagnon.

LES ADIEUX DE BORDEAUX.

AIR : J'ai vu partout dans mes voyages.

De mon départ l'heure s'apprête ;
Il faut enfin se décider ;
Déjà le Rouleur à la tête
Sur la route va me guider.

Prés fleuris, campagne gentille,
Vallons charmants, brillants coteaux,
Adieu, beau sexe, aimable ville,
    Adieu, Bordeaux.   (*bis*.)

Je te quitte, célèbre ville,
Où l'on voit briller nos talents ;
Contre l'Esponton indocile
Tu protéges nos Devoirants.
En m'éloignant, j'ai l'âme émue,
Fier théâtre de nos travaux,
Murs antiques, je vous salue ;
    Adieu, Bordeaux.

Embrassant le père et la mère,
Je m'acquitte de mon devoir ;
Qu'ils jouissent d'un sort prospère,
Voilà mes vœux et mon espoir.
Ah ! si loin d'eux je me retire,
Courbé sous de nobles fardeaux,
C'est dans le dessein de m'instruire.
    Adieu, Bordeaux.

Loin d'une maîtresse adorée,
Je me dérobe à sa douleur ;
Sur son chevet, triste, éplorée,
Elle m'accuse de rigueur.
Irai-je d'une ardeur trop vive
La consoler sous ses rideaux !
Non, je fuis son ombre plaintive.
    Adieu, Bordeaux.

J'entends la troupe harmonieuse
Qui, par la douceur de ses chants,
Annonce la saison joyeuse
Où l'été succède au printemps.
Joignons nos voix, sans plus attendre,
Aux accords de tous ces oiseaux ;
Frappons l'air de ce cri si tendre :
    Adieu, Bordeaux.

Flairer les fleurs qu'on voit éclore
Et les fouler à chaque pas,
Jouir des baisers de l'aurore,
Sont des plaisirs remplis d'appas.

Pour goûter, assis sous l'ombrage,
La fraîcheur des coulants ruisseaux,
Marchons, chantons avec courage :
  Adieu, Bordeaux.

Dans ton sein, belle Occitanie,
Je porte mes pas et mon cœur :
Je repousserai l'insomnie
Par la force de ta liqueur.
Ah! quel agréable spectacle
M'offrent tes vignes en cerceaux !
Vers toi je vole sans obstacle.
  Adieu, Bordeaux.

Du Loiret les ondes tremblantes
Baignent le pays de l'auteur ;
Il fut nommé l'Aimable à Nantes
Par des Compagnons pleins d'honneur.
Mais l'heure avance et le temps presse ;
Terminons d'aussi longs propos.
Jusqu'au revoir, je vous délaisse.
  Adieu, Bordeaux! adieu, Bordeaux !

Par Guépin-l'Aimable, Ferblantier du Devoir.

LES QUATRE SAISONS.

Après quelques jours de souffrance
D'un hiver triste et sans attraits,
L'aimable printemps recommence,
Célébrons ses heureux bienfaits.
Aux noirs frimas, à la froidure
Succède un soleil radieux,
Et tout nous dit dans la nature :
« Partez tous, Compagnons joyeux. »

Du bruit de nos chants de conduite
Déjà les airs ont retenti :
Adieu! l'on s'embrasse, on se quitte,
Adieu! l'on part, on est parti...
Cessez vos pleurs, jeunes amantes,
Nous recherchons les vrais talents ;
Sachez toujours être constantes,
Nous saurons vous être constants.

Si le printemps fait tout éclore,
L'été vient le mûrir après.
Aux suaves parfums de Flore
Succèdent les dons de Cérès.
En tout lieu la terre embrasée
Nous montre sa fécondité ;
Du soleil et de la rosée
Elle tient sa fertilité.

Souvent au lever de l'aurore
On voit de lestes Compagnons,
Pleins de l'ardeur qui les dévore,
Traverser plaines et vallons.
A midi, sous un frais ombrage,
Ils évitent les feux du jour.
S'ils rêvent, c'est à leur voyage,
Ou peut-être encore à l'amour.

Sur de riants coteaux l'automne
Nous promet le nectar divin ;
On voit dans des vergers Pomone
Un panier de fruits à la main,
Bacchus à l'ombre d'une treille,
Avec les Jeux et les Amours,
Célèbre en vidant sa bouteille
L'agrément des derniers beaux jours.

Déjà de la campagne aimable
Les dieux des champs ont déserté ;
Déjà vers l'Olympe immuable
Flore et Zéphyre ont remonté.
Aquilon étend son empire,
Dessèche les dernières fleurs
Qui, se fanant, semblent nous dire :
Hâtez-vous, jeunes voyageurs.

« Le règne de la mort commence ;
Du sombre empire des frimas
L'ouragan déchaîné s'élance,
Mugit et fond sur nos climats.
Tout a changé dans la nature
Et semble être mort sans retour.
Plus de berceaux, plus de verdure,
Plus de rossignol, plus d'amour. »

Par BOURGUIGNON-LA-FIDÉLITÉ, Menuisier de Liberté.

PÈLERINAGE AU DÉSERT DE SAINTE-BAUME.

Air : Quel aimable délire.

Vous qui faites l'aimable Tour
De notre belle France,
A votre adolescence
Allez voir le riant séjour
Et l'opulence
De la Provence,
Pays charmant par sa vive élégance.
Puis entre Marseille et Toulon
Vous pourrez voir le Saint-Pilon,
Lieu consacré si cher au Compagnon,
Et puis la Sainte-Baume,
Où mourut le grand homme,
Qu'à l'atelier le Devoirant renomme.

Ce saint lieu par nous consacré,
Au milieu des montagnes,
N'offre que des campagnes
De deuil et de stérilité.
Dans le voyage,
Au paysage
Adapté près du tout humble ermitage,
On voit le caveau souterrain,
Aussi vieux que le genre humain,
Qui servit d'asile à saint Maximin,
Et puis la Sainte-Baume
Où mourut le grand homme,
Qu'à l'atelier le Compagnon renomme.

J'ai visité ce grand désert
En mil huit cent quarante,
Et sa vallée riante,
Et aussi son bois toujours vert;
Puis le saint père
Du monastère,
Respectable vieillard septuagénaire,
Qui m'accueillit par un sourire;

Son aspect me fit tressaillir
De joie, d'amour, de respect, de plaisir.
  Je voyais Sainte-Baume, etc.

  Puis le bon vieillard me montra
   La grotte souterraine,
   Où sainte Madeleine
  Ses nombreux péchés expia.
   L'on voit près d'elle
   Une chapelle,
Représentant du ciel l'ange rebelle,
Son bras sur un livre appuyé,
Un rosaire est à son côté ;
Jamais saint lieu n'eut plus de majesté.
  Vive la Sainte-Baume, etc.

  Frères, allez voir en passant
   Le vénérable ermite,
   Ce doyen cénobite,
  Si généreux, si bienfaisant.
   Les prolétaires
   Sont tous ses frères.
Pour eux il fait à Dieu des vœux sincères,
  Et sans aucune distinction
  Il accueille le Compagnon
Passant en ce lieu de vénération.
  Pour voir la Sainte-Baume, etc.

    Par ARNAUD, dit *Libourne-le-Décidé*,
    Boulanger du Devoir.

LES SECTATEURS DE SALOMON.

AIR du Baiser du soir.

O Calliope, à ma verve infertile,
En ce beau jour accorde quelques vers ;
Pour célébrer le parti que je sers
Aide ma voix encor faible et débile.
  Que ne suis-je ton nourrisson,
  Et bercé par toi sur le Pinde ;
  Car c'est en vain que je veux peindre } *bis.*
  Les sectateurs de Salomon.

Ceux que fonda le plus sage des sages,
« Roi dont les faits émanaient tous du ciel, »
Perpétueront son Devoir éternel
Dans tous les lieux ainsi qu'en tous les âges;
 Ne redoutant rien en son nom,
 Quelque péril qui les menace,
 Qu'il est beau de suivre la trace
 Des sectateurs de Salomon!

Chez eux n'est point de pouvoir arbitraire!
Chaque membre de la société
A table boit, chante à l'égalité,
Comme le fils issu du commun père ;
 La Discorde de son brandon
 Ne trouble point leur sympathie ;
 L'intimité sans cesse lie
 Les sectateurs de Salomon.

Leur gloire, amis, bien qu'étant plébéienne,
A plus de prix que la gloire des rois ;
Plus qu'eux ils sont fidèles à leurs lois:
Dans le malheur ils partagent la peine,
 Non guidés par l'ambition,
 Mais bien par la philanthropie.
 Telles sont les règles de vie
 Des sectateurs de Salomon.

En voyageant sur l'océan du monde,
Souvent en butte à la rivalité,
Ils résistent par la fraternité,
Doux sentiment qui toujours les seconde.
 Le mérite accroît leur renom,
 Et les vertus et la science
 Couronnent sur le Tour de France
 Les sectateurs de Salomon.

Par BÉNARDEAU, dit *Tourangeau*, affilié Menuisier de Liberté.

HOMMAGE A LA MÈRE.

AIR : O ma cavale au sabot noir.

Sous le toit de l'humanité,
Au sein de la vive gaîté,

> Nous vous fêtons, aimable Mère,
> Daignez sourire à vos enfants ;
> Nos cœurs ne sont point éphémères,
> Ils vous offrent tous leur encens.

Chers Compagnons, par des chants d'allégresse
De ce beau jour célébrons le retour.
Livrons nos cœurs à la plus douce ivresse,
A l'amitié, aux plaisirs, à l'amour.

> Comme la plus belle des fleurs,
> Brillant de ses nobles couleurs,
> Les dieux pour nous vous ont fait naître
> Riche d'amour et de douceur.
> Vos grâces nous ont fait connaître
> Le doux parfum de votre cœur.

Chers Compagnons, etc.

> Le front souriant, radieux,
> Comme Hébée au festin des dieux,
> Versez-nous de cette ambroisie,
> De ce nectar délicieux,
> Et vos enfants, mère chérie,
> Dans ce banquet seront joyeux.

Chers Compagnons, etc.

> Modeste sœur de l'amitié,
> Vous faites la félicité
> Des Compagnons dont l'honneur brille,
> Dans ce manoir respectueux.
> C'est ici que votre famille
> Partage vos soins généreux.

Chers Compagnons, etc.

> Si le ciel exauce nos vœux,
> Vous coulerez des jours heureux,
> Dans le bonheur et l'abondance.
> Qu'il vous comble de ses bienfaits,
> Et vos fils, sur le Tour de France,
> Seront contents et satisfaits.

Chers Compagnons, etc.

> Mère des Blanchers-Chamoiseurs,
> Vivarais l'Union-des-Cœurs
> De ses frères est l'interprète ;
> Par ces couplets, que nous chantons,

Il vous offre, dans notre fête,
L'hommage que nous vous rendons.
Chers Compagnons, etc.

Par BERNARD, dit *Vivarais-l'Union-des-Cœurs*, Blancher-Chamoiseur du Devoir.

LES ADIEUX DE MACON.

AIR : Dieu des Loupeurs, sur moi jette les yeux.

Adieu, Mâcon, il faut que je te quitte,
Le cœur content, mais non pas sans regrets ;
Puisqu'il le faut, je m'éloigne au plus vite,
En emportant un souvenir parfait.
Jamais séjour pour moi sur cette terre
Ne fut plus beau ; jamais si doux instants !...
Mes chers pays, ô mes amis, mes frères,
Venez, venez me mettre sur les champs !...

Où sont ces jours si remplis d'allégresse !
Et ces instants de ma réception...
Doux souvenirs qu'anima ma jeunesse !...
En me voyant enfant de Salomon ;
Oui, je chéris ses vertus, ses mystères,
Jusqu'au tombeau j'y resterai constant.
    Mes chers pays, etc.

Je vois là-bas des cannes qui s'apprêtent...
Est-ce pour moi que tout s'est agité ?
Et puis encor, qui vient de m'apparaître ?
Les Compagnons leurs couleurs au côté.
On vient enfin m'accompagner, j'espère,
Et recevoir des adieux bien touchants.
    Mes chers amis, etc.

Adieu, adieu, ma pauvre Marguerite,
Adieu, campagne où je vécus heureux ;
Sous ton beau ciel souvent je faisais suite
Aux pas d'un ange au cœur délicieux ;
J'aurais voulu plus longtemps lui complaire,
Mais mon Devoir est plus loin qui m'attend.
    Mes chers pays, etc.

Mes chers pays, suivant votre système,
Il faut ici que mon nom soit cité.
C'est Nivernais-Noble-Cœur mon nom même,
Compagnon du Devoir de Liberté.
De voyager, c'est tout ce que j'espère,
Et je ne veux qu'acquérir des talents.
Mes chers pays, ô mes amis, mes frères,
Venez, venez me mettre sur les champs !

Par CHABANE, dit *Nivernais-Noble-Cœur*, Tonnelier de Liberté.

A TOUS, JEUNES ET VIEUX.

Mes chers pays, chantons ensemble
Et célébrons notre union,
Que l'amitié qui nous rassemble
Vous fasse vider les flacons. (*bis*.)
Je vais d'un ton plein d'allégresse
Chanter les braves Aspirants,
Et pour couronner mon ivresse,
Je chanterai les Devoirants. (*bis*.)

Vieux Compagnons dont le courage
A fait pâlir tous les jaloux,
Daignez recevoir notre hommage,
Et trinquer encore avec nous.
Vos successeurs, vos jeunes frères,
Vous chanteront dans leurs chansons,
Et diront en choquant leurs verres :
Honneur aux anciens Compagnons.

Et vous, dont le zèle sincère
A fait briller la société,
Vieux Aspirants, je vous révère,
Exemple de fidélité ;
Venez souvent chez notre mère
Entendre tous nos Devoirants,
Qui chantent en vidant leur verre :
Honneur aux anciens Aspirants !

Vous qui, rangés sous la bannière
De notre illustre fondateur,

Suivez toujours votre carrière,
Du Devoir montrez la grandeur.
Ici, pour combler mon attente,
Faites donc voler les bouchons,
Car vous voyez que je vous chante :
Honneur aux jeunes Compagnons !

Vous, jeunes cœurs remplis de flamme,
Qui soutenez notre Devoir,
Bientôt dans le fond de votre âme
Nous verserons notre savoir.
En attendant ce jour prospère,
Trinquons aux anciens Devoirants ;
Et moi je dis, vidant mon verre :
Honneur aux jeunes Aspirants !

Que la joie règne à cette table,
Et soyons unis pour jamais ;
Pays, de Dijonnais l'Aimable
Daignez agréer les couplets.
Et vous, Rouleur, dans notre verre
Faites couler le jus divin ;
Pour boire au père et à la mère
Mettons chacun le verre en main.

Par DIJONNAIS-L'AIMABLE, Cordonnier du Devoir.

LA SAINTE-ANNE.

AIR des Serments d'amour.

Fidélité, je t'invoque en ce jour,
Vite réponds à ma voix qui t'appelle ;
Que dans nos cœurs de Salomon l'amour
Soit le brasier de la gloire éternelle.
A Salomon nous jurons pour toujours } *bis*.
Fidélité, respect, constance, amour.

Respect deux fois, respect aux Compagnons
Enfants chéris de Salomon le Sage ;
Et que l'écho répète les chansons
Que je chantais pour eux dans mon jeune âge.
   A Salomon, etc.

Constance, ô toi, pour la fraternité
Reine du monde, et la philosophie,
Contemple-les les enfants de Liberté,
Et préside à leur banquet, je t'en prie.
   A Salomon, etc.

Amour sacré, belle divinité,
O feu divin! viens embraser mon âme ;
Des Compagnons du Devoir de Liberté
Protége en ce jour l'oriflamme.
   A Salomon, etc.

Vous tous, enfants du grand roi Salomon,
Menuisiers, Serruriers, Tailleurs de pierre,
Coterie La-Tranquillité-de-Châlon
Pour ces couplets ne veut pas de salaire.
   A Salomon, etc.

Par LA-TRANQUILLITÉ-DE-CHALON, Compagnon étranger
                                   Tailleur de pierre.

LE BEAU DEVOIR.

Joyeux fils du Compagnonnage,
Je vais chanter notre union ;
Je vais chanter l'œuvre du Sage,
Je vais chanter notre beau nom ;
Pardonne-moi si je t'outrage,
   Noble Apollon. (*bis.*)

Et toi qui, dans cette Provence,
Traças le brillant Tour de France,
   O fondateur !
   Mets dans mon cœur
   Ta vive ardeur,
Car désormais tout mon espoir
Est de chanter le Devoir.

Salut, magnifiques mystères,
Salut, tendre fraternité ;
Salut, salut, peuple de frères,
Vous faites ma félicité :
Je vois briller sur vos bannières
   Fidélité. (*bis.*)
   Et toi, etc.

O suprême Compagnonnage !
La Judée a vu ton berceau ;
Prêt à périr par le naufrage,
L'Eternel sauva ton vaisseau ;
Et bientôt fortuné rivage
    Vit ton flambeau. (*bis.*)
  Et toi, etc.

Dans le sein d'une paix profonde
L'hydre arma la rébellion ;
Mais le flambeau de la discorde
Pâlit au nom de Compagnon ;
Et la haine, déesse immonde,
    Courba le front. (*bis.*)
  Et toi, etc.

Au radieux ciel de Provence
L'auteur deux fois a pris le jour ;
Le-Bien-Aimé-du-Tour-de-France
Pour vous tous est brûlant d'amour.
Ayez pour lui de l'indulgence,
    Braves du Tour. (*bis.*)
  Et toi, etc.

  Par Provençal-le-Bien-Aimé-du-Tour-de-France,
    Cordonnier du Devoir.

SOUVENIRS DE NIMES.

Air de la Catastrophe d'Angers.

Ville de Nîme, antique et bienveillante,
Tu resteras immortelle en nos cœurs.
C'est dans tes murs que notre âme brûlante
Sait palpiter de gloire et de bonheur.
N'oublions pas nos Compagnons sincères ;
Ils nous reçurent en leurs bras généreux,
En attachant à notre boutonnière
Ces liens sacrés insignes glorieux.

Grand Salomon, grand monarque suprême,
  Reçois nos généreux serments,
  Couvre-nous de ton diadème, } *bis.*
  A tes genoux sont tes enfants.

Céleste jour, où flotta la bannière
Et nous couvrit de son brillant éclat,
Bel étendard, au loin tu nous vis naître
Et tu nous suis pour raffermir nos pas.
Est-il un jour plus beau, plus remarquable!
Rappelons-nous ces instants immortels!
Et déroulons autour de cette table
Le bleu, le blanc, insignes fraternels.
  Grand roi, etc.

Prêtez l'oreille au récit de ma lyre,
Que son élan pénètre dans vos cœurs.
Vrais Compagnons, comme le doux zéphyre,
Allez jouir des gazons et des fleurs.
Que nos regards, sur le beau Tour de France,
Voient tout marcher d'un saint et noble accord.
Grand Salomon, que ta sainte puissance,
Nous rende amis même au lit de la mort!
  Grand roi, etc.

    Par HUARD, dit *Percheron-l'Ami-des-Arts*,
     Menuisier de Liberté.

RAISONNEMENT.

Viens présider à mes accents,
O muse! à jamais révérée;
Viens m'inspirer de nobles chants,
Dont parfois l'âme est transportée.
Pour célébrer tous les exploits
Qui fatiguent la renommée,
Il faut sonder d'antiques lois
Sorties du sein de la Judée.

O vous, qui depuis très longtemps
Persistez à nous méconnaître,
Et nous faites refus du rang
Que nous accorde notre maître,
Le premier frère, en arrivant
Jadis aux plaines de Provence,
Recommande à tous Devoirants
D'être unis sur le Tour de France.

Ah! dites, méritons-nous bien
Cette fureur qui vous anime?
Avons-nous brisé le lien
Qui doit nous rendre amis intimes?
A notre état si le compas
N'a jamais été nécessaire,
Du Devoir ne sommes-nous pas
Comme vous les dépositaires?

Prouvons que plusieurs corps d'états
Ne connaissent point l'importance
De l'utilité du compas,
N'en ont aucune connaissance.
Nous vous citerons les Tanneurs,
Pour qui vous nous faites la guerre;
Les chapeliers et les tondeurs,
Connaissent-ils ce grand mystère?

Vous ne pouvez nous contester
Nul droit sur le Devoir suprême;
Nous savons faire respecter
Le nom que vous portez vous-mêmes.
Oui, du Devoir nous connaissons
Aussi bien que vous le mystère.
Si votre alliance nous cherchons
C'est que tous Compagnons sont frères.

Ce n'est point dans une chanson
Que nous peindrons nos connaissances.
Le Devoir vous dit : Discutons!
Ce qui n'est point de l'ignorance.
Oui, tout Compagnon doit savoir
Que dans notre profond mystère,
Un vrai Compagnon du Devoir
Doit tout savoir et doit se taire.

A l'auteur de cette chanson,
Accordez un peu d'indulgence;
Beaufort la Franchise est son nom,
Et vit au loin du Tour de France.
Au Devoir comme à l'amitié,
Jusqu'au dernier moment fidèle,
Non, non, il n'oubliera jamais
D'un vrai Compagnon le modèle.

Par BEAUFORT-LA-FRANCHISE, Cordonnier du Devoir.

VINGT-HUIT SIÈCLES NOUS CONTEMPLENT.

AIR : Viens reposer au bord de cette branche.

Jérusalem, ville de la Judée,
Séjour brillant de notre fondateur,
Vers ton pourtour, près ta ruine sacrée
Du mont Moria éclate la hauteur.
Là se bâtit le temple de la gloire,
Et par Hiram le tout fut dirigé.
Tous ses travaux restent dans la mémoire
Des Compagnons du Devoir étranger.

Notre grand roi, ce sublime monarque,
Voulut enfin, pour les récompenser,
Leur confier un secret, une marque,
Et leur donner le Devoir consacré.
Ils juraient tous en leur âme ravie,
Au pied du trône, au sein de l'équité,
De ne point dire, au péril de leur vie,
Aucun secret du Devoir étranger.

En peu de temps, sous le ciel de la France,
On vit grandir cet astre radieux,
Tout florissait, et l'union s'élance
Accompagnant groupes forts et nombreux ;
Ils vont au loin d'un pas tranquille et ferme,
Tendant les bras à la fraternité,
En s'inclinant sous l'étendard où germe
Le grand et beau Devoir de Liberté.

La vanité, l'orgueil, la jalousie
Ont bien souvent troublé notre repos ;
En traversant l'âge de la furie
Il nous fallut lutter jusqu'au tombeau.
Resplendissant de bonheur et de gloire,
Nous avons pris la marche du progrès,
Et ce jour-là se grave en la mémoire
Des Compagnons du Devoir étranger.

Sachez-le bien, vingt-huit siècles contemplent
Les vrais enfants du sage Salomon.
Accourez tous, suivez de beaux exemples
Livrez vos cœurs à l'émulation.

Persévérez, ayez l'âme sincère,
De Salomon chérissez les décrets,
Et vos actions vous feront bien connaître
Le vrai secret du Devoir étranger.

Par PECHERON-L'AMI-DES-ARTS, Menuisier de Liberté.

LE TOUR DE FRANCE.

Je goûtais dans l'humble chaumière
Les douces faveurs de l'amour ;
A mes yeux de ce temps prospère
Le tableau s'offre chaque jour. (*bis.*)
L'hymen, environné de grâces,
Semblait couronner mon espoir.
J'oubliais, marchant sur ses traces,
Que j'ignorais le beau Devoir (*bis.*)

Alors je me mis en voyage.
Quittant ce que je chérissais ;
Après le beau Compagnonnage
A chaque instant je soupirais.
Ce fut dans la belle Angoulême
Qu'enfin je me fis recevoir.
Les rayons de l'Etre suprême
Me signalaient le beau Devoir.

Hélas! m'admettant dans l'histoire,
A mon ambition mit fin ;
Je reçus le prix de la gloire ;
Des couleurs flottent sur mon sein.
Ce fut bien grande récompense...
Je considère son pouvoir,
Il m'a conduit vers l'espérance
Et le charme du beau Devoir.

Ah! j'entends une voix sonore
Qui vient me dire : Ami des Arts,
Vois ta famille qui t'implore,
Sur elle fixe tes regards.
Va près d'eux goûter de doux charmes,
Ils n'aspirent qu'à te revoir,
A la beauté rendre les armes,
Puisque tu connais le Devoir.

Douce loi du Compagnonnage,
Et vous frères mystérieux,
Puisqu'à vous quitter tout m'engage,
Daignez agréer mes adieux.
Je suis, délicieuse Provence.
Impatient de te revoir,
Ayant fini le Tour de France,
Et connaissant le beau Devoir.

Par TOULONNAIS-L'AMI-DES-ARTS, Cordonnier du Devoir.

VIVENT SALOMON ET SES ENFANTS.

AIR : De nous admettre parmi vous.

Pour savourer plaisirs joyeux
Chantons une *Salomonette*,
Et goûtons le jus précieux
Gai boute-en-train de chaque fête.
Que nos voix, d'un commun accent,
Fassent raisonner sous la treille :
Vivent Salomon, ses enfants,
Vive cette liqueur vermeille ! } *bis.*

C'est à Noé que nous devons
Le vin qui nous délecte à table ;
Nous devons au roi Salomon
Notre Devoir inébranlable.
Ce roi surveille à chaque instant
Notre élan sur le Tour de France.
Vivent Salomon, ses enfants !
Vivent les arts et la science.

Non, rien ne se fait parmi nous
Sans y mêler la sainte coupe,
Le vin rend les plaisirs plus doux ;
Nous ne formons qu'un même groupe.
Le temple a reçu nos serments,
Et Salomon nos vœux sincères.
Vivent Salomon, ses enfants,
Trinquons amis, vidons nos verres.

Par PERCHERON-L'AMI-DES-ARTS, Menuisier de Liberté.

LE COMPAS.

Air du Dieu des Bonnes Gens (de Béranger).

Pourquoi céder aux transports de ma muse
Lorsqu'il lui vient un grain de vanité?
La folle, hélas! sait bien que je m'abuse
Quand j'obéis à sa légèreté.
Mais aujourd'hui, soit faiblesse ou courage,
Me soumettant encore à ses ébats,
Je prends mon luth, et du Compagnonnage
    Je chante le Compas. (*bis.*)

Fils de Perdix, en portant ton emblème,
Tout Devoirant doit graver dans son cœur
Qu'il a reçu la mission suprême
De propager les principes d'honneur.
De nos aïeux c'est le noble héritage
Que l'opulent souvent ne reçoit pas;
Il a de l'or, mais le Compagnonnage
    A pour lui le Compas. (*bis.*)

C'est le Compas qui règle nos mystères,
C'est le Compas qui règle aussi nos mœurs;
Les Devoirants sont pour lui tous des frères,
Malgré le nom, l'état et les couleurs.
Enfants des arts, disciples du *passage*,
Si l'*étranger* vers nous guide ses pas,
Dans le blason de son Compagnonnage
    Honorons le Compas. (*bis.*)

En parcourant les quatre coins du monde,
Si vous perdez l'étoile d'Orient,
Du Compagnon la course vagabonde
Semble braver tout inconvénient.
Malgré les vents, et la grêle et l'orage,
Quoique égarés, ne vous alarmez pas :
Vous trouverez votre Compagnonnage
    Au milieu du Compas. (*bis*)

Mais que d'abus au nom de cet insigne!
Méconnaissant les vœux du fondateur,

On vit souvent repousser comme indigne
Un Compagnon, quoique vrai zélateur.
N'abusons pas des mots ni de l'usage ;
Soyons humains, méprisons les ingrats,
Et nous serons, dans le Compagnonnage,
    Tous dignes du Compas. (*bis*.)

Fraternité, ton ère enfin commence,
Donne l'essor à tous nos étendards ;
L'arbre sacré qui porte la science
Va protéger le génie et les arts.
Chers Devoirants! sous son riant ombrage,
Jurons ces mots : « Union des états, »
Et que la paix dans le Compagnonnage
    Soit tracée au Compas! (*bis*.)

      Par MORIN, dit *l'Ile-de-France-la-Belle-Conduite*,
              Cordonnier du Devoir.

LE CONGRÈS DE LYON.

AIR du Pont de Ners.

Enfin le congrès pacifique
Va donc siéger au centre de Lyon ;
La trompette compagnonnique,
Sonne la convocation.
Allez sur les rives du Rhône,
Ne manquez pas au rendez-vous ;
Soyez digne de la couronne,
Que nous allons tresser pour vous.

Apportez-nous des réformes nouvelles,
Du flambeau du Progrès semez les étincelles ;
Chacun dira que votre nom
A mérité du grand roi Salomon.

Le cri de votre conscience
Doit vous guider à l'œuvre solennel ;
Employez votre intelligence,
Que tout par vous soit fraternel.
Dans cette suprême assemblée,
Sachez vaincre tous les abus,

Et que la discorde troublée
Jamais ne se remontre plus.
Apportez-nous, etc.

Jetez au loin vos blancs suaires,
Nobles géants du Devoir étranger ;
Mânes sacrés de nos vieux pères,
Près de nous venez vous ranger.
Sortez de votre léthargie,
Après deux mille ans de sommeil ;
Ombres du sépulcre élargies,
Donnez le signal du réveil.
Apportez-nous, etc.

Voyez l'étoile lumineuse,
Elle vous montre au lointain l'Orient ;
Et paraît être soucieuse
Près d'un nuage transparent.
A l'horizon brillant de flamme,
Hiram, un compas à la main,
Semble vous tracer le programme
Des bords des rives du Jourdain.
Apportez-nous, etc.

Allons, Eguilleurs, à vos places...
Laissez passer la délégation,
Wagons, traversez les espaces,
Portez la rénovation.
L'écho sur tout le Tour de France
Se répercute en tout chemin ;
Dans le plateau de la balance
On a gravé ce beau refrain :
Apportez-nous, etc.

JOLI-CŒUR-DE-SALERNE, Tailleur de pierre, étranger.

LE RETOUR DU PRINTEMPS.

AIR : Femme, voulez-vous éprouver.

Tout croît, tout fleurit dans les champs,
Partout renaît le vert feuillage,
Profitons des beaux jours naissants,
Chers enfants du Compagnonnage.

Tous les coteaux, dès le matin,
Brillent des perles de l'aurore :
Vite mettons-nous en chemin,
Partons, le printemps vient d'éclore.

Dès les premiers rayons du jour,
On entend dans le vert bocage
Les oiseaux chanter le retour
Du doux printemps dans leur langage.
Frères, c'est dans cette saison
Que notre Devoir nous appelle,
A sa voix chaque Compagnon
Doit être soumis et fidèle.

Voyez-vous l'aspect gracieux
De l'éblouissante nature,
Qui soudain déroule à nos yeux
Sa verdoyante chevelure?
Pour fouler ce sol si flatteur,
Chers Compagnons pleins de courage,
Partons en chantant tous en chœur
Les plaisirs du Compagnonnage.

N'hésitez pas pour battre aux champs,
Jeunes gens, je vous y engage ;
Éloignez-vous de vos parents,
Profitez de votre jeune âge.
Amour, bonheur, félicité,
Sur les champs, voilà l'existence,
Et l'on goûte en sécurité
Les doux fruits de l'indépendance.

Compagnons Blanchers-Chamoiseurs,
Accordez-moi votre indulgence ;
Je vous jure sur mes couleurs
Une vive reconnaissance.
Et quand le printemps, de retour,
Embellit tout par sa présence,
Comme Nantais-l'Isle-d'Amour,
Chantez : Vive le Tour de France !

Par DURAND, *dit Nantais-l'Isle-d'Amour,*
Blancher-Chamoiseur du Devoir.

GÉOMÉTRIE

ARCHITECTURE ET TRAIT.

Il est bon de chanter, mais il très important de s'occuper des principes qui peuvent nous aider dans nos travaux journaliers. C'est dans cette vue que je place ici quelques figures de géométrie, un dialogue sur l'architecture et un raisonnement sur le trait.

FIGURES DE GÉOMÉTRIE.

La géométrie a, dit-on, pris naissance dans la vieille Égypte. Tous les ans, à des époques périodiques, les eaux du Nil sortent de leur lit, inondent les campagnes et détruisent les limites des champs. Quand les eaux s'étaient retirées, chaque individu ne pouvait plus retrouver l'étendue fixe de son champ, de sa propriété. On eut alors recours au mesurage, et la géométrie naquit insensiblement.

Quoique je vous aie parlé de géométrie, je n'ai pas la prétention de vous en faire un cours, mais je vous en donnerai quelques termes et quelques figures d'un usage fréquent. (*Voy.* pl. 1.)

Lignes.

Il y a deux genres de lignes, la droite et la courbe.

La ligne droite est considérée comme le chemin le plus court d'un point à un autre. (*Voy.* fig. 1.)

La ligne courbe prend une voie détournée, et parcourt un plus long espace pour se rendre d'un point à un autre. (*Voy.* fig. 2.)

La ligne mixte est un composé de droit et de courbe; elle se forme de la réunion des deux premières. (*Voy.* fig. 3.)

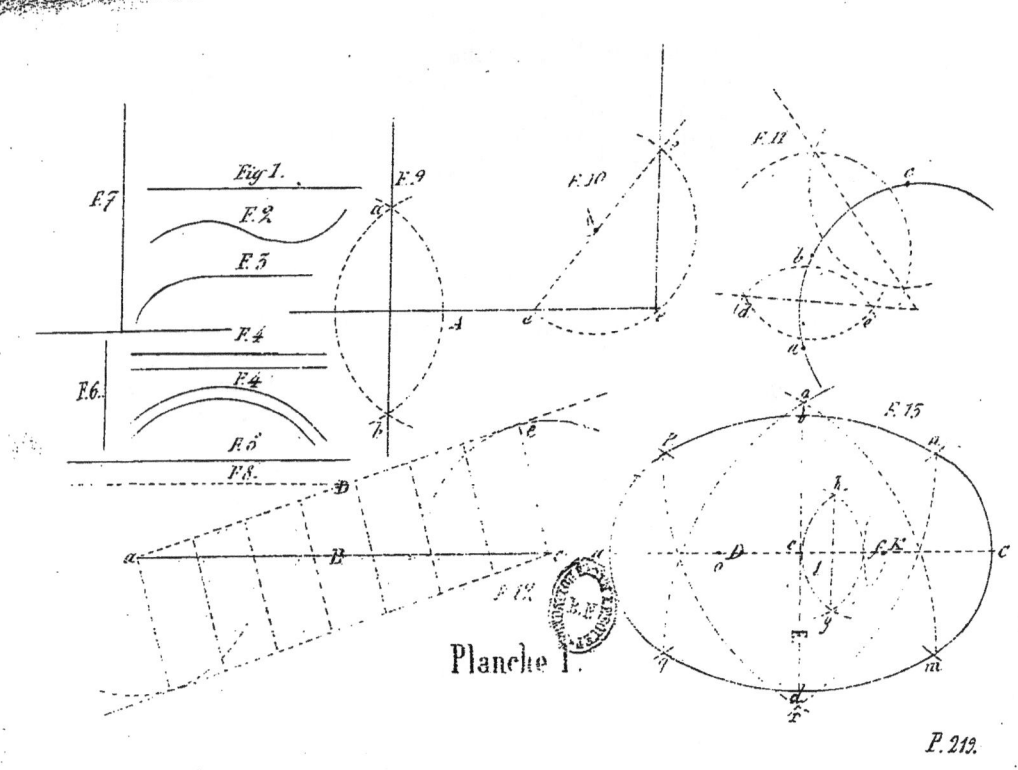

Planche 1.

Les lignes reçoivent un nom de leurs formes ; elles en reçoivent un autre de leurs positions.

La ligne parallèle est celle qui, posée à côté d'une autre ligne, la longe toujours sans s'en éloigner ni s'en rapprocher plus d'un bout que de l'autre. (*Voy.* fig. 4.)

La ligne horizontale est celle qui est parallèle à l'horizon (1) ou de niveau. (*Voy.* fig. 5.)

Un fil au bout duquel serait suspendu un petit plomb prendrait une position fixe, et n'inclinerait ni à droite ni à gauche. Si vous tiriez une ligne parallèle à ce fil, elle se nommerait ligne d'aplomb ou verticale. (*Voy.* fig. 6.)

La ligne perpendiculaire est celle qui pose d'équerre sur une ligne droite, placée n'importe comment, qui lui sert de base. (*Voy.* fig. 7.)

Ces deux lignes sont perpendiculaires l'une à l'autre.

La ligne ponctuée est celle qui dans le dessin d'un ouvrage représente les arêtes invisibles ou de faux parements. (*Voy.* fig. 8.) Elle n'est le plus souvent qu'une ligne d'opération dont on s'aide, et qui ne représente rien, comme on peut le voir dans les figures suivantes, 9, 10, etc.

Trait carré (fig. 9).

La ligne A étant faite, ouvrez votre compas plus ou moins, et décrivez les deux arcs de cercle que vous voyez. Ces arcs, en se rencontrant par leurs extrémités, vous donnent les deux points *a*, *b*. Faites passer une ligne droite par leur intersection, elle sera perpendiculaire ou d'équerre à la ligne A.

Trait carré au bout de la ligne (fig. 10).

Vous avez au bout de la ligne A le point *c* ; vous voulez de ce point monter une ligne perpendiculaire à la ligne A ; posez une pointe du compas sur le point *c*, ouvrez-le plus ou moins, et approchant, dans la direction du point *d* ; ayant ce point, qui vous sert de centre, décri-

---

(1) Jetez la vue dans l'espace aussi loin que vous pourrez : l'endroit où vous voyez la terre et les cieux se toucher est l'horizon ; regardez fixement, tournez sur vous-même, vous verrez comme un immense cercle de niveau qui semble joindre la terre aux cieux, c'est ce cercle horizontal qui a donné le nom à la ligne horizontale.

vez une ligne circulaire qui parte de la ligne A, passe sur le point c, et se prolonge indéfiniment (1). Tirez une ligne qui parte du point e, passe sur le point de centre, et se prolonge jusqu'à la rencontre de la ligne circulaire : vous aurez le point f; tirez du point f au point c une ligne droite, elle sera d'équerre à la ligne A.

Faire passer une circonférence par trois points donnés. — Les trois points perdus (fig. 11).

Ayant les trois points a, b, c, placés n'importe comment (2) et voulant trouver leur point de centre commun, posez votre compas sur le point a, ouvrez-le à peu près vers le point b, décrivez un arc ; portez votre compas sur le point b, décrivez un autre arc; faites passer sur leurs points de rencontre d, e, une ligne que vous prolongerez indéfiniment du côté où le centre devra se trouver; décrivez entre les deux points b, c, d'autres arcs; faites passer comme vous voyez une ligne par leur intersection. Le point où les deux lignes droites se rencontrent est le centre commun des trois points a, b, c; posez-y votre compas, ouvrez-le jusqu'à un des points, et décrivez la circonférence qui passera également sur les deux autres.

J'aurais pu tirer une ligne droite du point a au point b; une autre du point b au point c ; j'aurais pris le milieu de chacune de ces lignes ; de ces milieux j'aurais fait partir deux lignes d'équerre qui, en se rencontrant, m'auraient donné le point de centre cherché. La première manière est préférable.

Diviser une ligne en parties égales du premier coup (fig. 12).

Voulant diviser la ligne droite B, du point a au point c, commencez par faire partir du point a la ligne D qui sera plus ou moins en biais, et d'une longueur indéfinie. Vous voulez, je suppose, du point a au point c diviser en six parties égales ; ouvrez votre compas convenablement, et, en partant du point a, portez six fois son ou-

---

(1) Quand je dis indéfiniment, c'est prolonger la ligne plutôt plus que moins.

(2) Pourvu qu'ils ne soient pas sur une ligne droite.

verture sur la ligne oblique D. Ayant marqué six points sur cette ligne, du sixième, qui sera le point *e*, tirez une ligne au point *c*. Maintenant ajustez votre fausse équerre sur la ligne *a* B *c* et la ligne *c e*; des cinq autres points marqués sur la ligne oblique, amenez des lignes parallèles à la ligne *c e*; ces lignes couperont la ligne B que nous avons voulu diviser en six parties égales.

On utilise ce moyen pour faire la division des lames de persiennes.

J'ajouterai : si, sans vous aider d'une fausse équerre, vous vouliez diviser une ligne droite sur un terrain, il faudrait, au lieu d'une ligne oblique, en tirer deux formant deux angles pareils. Vous porterez les points de divisions sur les deux lignes également; vous joindrez ces points par des lignes droites qui couperont à des distances égales la ligne que vous aurez voulu diviser. Jetez un coup d'œil au bas de la figure 12, et vous comprendrez ceci.

Ovale borné (fig. 13).

La ligne D est le grand axe de l'ovale, la ligne E en est le petit axe; donc, ayant tiré la ligne D et la ligne E perpendiculaires l'une à l'autre, posez les quatre points *a*, *b*, *c*, *d*, qui bornent à volonté l'ovale sur sa longueur et sur sa largeur. Prenez dans votre compas du point *c* au point *d* la moitié de l'ovale, portez votre compas sur le point *c*, et marquez le petit arc *f*; ouvrez votre compas de l'arc *f* au point *e*, et décrivez les deux arcs de cercle que vous voyez. Faites passer une ligne sur les points *g*, *h*; ayant obtenu le point *i*, posez dessus votre compas; ouvrez-le jusqu'au point *g*, et décrivez le quart de cercle qui donne le point *k*; posez votre compas sur le point *h*, ouvrez-le jusqu'au point *c*, et décrivez un bout de l'ovale. Sans déranger votre compas, portez-le sur le point *c*, et décrivez les deux petits arcs qui donnent les points *m*, *n*. Portez votre compas sur le point *a*, marquez le point *o*, et le laissant sur ce point, décrivez cet autre bout de l'ovale. Quant aux points *p*, *q*, vous savez comment il faut les marquer. Ouvrez votre compas du point *n* au point *p*, décrivez les deux grands arcs qui vous donnent le point *r*; posez le compas sur le point *r*, et décrivez un des côtés de l'ovale ; usez du même moyen pour tracer l'autre côté.

Si vous m'avez compris, vous pourrez faire des ovales de toutes dimensions.

DIALOGUE SUR L'ARCHITECTURE
ENTRE DEUX COMPAGNONS.

Languedoc. — Du temps que mon père vivait j'entendais tous les jours parler de géométrie, d'architecture et de trait ; mais j'étais jeune alors, et de toutes ces choses je ne connais presque que des mots. On dit, Provençal, que vous êtes savant ; voudriez-vous avoir la bonté de répondre à mes questions, et me faire une petite instruction sur les choses dont je connais les mots ?

Provençal. — Volontiers ; mais une instruction orale ne suffira pas ; il vous faudrait une tablette, des crayons, des compas, et travailler. Ce n'est qu'en travaillant que l'on peut véritablement approfondir les choses dont vous me parlez.

Languedoc. — Je suis impatient d'apprendre, de m'instruire, et vous refuseriez, Provençal, de répondre aux questions que je voudrais vous adresser ?

Provençal. — Je ne vous refuse rien, et je suis prêt à vous répondre.

Languedoc. — Je sais que la géométrie est indispensable, qu'elle apprend à connaître les noms (1) des points et des lignes, qu'elle apprend à faire des traits carrés, des ovales, des anses de panier ; à faire passer des circonférences par des points déterminés ; à diviser des intervalles plus ou moins longs d'un seul compassement ; à développer la surface (2) des corps, quels que soient leurs formes et leurs contours ; je sais qu'on apprend par elle toutes sortes de choses utiles : quoique je comprenne peu à la géométrie, je sais cependant à peu près ce qu'elle est. Mais qu'est-ce que l'architecture ?

Provençal. — C'est l'art d'élever les édifices publics et particuliers, et de leur donner la solidité, la forme,

(1) Noms et définitions.
(2) Apprendre à développer la surface des prismes, des cylindres, des cônes droits et inclinés, etc., est de la plus grande utilité pour ceux qui veulent se faire très forts dans le trait.

les dispositions, les embellissements qui leur conviennent : il y a l'architecture grecque et romaine, l'architecture arabe, l'architecture gothique, etc. De toutes ces architectures, c'est l'architecture grecque-romaine qui a prévalu. Je vais vous entretenir, non de son ensemble, mais de son origine, de ses divisions et de ses proportions.

Languedoc. — Ah ! oui, parlez-moi d'abord de l'origine de l'architecture.

Provençal. — Son origine, pour dire comme tous ceux qui en ont parlé, se perd dans la nuit des temps. Selon Vitruve (1), la nécessité de se mettre à couvert pendant les mauvais temps, et de se garantir de la férocité de certains animaux, força les hommes à se chercher des abris et des retraites ; ils purent d'abord se loger dans les cavités de la terre et des rochers. Mais les familles devenant plus nombreuses, ces demeures ne suffirent plus. Le besoin excitant l'industrie, on construisit d'autres habitations ; on en fit avec des perches plantées en terre, entrelacées de branchages et recouvertes d'un enduit de boue ; on leur donna la forme de cônes pour faciliter l'écoulement des eaux. De semblables logements devaient être incommodes et facilement renversés et entraînés par les vents et les inondations. La société s'agrandissant, on construisit à la place de ces huttes des cabanes plus grandes, plus solides et plus agréables. On fit choix des arbres que le hasard avait à peu près placés carrément ; on les coupa au haut du tronc, c'est-à-dire au-dessous des premières branches. Sur ces troncs coupés de niveau, furent placés horizontalement des arbres équarris destinés à porter le plancher ; pour former le plancher, on posa transversalement des solives de moindre grosseur ; enfin on surmonta le tout de solives inclinées pour se garantir des pluies en facilitant leur écoulement. C'est ainsi qu'on

(1) Vitruve, savant architecte romain, naquit environ soixante ans avant Jésus-Christ, à Formies, ville de Campanie. Cette ancienne ville est aujourd'hui un bourg nommé Mola et est à deux lieues de Gaëte et à seize de Naples. Les ouvrages de Vitruve sont remplis de science et de détails attachants ; ils sont traduits en toutes les langues.

raconte l'origine de l'architecture. On voit dans cette construction encore informe la première idée des colonnes, des architraves, des frises, des corniches, des modillons, des métopes, des triglyphes et des frontons, et par conséquent un commencement d'ordre.

Languedoc. — Il y a dans ce que vous venez de raconter quelque chose qui plaît. Maintenant dites-moi quelles sont les divisions de l'architecture.

Provençal. — L'architecture, celle du moins dont les premières notions sont indispensables aux ouvriers de presque tous les états, se divise en cinq ordres. Le premier de ces ordres est le *toscan*. On raconte que des peuples de Lydie, ayant émigré de leur patrie, vinrent s'établir dans la Toscane; là ils élevèrent des temples d'une grande solidité et d'une simplicité remarquable. De ces constructions naquit l'ordre toscan, dont le nom dérive de Toscane. Le deuxième ordre est le *dorique*, le plus ancien de tous. Dorus, architecte grec, fit élever dans Argos un temple immense, et dont la forme et les embellissements constituèrent l'ordre dorique, ordre si régulier, si bien proportionné, et qui fut appelé *dorique*, du nom de Dorus, son auteur. Le troisième, l'ordre *ionique*, prit son nom d'Ion l'Athénien, qui, établi dans l'Ionie, province de l'Asie-Mineure, construisit plusieurs temples qui formèrent l'ordre élégant, l'ordre gracieux dont il est ici question. Le quatrième est l'ordre *corinthien*. Voici comment Vitruve en raconte l'origine. Une jeune fille de Corinthe étant morte au moment où elle allait se marier, sa nourrice recueillit dans une corbeille plusieurs petits objets auxquels elle avait été attachée pendant sa vie : pour les mettre à l'abri des injures du temps et les conserver, cette femme couvrit la corbeille d'une tuile plane, et la posa ainsi sur le tombeau. Dans ce lieu se trouva par hasard la racine d'une plante d'achante; au printemps elle poussa des feuilles et des tiges qui entourèrent la corbeille ; la rencontre des coins de la tuile força leurs extrémités à se recourber, ce qui forma le commencement des volutes. Le sculpteur Callimaque, que les Athéniens estimaient à cause de ses grands talents, passant près de ce tombeau, vit la corbeille et remarqua la manière gracieuse avec laquelle ces feuilles naissantes l'entouraient et la couronnaient ; cette forme nouvelle lui plut, il l'imita dans les colonnes qu'il fit par la suite à Corinthe, et il établit d'après ce modèle les proportions de l'ordre corinthien, le plus riche, le plus noble et le plus imposant de tous les ordres.

Le cinquième ordre, c'est le *composite*. Les Romains prirent tout ce qu'ils trouvèrent à leur convenance dans les ordres précédents, et en composèrent un ordre qui, pour cette raison, fut appelé composite. On cite encore le dorique primitif, dit ordre *pœstum*, parce qu'il a été découvert dans la ville de Pœstum, près de Naples, et dessiné sur les ruines antiques du temple de Neptune. Il y a de plus l'ordre *rustique*, le *persique*, le *cariatide*, l'*attique*, le *français*, etc. ; mais ces derniers ordres ne nous sont pas d'une grande utilité. Donc, comme je l'ai déjà dit, l'architecture grecque-romaine se divise en cinq ordres, savoir : le *toscan*, le *dorique*, l'*ionique*, le *corinthien* et le *composite*. Chacun de ces ordres se divise en trois parties : le piédestal, la colonne et l'entablement. Chacune de ces parties se subdivise en trois autres parties qui sont, dans le piédestal : la base, le corps ou dé, et la corniche ; dans la colonne : la base, le fût et le chapiteau ; dans l'entablement : l'architrave, la frise et la corniche.

LANGUEDOC. — Vous m'avez parlé de l'origine de l'architecture, de sa division en cinq ordres, et autres divisions ; je voudrais maintenant connaître les proportions des ordres et la manière d'obtenir le module, cette mesure qui sert, dit-on, à les dessiner.

PROVENÇAL. — Je vous dirai que plusieurs savants architectes ont donné des règles pour les proportions des ordres. Je citerai Palladio (1), Scamozzi (2), Vignole (3).

(1) André Palladio, né à Vicence, en Italie, l'année 1518, mort en 1580.

(2) Vincent Scamozzi, né dans la même ville en 1552, mort à Venise en 1616.

(3) Jacques Barozzio, dit Vignole, né en 1507, dans le village de Vignole, en Italie, mort à Rome en 1573. On comprendra facilement que le nom de Vignole qu'on lui a donné, est le nom de son village ; de lui il est passé à son Traité des règles des cinq ordres d'architecture. Actuellement on nomme

Les règles données par ce dernier ont été préférées. Il donne de hauteur à la colonne de l'ordre toscan sept fois sa grosseur, ou quatorze modules ; à celle de l'ordre dorique, huit fois sa grosseur, ou seize modules ; à celle de l'ordre ionique, neuf fois sa grosseur, ou dix-huit modules ; à celle de l'ordre corinthien et à celle de l'ordre composite, dix fois leur grosseur, ou vingt modules. Maintenant je vais vous donner les moyens les plus simples pour dessiner un ordre dans ses proportions convenues. Je serai peut-être un peu long, mais je tiens à me faire comprendre. Nous sommes seuls, loin du bruit de la ville, et sur un terrain tout à fait propice. J'ai ici à ma disposition un compas d'une assez bonne longueur, et une règle qui est longue aussi ; je vais vous prêter ces instruments, et vous allez dessiner là sur ce terrain.

Languedoc. — Bah ! est-ce que cela se peut ?

Provençal. — Oui, prenez ceci, et attention ! Voulez-vous construire un ordre, n'importe lequel, n'importe sa dimension ? commencez par tracer à terre une ligne droite (1).

Languedoc. — Voilà.

Provençal. — Cette première ligne, nous la nommerons la ligne du bas. Tracez une seconde ligne à quarante, à soixante pieds de la première, si vous voulez ; mais il faut qu'elle lui soit parallèle (2).

Languedoc. — Je n'épargnerai guère mes pas. — Ça y est.

Provençal. — Cette seconde ligne, nous la nommerons la ligne du haut. Posez sur la ligne du bas une ligne d'équerre qui se prolonge jusqu'à la ligne du haut.

Languedoc. — Un moment... C'est fait.

Provençal. — Divisez cette ligne d'équerre depuis la

Vignole presque tous les ouvrages qui traitent de l'architecture ou du trait.

(1) Celui qui voudra bien comprendre ceci tracera les lignes à proportion qu'on les nomme ; il fera les divisions aussi, et enfin tout ce que Provençal indique.

(2) La ligne parallèle est celle qui, à côté d'une autre ligne, la suit toujours, sans s'en écarter ou s'en approcher plus d'un bout que de l'autre.

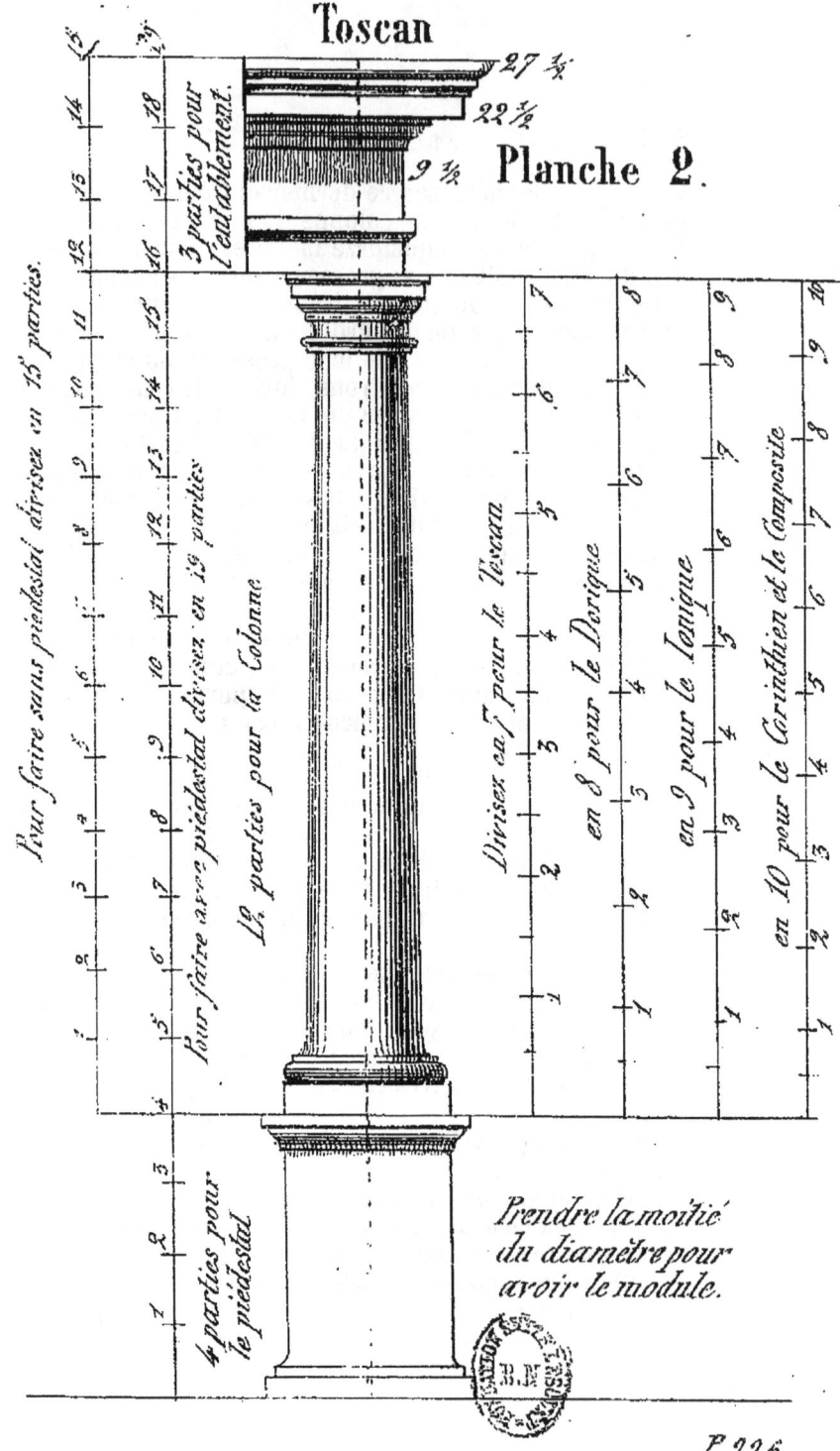

ligne du bas jusqu'à celle du haut, en dix-neuf parties égales.

Languedoc. — Ça demande du temps (1). Attendez; j'ai fini.

Provençal. — Bien. À partir de la ligne du bas, comptez : une partie, deux parties, trois parties et quatre parties. Au-dessus de cette quatrième partie posez une ligne parallèle à la ligne du bas.

Languedoc. — Voilà.

Provençal. — Trois parties au-dessous de la ligne du haut posez une ligne qui lui soit parallèle.

Languedoc. — Voilà.

Provençal. — Remarquez bien ceci : les quatre parties du bas sont la hauteur du piédestal, les douze du milieu celle de la colonne; les trois du haut celle de l'entablement; quelque ordre que vous fassiez, de quelque dimension que vous le fassiez, n'oubliez jamais que sa hauteur totale se divise toujours en dix-neuf parties; que le piédestal en prend toujours quatre, la colonne douze et l'entablement trois.

Languedoc. — Et si je voulais faire un ordre sans piédestal, comment m'y prendre?

Provençal. — Vous diviseriez sa hauteur en quinze parties : la colonne en prendrait douze et l'entablement trois. Vous obtiendriez le même résultat en divisant en cinq parties : en ce cas la colonne en prendrait quatre et l'entablement une. On sait que 4 est à 5 ce que 3 est à 15.

Languedoc. — C'est vrai.

Provençal. — Maintenant revenons aux lignes que vous avez tracées. Vous voyez entre l'entablement et le piédestal la hauteur que la colonne doit occuper. (*Voyez planche 2.*)

Languedoc. — Oui.

Provençal. — Eh bien, pour faire l'ordre toscan, divisez cette hauteur en sept parties, vous aurez le diamètre inférieur de la colonne (2). Prenez dans votre compas la moitié du diamètre, vous aurez le module.

---

(1) L'opération n'en demandera guère à celui qui sait la manière de diviser une ligne du premier coup. Voir la planche 1, fig. 12.

(2) La grosseur du bas de la colonne.

Portez plusieurs modules sur une ligne droite, et vous aurez fait votre échelle de modules. Vous voyez qu'il faut diviser cette hauteur en sept pour le toscan. Vous la diviserez en huit pour le dorique, en neuf pour l'ionique, en dix pour le corinthien et le composite. Vous obtiendrez ainsi le diamètre des colonnes de chacun de ces ordres. On prend toujours la moitié du diamètre pour avoir le module ; ce qui fait suffisamment comprendre que toutes les colonnes ont deux modules de diamètre dans le bas. Elles montent jusqu'au tiers sans diminuer ; du tiers jusqu'au haut, elles diminuent environ d'un sixième (1).

Languedoc. — Je me rappellerai ce que vous venez de me dire : je sais comment se divise la hauteur d'une colonne pour avoir son diamètre; je sais prendre la moitié du diamètre pour avoir le module; je sais enfin faire l'échelle de modules. Mais je ne sais pas encore comment le module se divise.

Provençal. — En douze parties pour le toscan et le dorique, en dix-huit pour l'ionique, le corinthien et le composite.

Languedoc. — Pourquoi, dans ces trois derniers, se divise-t-il en dix-huit parties au lieu de douze?

Provençal. — Parce que ces derniers étant plus riches, plus élégants, plus délicats, on emploie dans leurs détails des filets plus fins, plus rapprochés : on a donc besoin de plus petites parties pour la mesure de plus petites dimensions.

Languedoc. — Voit-on des choses qui aient dans tous les ordres la même proportion?

Provençal. — Oui, je vous ai déjà dit que toutes les colonnes avaient deux modules dans le bas ; je vous dirai que toutes les bases, que toutes les impostes et archivoltes ont un module de largeur ; les chapiteaux toscans et doriques ont un module aussi.

Languedoc. — Je comprends tout ce que vous m'avez dit. Donnez-moi maintenant les moyens de tracer une colonne, une volute, un fronton.

Provençal. — Mais me comprendrez-vous?

(1) Divisez le diamètre inférieur de la colonne en six parties, et donnez cinq de ces parties à son diamètre supérieur.

Languedoc. — Jusqu'à présent j'ai tout compris ; je suppose que je ne comprendrai pas avec la même facilité ce qui vous reste à me dire ; mais j'en retiendrai toujours quelque chose, car j'ai de la mémoire.

Provençal. — Je ne crois pas en ceci devoir vous faire dessiner sur le terrain. J'ai sur moi un livre sur lequel sont tracés les objets que vous voulez connaître. Je vais l'ouvrir à l'endroit de la colonne, et vous expliquer ligne par ligne la manière de la tracer. (*Voyez* planche 3.)

Languedoc. — Je ne demande pas mieux.

Provençal. — Toutes les colonnes ont le même tracé géométrique. Celle que l'on voit ici est de l'ordre toscan ; vous savez qu'elle doit avoir quatorze modules de hauteur, y compris sa base et son chapiteau. Ici base et chapiteau sont supprimés : nous n'avons donc pas quatorze modules, mais douze seulement. Je vais vous parler comme si je voulais vous en faire faire une semblable. Écoutez et regardez. De la ligne A à la ligne B divisez en douze parties égales : chaque partie de cette division est un module. Divisez un de ces modules en douze, vous aurez les parties de module. De la ligne A à la ligne B divisez en trois pour avoir la ligne D, qui est le tiers de la colonne ; la ligne C est l'axe (1) de la colonne. Portez un module de chaque côté de l'axe pour former le diamètre de la colonne, qui est le même du bas jusqu'au tiers. Le diamètre supérieur de la colonne est d'un module sept parties : portez cette mesure sous l'astragale. De la ligne D à la ligne B divisez en six pour avoir les lignes 1, 2, 3, 4 et 5. Posez une pointe du compas sur le point de rencontre de la ligne D et de la ligne C ; ouvrez-le d'un demi-diamètre, et décrivez le quart de cercle que vous voyez. Retombez le diamètre supérieur de la colonne sur ce quart de cercle. Divisez la portion de cercle comprise entre le point *a* et le point *e* en six parties égales. Numérotez les points de la division en 1, 2, 3, 4 et 5. Du point 1 montez une ligne d'aplomb qui vienne toucher à la ligne 1 ; du point 2 montez une ligne qui aille toucher la ligne 2 ; autant des autres points avec les autres lignes. Sur le côté de la colonne, entre

(1) Le milieu de la colonne.

le point *a*, sous l'astragale, et le point *e*, sur la ligne D, vous avez cinq angles : tracez, au moyen d'une règle ployante, une ligne qui passe sur les deux points et sur les cinq angles ; cette ligne sera un peu courbe. Ainsi doit diminuer la colonne du tiers jusqu'en haut. M'avez-vous compris ?

LANGUEDOC. — Oui, mais j'aurai besoin d'y réfléchir. Je ne sais pas encore la chose par cœur ; il me faudrait la dessiner moi-même.

PROVENÇAL. — Je le savais. Aussi je crois vous avoir dit sur l'architecture tout ce que je pouvais vous dire avec quelque utilité. Maintenant je vous conseille de dessiner. Ce n'est qu'en dessinant que vous pourrez bien comprendre le tracé géométrique des colonnes, des volutes et des frontons. En dessinant, vous apprendrez quels sont les ordres qui demandent des ornements, quels sont ceux qui n'en comportent pas, dans quel espacement on doit mettre les colonnes, ce que c'est que les arcades et les portiques, comment on superpose des ordres les uns sur les autres ; comment, dans quelques cas, il est permis de s'écarter quelque peu des règles, moyennant toutefois qu'on ne s'écarte pas du bon goût.

LANGUEDOC. — Si l'on voulait dessiner un ouvrage de menuiserie sur une feuille, comment établirait-on l'échelle ?

PROVENÇAL. — J'ai là, je suppose, une feuille de papier de quinze pouces sur vingt-six. Je veux dessiner dessus une devanture de boutique de douze pieds de hauteur sur dix-huit pieds de largeur : proportion observée, la plus longue dimension de mon papier recevra amplement la plus longue dimension de la devanture. Je pose sur les deux longs bords de mon papier deux lignes entre lesquelles sera placée la hauteur de la devanture. Je divise d'une ligne à l'autre en autant de parties que la hauteur de la devanture doit avoir de pieds : je veux dire en douze. Chacune de ces parties est un pied, et j'établis l'échelle de pieds comme si j'établissais une échelle de modules. Je prendrai sur cette échelle les proportions pour tous les détails de la devanture. Pour dessiner tout autre objet sur le papier, j'emploierai le même moyen.

LANGUEDOC. — Et si cette devanture avait des pilas-

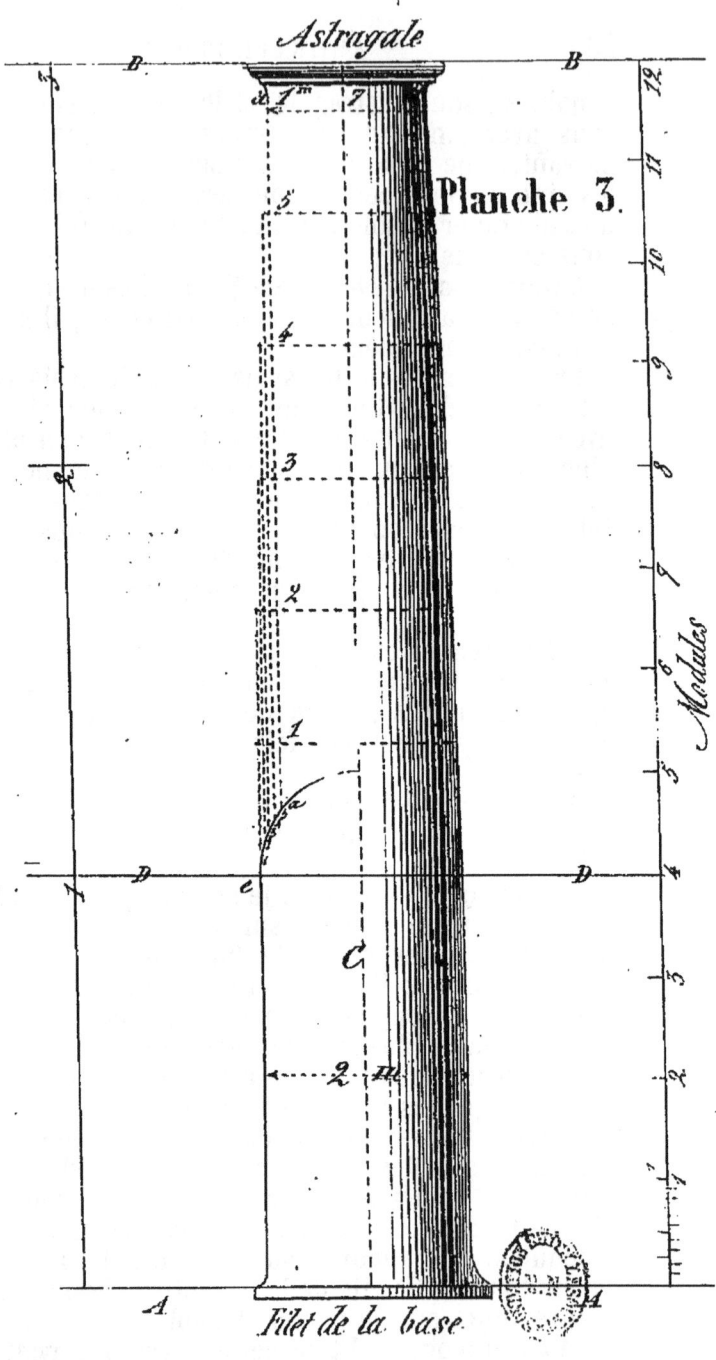

tres, l'échelle de pieds pourrait-elle servir à les proportionner?

PROVENÇAL. — Non. Je diviserais leur hauteur comme si c'étaient des colonnes, et ayant obtenu le module, je formerais une seconde échelle dont je me servirais pour régler la largeur des pilastres, et pour proportionner les chapiteaux et les bases.

LANGUEDOC. — Les pilastres ont donc les mêmes proportions que les colonnes?

PROVENÇAL. — Oui; ils en diffèrent seulement en ce qu'ils sont aussi larges dans le haut que dans le bas.

LANGUEDOC. — Je comprends; je comprendrai encore mieux dans quelque temps d'ici. Dites-moi si je dois dessiner l'architecture d'un bout à l'autre.

PROVENÇAL. — Si vous avec beaucoup de temps à vous, oui; si vous n'en avez guère, non. Dans ce dernier cas, dessinez deux ordres, commencez le troisième, et passez au trait.

LANGUEDOC. — L'architecture est utile, mais le trait est indispensable à un menuisier. Pensez-vous que je puisse me servir d'un Vignole?

PROVENÇAL. — Je le pense.

LANGUEDOC. — Je verrai à en acheter un.

PROVENÇAL. — Lequel achèterez-vous?

LANGUEDOC. — Lequel? je n'en sais rien. Est-ce qu'il y a plusieurs Vignoles?

PROVENÇAL. — Il y en a même une bien grande quantité.

LANGUEDOC. — Faites-les-moi connaître.

PROVENÇAL. — Il n'est pas utile de les citer tous; mais voici ceux qui sont le plus connus et le plus en faveur :

1º Le *Vignole de La Gardette*, ou Traité des cinq ordres d'architecture; suivi du tracé géométrique des ombres dans l'architecture; 1 vol.

2º Le *Vignole des ouvriers*, par Charles Normand, ouvrage en quatre parties. La première renferme les cinq ordres d'architecture et des détails sur les proportions à donner aux portes, aux croisées et aux arcades de différents genres. La deuxième contient un précis du relevé des terrains et de celui des plans des maisons, suivi de détails relatifs à la construction des bâtiments. La troisième contient les plans, les élévations et les coupes d'un certain nombre de projets de maisons d'habitation particulière et de maisons à loyer, dont plusieurs avec leurs différents étages. La quatrième est spécialement consacrée aux escaliers en charpente et en menuiserie.

3° Le *Vignole de Paulin Desormeaux*, ou l'Art du menuisier en bâtiment et en meuble, suivi de l'Art de l'ébéniste; 2 vol.

4° L'*Art du menuisier*, par Roubo (1), Compagnon menuisier; 2 vol.

5° La *Menuiserie descriptive*, ou *Nouveau Vignole des menuisiers*, par Coulon (2), ouvrage extrait en partie de celui de Roubo.

LANGUEDOC. — Quel est, parmi tant de Vignoles, celui qui me conviendrait le mieux ?

PROVENÇAL. — Si vous n'aviez à dessiner que les ordres d'architecture, je vous dirais de prendre La Gardette, quoique dans son ouvrage les portiques y soient omis pour des raisons qu'on ne peut approuver. Si vous deviez vous charger de toute la construction du bâtiment, Charles Normand vous serait utile, et je vous dirais de le prendre, malgré que ses escaliers n'aient pas tous les développements dont ils auraient besoin. Paulin Desormeaux est dans un trop petit format; de plus il traite trop de choses pour pouvoir les traiter à fond et avec clarté. Roubo a fait un excellent ouvrage, qui a cependant un

---

(1) Roubo (Jacques-André), savant menuisier, né à Paris en 1739, reçut par les soins de son père, qui exerçait la même profession, une éducation soignée; il apprit les mathématiques, la mécanique et le dessin, et en fit une heureuse application à la menuiserie. Son Traité de l'*Art du menuisier* est le premier ouvrage de valeur que nous ayons eu en ce genre. Roubo mourut en 1791. La Convention nationale paya un tribut de reconnaissance à la mémoire du savant et modeste menuisier, en accordant à sa veuve un secours de trois mille francs. Outre l'*Art du menuisier*, Roubo a publié un *Traité de la construction des théâtres et des machines*, l'*Art du carrossier* et l'*Art du layetier*.

(2) Coulon, ancien menuisier et professeur de dessin, homme rempli de talents et de douceur.

grand défaut : il est trop cher. L'ouvrage de Coulon est celui, je crois, qui vous convient le mieux.

Languedoc. — Coulon a donc fait un ouvrage parfait?

Provençal. — Je ne dis pas cela ; mais il a fait un ouvrage très utile, ouvrage dans lequel on trouve de la géométrie élémentaire et de la géométrie descriptive, les cinq ordres d'architecture avec des assemblages pour les exécuter en menuiserie, les coupes des outils dont nous nous servons, les assemblages et embrévements divers ; des plans, des élévations de croisées, de persiennes, de portes intérieures et extérieures ; de devantures de boutiques, de lambris d'appui et de hauteur, de parquets, etc., etc., et tout cela avec de très bons détails ; puis viennent les réductions des profils, les coupes et raccords des corniches et des cadres ; de là on arrive au trait. Ce sont d'abord des arêtiers, puis des escaliers de tout genre, ensuite les ouvrages cintrés en plan et en élévation, tels que chambranles, croisées, persiennes, etc., etc. Suivent les voussures et les calottes, et l'ouvrage se termine par un autel, un confessionnal et une chaire à prêcher.

Languedoc. — Vous venez de citer bien des choses le livre qui les contient me plaît déjà ; cependant vous m'avez laissé voir que vous ne l'approuviez pas en tout.

Provençal. — C'est possible.

Languedoc. — Qu'avez-vous à en dire?

Provençal. — M. Coulon a mis dans son livre trop d'une chose, pas assez d'une autre, et ces choses ne sont pas toujours arrangées méthodiquement ; de plus, dans l'architecture il porte toutes les saillies moulure par moulure, filet par filet ; tous ces petits détails sont donc péniblement portés les uns devant les autres. Il aurait dû faire comme ont fait MM. La Gardette et Charles Normand : je veux dire qu'il aurait dû porter toutes les saillies à partir de l'axe de la colonne et coter en conséquence. Cette manière est plus facile, plus précise et plus expéditive tout à la fois ; elle vaut donc mieux.

Dans les ouvrages cintrés en plan et en élévation, il y a de très bons développements ; mais, de la manière dont le calibre rallongé est dessiné, on pourrait croire qu'il faut, quand on exécute sur bois, débillarder les pièces en élévation avant de débillarder en plan, ce qui ne doit pas être. J'ai entendu des hommes dire que cette manière de dessiner les chambranles était absolument fausse : je ne suis pas si rigoureux ; mais je conviens qu'elle peut faire tromper. M. Coulon aurait dû dessiner les calibres rallongés de ses parties cintrées en plan et en élévation comme ceux de ses escaliers.

Il y aurait aussi quelque chose à dire sur ses arêtiers : pour dessiner son pied d'autel, par exemple, il fait un encombrement de lignes à ne plus s'y reconnaître. Je ne dis pas que son principe soit faux : je reconnais au contraire qu'il est précis, que l'on peut dans quelque cas en tirer un très bon parti, mais les élèves le saisiront, le comprendront difficilement ; je préférerais qu'il eût fait un développement de pied par section (1). Cette ancienne manière demande moins de lignes, moins d'espace et moins de temps ; elle est plus claire, et les élèves la conçoivent mieux, ce qui est en sa faveur une raison d'un grand poids.

Je pourrais entrer dans d'autres détails, mais ce serait, je crois, inutile.

Languedoc. — Ce Vignole est donc mauvais ?

Provençal. — Je vous l'ai déjà dit : c'est un bon ouvrage ; les défauts que j'ai signalés, si ce sont des défauts (car mon opinion est discutable aussi), ne sont pas capitaux. Ce livre est basé sur des principes, il est rempli de choses utiles ; c'est enfin le meilleur livre de menuiserie que je connaisse. Il dépend de M. Coulon de le rendre encore meilleur ; il en a le talent, s'il en a vraiment la volonté.

Languedoc. — Dites-moi quels sont les prix des Vignoles que vous m'avez nommés tout à l'heure.

Provençal. — Celui de La Gardette se vend   10 fr.
Celui de Charles Normand,   40
Celui de Roubo,   100
Celui de Coulon,   20

(1) Dans beaucoup de pays on nomme les sections du pied : *les pigeons*. Cela vient sans doute de ce que les panneaux qui y sont quelquefois figurés représentent comme des ailes. Les noms de la plupart des choses sont tirés des ressemblances.

Ce dernier est très bon marché, vu son étendue et la quantité de matières qu'il contient.

LANGUEDOC. — Où se vendent-ils?

PROVENÇAL. — Chez Carillian-Gœury et Victor Dalmont, libraires (1) des corps royaux des ponts et chaussées et des mines, quai des Augustins, n°s 39 et 41.

LANGUEDOC. — Celui qui n'est pas à Paris ne peut aller en acheter un.

PROVENÇAL. — En connaissant l'adresse des libraires on peut leur écrire.

LANGUEDOC. — Recevront-ils ma lettre?

PROVENÇAL. — Oui, si vous l'affranchissez. Je vous avertis que les frais de transport du livre resteront à votre charge.

LANGUEDOC. — A combien s'élèvent ces frais?

PROVENÇAL. — A quatre ou cinq francs pour Marseille et d'autres villes aussi éloignées; à trois ou quatre francs pour Lyon, Bordeaux, Nantes; et à moins que cela pour des villes très rapprochées de la capitale.

LANGUEDOC. — C'est décidé, j'achèterai l'ouvrage de Coulon.

PROVENÇAL. — Vous ferez bien.

LANGUEDOC. — Pensez-vous que je puisse dessiner dessus?

PROVENÇAL. — Oui, et je vous avoue qu'il vaut mieux dessiner sur un bon livre que chez un mauvais maître; mais je vous avoue aussi qu'il vaut mieux dessiner chez un bon maître que sur un bon livre. Un livre n'a qu'un raisonnement à vous donner, et, si vous ne l'avez pas

(1) On trouve à la même librairie le Dictionnaire historique d'architecture de Quatremère de Quincy; 50 fr.; — l'Art de bâtir, par Rondelet, 125 fr.; — Recueil de menuiserie, 48 fr.; — Recueil de meubles, 48 fr.; — Recueil de serrurerie, 48 fr.; — le Manuel de l'ébéniste, par Caron aîné, 36 fr.; — le Morisot, prix de la menuiserie; 8 fr. 50 c.; — Traité de la coupe des pierres, par Adhémard, 20 fr.; — par Simonin et La Gardette, 12 fr.; — par Douliot; 36 fr.; — par Frezier; 30 fr.; — Traité de la charpente, par Douliot, 22 fr.; — par Fourneau; 42 fr. On trouvera enfin à cette librairie tous les ouvrages d'art et de science que l'on pourrait désirer.

compris, vous ne pouvez rien lui demander de plus. Avec un livre, quelque bon qu'il soit, on se donne beaucoup de peine, et l'on avance très lentement; un maître offre plus d'avantages : il vous parle de la voix, des yeux et des mains. Si vous n'avez pu le comprendre, il change de manière de s'exprimer, il fait des signes différents, et finit par se faire comprendre, et vous avancez continuellement et sûrement. Je le répète, un bon maître est de beaucoup préférable à un bon livre.

LANGUEDOC. — Je n'achèterai donc pas de livres.

PROVENÇAL. — Achetez toujours ; un bon livre ne nuit jamais, tant s'en faut ; vous y trouverez inévitablement quelque chose d'utile. De plus, il pourra dans la suite vous remettre en mémoire ce que le temps vous aura fait oublier.

LANGUEDOC. — C'est vrai. Eh bien ! je ferai cette emplette le plus tôt possible ; mais à coup sûr je commencerai à dessiner de lundi en quinze.

PROVENÇAL. — Pourquoi remettre si loin, et précisément à un lundi ? Quand on veut dessiner, il ne faut point remettre; pour commencer, tous les jours sont bons. Ne faites pas comme beaucoup font ; ils disent : « Je commencerai lundi prochain ; » ce lundi arrive, une occasion les dérange ; le lendemain ils ne sont pas en train, ils remettent à la semaine suivante qui offre encore quelques obstacles. Après avoir remis de semaine en semaine, voyant les veillées se faire moins longues, ils se disent : « A l'année prochaine ! » L'année suivante, par le même raisonnement, ils entretiennent la même négligence. A la fin de tout cela, ils retournent dans leur pays sans avoir acquis la moindre connaissance en dessin. C'est alors le temps des lamentations ! Écoutez une comparaison : Si vous voulez l'hiver vous lever matin, il ne faut point sortir votre tête du lit, puis vos deux bras, puis une partie de votre corps, puis enfin, ayant senti le froid, vous fourrer encore sous vos couvertures et vos draps chauds. Plus vous serez tard au lit, plus vous aurez de la peine à en sortir ; plus vous céderez à la paresse, plus la paresse vous serrera fortement. Quand on veut l'hiver se lever matin, il ne faut point tâtonner : il faut sauter du lit vigoureusement et d'un seul bond. Quand on veut dessiner, il ne faut point tâtonner non plus : pour commencer, toutes les saisons, tous les jours sont bons; le tout est de ne point remettre. Commencez ce soir.

Languedoc. — Pays provençal, je commencerai ce soir.

Provençal. — Et ayant commencé, ne perdez point de temps ; si vous perdez huit jours de suite, vous avez après une peine de diable pour retourner à la classe. Moins vous travaillerez, moins vous voudrez faire ; plus vous serez assidu, plus vous aurez du courage et du goût à ce que vous ferez. Ne perdez point de temps.

Languedoc. — Pays Provençal, je n'en perdrai point, et vous pouvez croire que l'entretien que vous m'avez accordé portera ses fruits. Dans quelque temps je reviendrai vous voir ; j'aurai besoin de vous entendre encore.

Provençal. — Je vous verrai toujours avec plaisir, et puisque vous promettez de ne pas m'oublier, je penserai à vous aussi. J'écrirai un raisonnement sur le dessin, et principalement sur le trait. Cet écrit vous sera remis quand vous viendrez.

Languedoc. — Vous avez bien des bontés pour moi, pays Provençal, et pour tout cela je ne peux que vous remercier. Allons, au revoir, pays Provençal.

Provençal. — Au revoir, pays Languedoc.

RAISONNEMENT SUR LE TRAIT

J'ai donné précédemment quelques détails sur l'architecture ; je vais ici, dans l'intention d'être utile, faire quelques observations sur le dessin, principalement sur le trait.

Les Sociétés de Compagnonnage doivent avoir pour but l'instruction. Chaque membre de ces grandes réunions doit communiquer à tous les connaissances qu'il possède. Celui qui n'a dessiné que des profils de moulures, et qui les fait dessiner, fait bien. Celui qui n'a dessiné que les ordres d'architecture, et qui les fait dessiner, fait également bien. Celui qui ne connaît que les escaliers, et qui les fait dessiner et comprendre à tous ceux qui l'entourent, fait encore bien, très bien. Sachez peu, sachez beaucoup, mais démontrez tout ce que vous savez à tous vos camarades désireux d'apprendre, et vous ne mériterez que des éloges. Si je donne mon approbation entière à ceux qui font dessiner tout ce qu'ils savent, je suis loin de la donner à ceux qui font dessiner ce qu'ils n'ont jamais compris. Je blâme sévèrement ceux qui font copier le trait; car copier le trait, ce n'est rien faire, c'est moins que cela, c'est se nuire, c'est s'habituer à dessiner machinalement sans penser et sans se rendre compte de ce que l'on fait; c'est s'enfoncer dans un sentier obscur, dangereux, qui égare la plupart de ceux qui le suivent jusqu'à ne pouvoir plus se retrouver dans le bon chemin. Ils ont dessiné des escaliers, des autels, des calottes, etc.; ils comptent enfin leurs feuilles, et plus le nombre en est grand, plus ils s'applaudissent de leur talent. Ils viennent à changer de ville; un maître meilleur que celui qu'ils ont eu pourrait les redresser: ils ne le veulent pas; pourquoi? Ils se sont vantés, ils passent pour savants, et, pour ne pas perdre de leur réputation, ils conservent leur ignorance. De ceux-là, les uns ne font plus rien; d'autres, en très petit nombre, s'enferment isolément le soir dans leurs chambres : là, ils veillent, ils travaillent, ils se tourmentent et n'arrivent à aucun bon résultat, parce qu'ils ne sont pas fondés sur les principes.

Une partie de ces hommes égarés, de ces élèves ayant fait fausse route, sentant leur position et leur faiblesse, l'avouent franchement. Ils vont, dès que la possibilité se présente, chez de bons maîtres, ils travaillent avec une nouvelle ardeur, ils refont ce qu'ils avaient fait en aveugles; leur pensée s'ouvre, prend des yeux, et ils voient clair enfin dans les courbes à double courbure (1) comme dans les parties droites.

Mes amis, écoutez-moi : n'ayons point un faux amour-propre : si nous avons pris une mauvaise route, ne nous obstinons pas à la continuer; retournons sur nos pas, prenons au plus tôt la bonne, la véritable route, celle qui mène sûrement et directement au but. Rien n'est plus cher que le temps, perdons-en le moins que nous pour-

---

(1) Toute courbe cintrée sur deux sens.

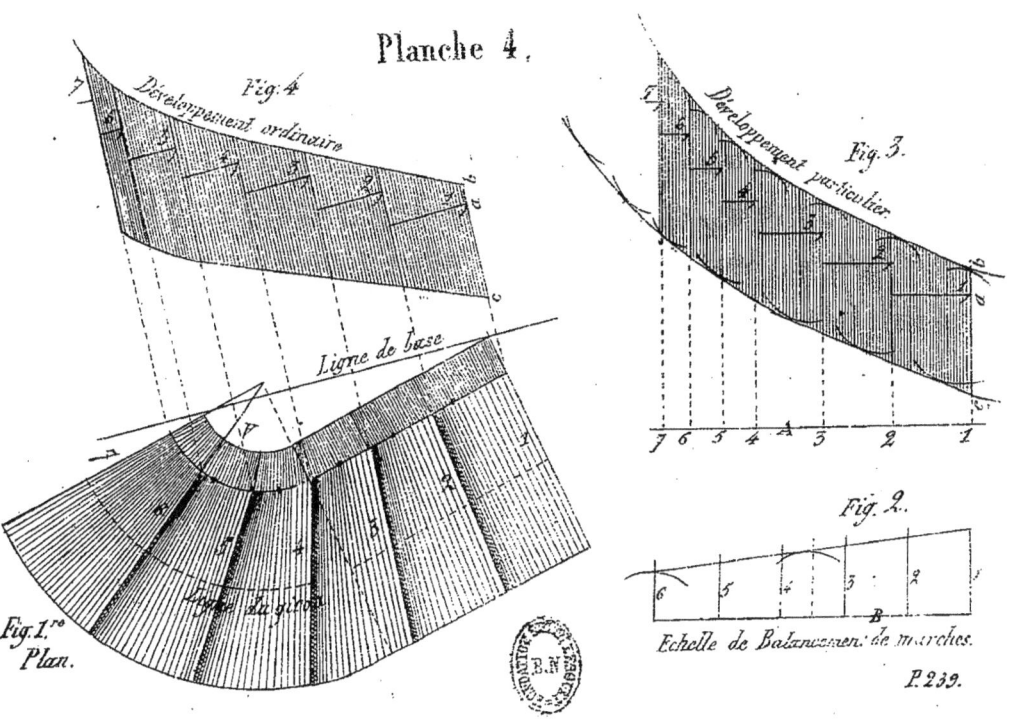

rons. Nous ne sommes plus des enfants, nous sommes des ouvriers et des hommes à qui de certains ouvrages opposent trop souvent de sérieuses difficultés : ce ne sont donc pas des images, ce ne sont donc pas des dessins d'agrément qu'il nous faut, ce sont des dessins d'utilité, ce sont des principes, c'est tout ce qui peut nous aider dans la conception et dans l'exécution régulière de tout ouvrage qui peut nous être commandé.

Voulons-nous devenir bons menuisiers, dessinons d'abord quelques feuilles de profils de moulures, quelques feuilles de géométrie, dessinons quelques ordres ou tous les ordres d'architecture, si nous en avons le temps, puis arrivons au trait.

Le trait est un travail tout de réflexion et d'application ; mais il n'est cependant pas si difficile à comprendre que beaucoup veulent le faire croire. Quand on veut bien l'apprendre, on l'apprend. Il faut pour cela avoir de la patience et ne pas se décourager. Commençons par l'escalier : cette partie, je la place en tête et il faut la bien étudier, car elle renferme plusieurs opérations que l'on emploie également dans d'autres parties du trait.

On fait des plans par terre (1) d'escaliers d'un seul coup de compas, c'est-à-dire plein-cintre ; alors les lignes du devant des marches tendent toutes au même point de centre, ce qui rend le giron des marches partout égal, et le limon toujours régulier dans son développement. Cet escalier est très facile.

On fait aussi des plans composés de limons droits et de limons courbes ; dans ces plans mixtes, il faut diviser les marches sur la ligne du giron (2) et faire un balancement (3) de marches pour qu'elles augmentent ou diminuent de largeur d'une manière convenable ; il faut, quoique les marches soient balancées, et par conséquent plus ou moins en biais dans le plan, que leurs prolongements à

---

(1) Plan par terre, ou plan, tout simplement.

(2) La ligne du giron passe au milieu de l'escalier, et est toujours parallèle aux deux limons.

(3) Balancement de marches, ou dansement de marches, c'est tout comme. Je conseille d'apprendre les choses et de ne jamais se passionner et se disputer pour des mots : on y perdrait son temps.

travers l'épaisseur du limon soient tendus au point de centre qui aura servi à le décrire. Les prolongements en question seront d'équerre dans les limons droits.

La nature et l'étendue de ce livre ne me permettent ni de donner un grand nombre de dessins, ni de m'étendre dans les démonstrations d'une opération de trait. Je veux cependant, dans l'escalier, entrer dans la description de quelques opérations utiles, et que trop d'hommes ont négligées. Nous allons nous occuper du balancement des marches. (*Voy.* la planche 4.) Vos limons ou votre limon étant tracé, ayant la ligne du giron qui passe au milieu de l'escalier, faites la division de vos marches sur cette ligne. Nous voulons, je suppose, faire le balancement depuis le devant de la marche 1 jusqu'au derrière de la marche 6, ce qui fait six marches à balancer. Tirez le devant de la marche 1 d'équerre au limon droit, tirez le devant et le derrière de la marche 6 au point de centre du limon courbe. Maintenant occupons-nous de l'échelle de balancement. Tirez la ligne droite B, ouvrez votre compas arbitrairement (1) ; portez sur la ligne autant de points que vous avez de marches à balancer ; montez de chacun de ces points une ligne d'équerre à la ligne B ; numérotez ces six lignes par les six chiffres que vous voyez : posez la ligne ponctuée (2) que l'on voit et qui doit toujours être au milieu de l'échelle ; divisez sur le contour intérieur (3) du limon, du derrière de la marche 6 au devant de la marche 1, en six parties égales ; portez une de ces parties sur la ligne ponctuée de l'échelle, prenez sur la ligne intérieure du limon la largeur de la marche 6, portez cette largeur sur la ligne 6 de l'échelle. Ayant sur cette échelle un point sur la ligne 6, un autre point sur la ligne ponctuée, tirez une ligne droite qui passe sur ces deux points et se prolonge jusqu'à la rencontre de la ligne 1. Votre échelle de balancement est faite, chaque ligne qui la traverse doit donner une largeur de marche

(1) Plus ou moins.
(2) Si nous balancions un nombre impair de marches nous n'aurions pas besoin de supposer une ligne ponctuée au milieu de l'échelle, nous aurions alors naturellement une ligne de milieu qui nous servirait.
(3) Intérieur ou dedans.

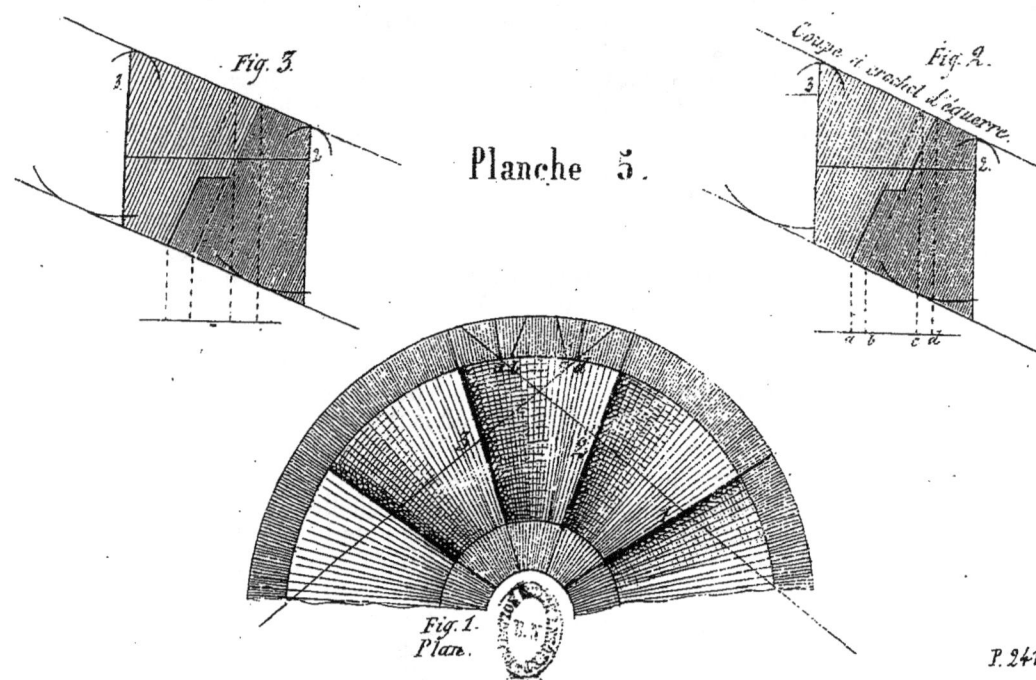

sur le pourtour du limon. La marche 6 étant posée dans le plan, prenez sur l'échelle la largeur de la ligne 5, portez-la sur le pourtour du limon, en avant de la marche 6 ; vous aurez la largeur de la marche 5. Prenez une à une les lignes 4, 3, 2 et 1 de l'échelle, pour les porter sur le limon, devant la marche 5, et les unes au bout des autres. Ayant ainsi, sur le limon, déterminé vos largeurs de marches par des points, tirez des lignes qui partent de ces points et passent sur les points qui sont sur la ligne du giron et qui y correspondent. Ces lignes, donnant le devant des marches, seraient prolongées jusqu'au grand limon, si notre papier eût permis de le figurer. Donnez un coup d'œil sur les prolongements des marches au travers des limons, cela suffira, je pense.

Si je faisais un ouvrage méthodique de trait, je m'occuperais actuellement de la coupe à crochet, et des lignes de base ou de constructions ; mais ce que je décris ici est un hors-d'œuvre à ce livre, et s'adresse à des hommes qui ont déjà quelques connaissances sur le dessin ; il n'y a donc pas d'inconvénient à passer tout de suite au développement particulier (1).

Ce développement est de la plus grande utilité ; si vous voyez un escalier à briquet ou en fer à cheval avec des limons tout étroits, tout étranglés dans les quartiers tournants, vous pouvez penser qu'ils ont été faits sans son secours. Si vous ne voulez pas être exposé à faire de tels escaliers, apprenez à faire usage du développement particulier.

(*Voyez* planche 4.) Commencez à tirer la ligne droite A, prenez dans le plan, sur la ligne A du limon, la largeur de la marche 6 ; portez cette largeur sur la ligne droite A ; prenez encore sur la ligne A du limon la largeur de la marche 5, puis celle des autres marches ; portez toutes ces largeurs les unes à côté des autres sur la ligne droite A ; élevez les sept lignes qui y sont perpendiculaires (2). Placez entre ces lignes des hauteurs de mar-

(1) J'appellerai développement ordinaire le développement sur lequel on trace le bois. J'appellerai développement particulier cette autre opération qui développe vraiment le limon et le fait voir dans toute sa longueur pour qu'il puisse être régularisé.

(2) Perpendiculaire, ou d'équerre, c'est la même chose...

ches, comme s'il s'agissait d'un développement ordinaire; décrivez en dessus, puis en dessous des quarts de rond, les arcs de cercle que vous voyez; tirez deux lignes qui touchent ces arcs de cercle sans pénétrer dedans: ces deux lignes vous donnent le rampant et la largeur régulière du limon. Le développement particulier est terminé; occupons-nous du développement ordinaire. Commencez à poser la ligne de base; projetez, des points formés par la rencontre des lignes des marches avec la ligne intérieure du limon, les lignes 1, 2, 3, 4, 5, 6 et 7; il faut dans tous les cas que ces lignes soient perpendiculaires à la ligne de base : établissez vos hauteurs de marches. Il s'agit maintenant de fixer la ligne du dessus, et celle de dessous du limon. Prenez, dans le développement particulier, sur la ligne d'aplomb, devant la marche 1, la distance du point a au point b. Portez cette distance sur la même ligne du développement ordinaire, pour fixer le point b. Prenez de rechef sur la marche 1 du développement particulier la distance du point a au point c; portez encore cette distance au développement ordinaire sous le quart de rond de la marche 1 pour fixer le point c; enfin prenez dans le développement particulier la largeur variable du limon sur les lignes 2, 3, 4, 5, 6 et 7; portez ces largeurs sur les lignes qui correspondent à celles-là dans le développement ordinaire. Ayant fixé les points qui doivent vous guider, tirez la ligne de dessus et celle de dessous, et vous aurez la largeur de votre limon.

Quant aux lignes ponctuées qui doivent donner le gauche de ce limon, je n'en parle pas; c'est une chose très simple, que tous ceux qui ont quelques notions de l'escalier doivent savoir faire.

En dépit de la règle générale, j'ai pris le développement particulier non en dedans, mais en dehors du limon; j'ai cru qu'il valait mieux régulariser ce qui est visible que ce qui ne l'est pas. Je propose à ceux qui trouveraient cela mauvais de l'examiner de près; ils pourront changer de sentiment.

Retournons à la coupe à crochet d'équerre, que nous étions censé avoir laissée.

(*Voyez* planche 5.) Le plan par terre des limons et des marches étant tracé, il faut développer la portion du limon où on veut que la coupe soit placée. Par exemple, prenez, sur la ligne intérieure du limon, la largeur de la marche 2 dans votre compas ; portez cette largeur de marche où vous voudrez. (*Voyez* la figure 2.) Tracez les deux lignes d'aplomb 2 et 3 ; établissez deux dessus de marches. Ayant figuré deux quarts de rond, décrivez au-dessus deux arcs de cercle, décrivez-en deux autres au-dessous, tirez les deux lignes rampantes qui les touchent et établissent la largeur du limon ; posez d'équerre aux lignes rampantes deux lignes plus ou moins rapprochées pour former le crochet ; retombez des bouts de ces deux lignes quatre lignes d'aplomb venant poser sur une ligne horizontale placée un peu plus bas : distinguez ces lignes par les lettres a, b, c, d ; prenez ces quatre lignes sur la ligne horizontale, et portez-les, sans déranger leurs écartements, sur la ligne intérieure du limon, dans la marche où l'on doit faire le joint ; tirez, du point a et du point d, deux lignes tendantes au point de centre, qui traversent le limon du dedans au dehors ; posez la ligne c parallèle à la ligne a, posez la ligne b parallèle à la ligne d. Je vous fais poser ainsi ces deux dernières lignes pour qu'il n'y ait pas du gauche dans la coupe, et que le joint soit plus facile à faire. Les lignes de la coupe étant posées dans le plan, et les limons se recouvrant l'un l'autre, tirez les lignes de base, et développez.

J'ai tracé la coupe à crochet d'équerre comme la tracent les maîtres les plus en faveur ; cependant je crois devoir observer qu'en agissant de cette sorte la coupe est d'équerre en dedans du limon, où elle ne se voit pas, et n'est pas d'équerre en dehors, seul côté où elle se voit. Sur la figure 2, qui est le dedans du limon, la coupe est d'équerre ; sur la figure 3, qui est un développement pris en dehors du même limon, elle est trop couchée. S'il s'agissait d'un limon intérieur (1), un effet tout contraire aurait lieu, car la coupe serait alors trop droite. il serait facile de démontrer la cause de cet effet ; mais je dois me borner à donner pour conseil, à ceux qui tiendraient à avoir une coupe parfaitement d'équerre en dehors du limon, d'opérer sur ce côté du limon, et non sur l'autre.

(1) Limon du côté du jour de l'escalier.

Je ne m'étendrai pas davantage ici, et j'ai l'espoir d'être compris de quelques-uns, qui pourront me faire comprendre à d'autres.

Après avoir donné ces démonstrations, que j'ai cru utiles, je dirai : Faire le balancement des marches dans les plans mixtes et dans les plans à S ; développer une portion de limon pour y placer la coupe d'équerre, et retomber cette coupe en plan pour avoir le croisement des limons et leurs longueurs exactes ; transporter un limon, quand, faute d'espace libre ou propice, on ne peut le développer sur place ; faire le développement particulier et s'en servir pour régulariser la largeur d'un limon, quels que soient son contour et son rampant, c'est presque tout le trait de l'escalier.

Outre ces escaliers à limons pleins, on fait des escaliers en marches massives, dits anglais, dont les coupes ne diffèrent pas de celles des escaliers en pierre.

On fait surtout des escaliers à crémaillère ou demi-anglais. Les opérations que j'ai décrites servent pour ces escaliers comme pour les autres ; la différence est que dorénavant les devants des contre-marches seront nos principales lignes du plan ; c'est de leurs points de contact avec les limons que partiront les projections ou lignes sur lesquelles on établira les hauteurs des marches, pour former le développement du limon, sur lequel on tracera le bois.

Il sera bon de dessiner quelques élévations géométrales d'escaliers ; on pourra terminer cette partie du trait par l'escalier à entonnoir à limons évasés (1), et par l'escalier à plafond à courbes et à panneaux. Ce dernier est très utile ; le plafond, dans sa largeur, est quelquefois de niveau sous l'escalier ; d'autres fois, pour de certaines raisons, on le fait pencher du côté du petit limon. Ceci est peu difficultueux. Dès qu'on a figuré la coupe de l'escalier, on voit le bout des courbes et la position de leurs arêtes ; on peut facilement comprendre comment il faut porter ces arêtes dans les développements. On fait aussi des escaliers à consoles, à goussets, etc. : mais je n'en

(1) Le limon évasé n'est pas d'un bel effet. On peut faire des escaliers à entonnoirs sans évaser les limons ; c'est mieux et moins long.

dirai rien, car, connaissant ceux dont j'ai parlé, on n'aura qu'à jeter un coup d'œil sur ces derniers pour les comprendre parfaitement.

La deuxième partie du trait sera formée des ouvrages cintrés en plan et en élévation, tels que chambranles, éventails, persiennes, etc. J'observerai que le développement particulier, que je recommande tant pour l'escalier, est ici encore plus indispensable. Un chambranle, exécuté sans le secours de cette opération, n'aurait ni le contour, ni la forme, ni la largeur, ni la régularité qu'on aurait cru lui donner. Ce développement est la base du trait ; mais, pour des raisons que l'on comprendra, je ne m'étendrai pas davantage là-dessus. Je ne peux faire que des observations. Les corniches volantes, pour ceux qui voudront les faire, constitueront la troisième partie du trait. Je les place immédiatement après les chambranles, parce qu'il faudrait quelquefois, dans la menuiserie, les exécuter en même temps.

La quatrième partie du trait se composera des arêtiers (1) droits et des arêtiers courbes. On pourrait sur ces derniers redresser quelques erreurs, et faire voir comment on peut, par des procédés simples et faciles, leur donner les courbures les plus bizarres sans nuire à la régularité de leurs surfaces apparentes. Je voudrais aussi pouvoir mettre en présence deux systèmes différents et les comparer ; mais un si petit livre ne le permet pas.

Dans la cinquième partie du trait entreront les calottes (2) massives et celles d'assemblage, dont la dernière sera à montants rayonnants et la plus élégante. Les dômes se font par les mêmes principes, et sont plus faciles à exécuter quand leurs plans sont purement circulaires.

La sixième partie du trait sera formée des voussures (3). On les nomme Queue-de-Paon, Saint-Antoine,

(1) Arêtier, toute pièce de bois placée sur un angle et inclinée, comme la pièce de charpente formant arête sur l'angle d'un comble ou d'un toit, comme les pieds de devant d'un autel, etc.

(2) Calotte, boiserie du haut d'une niche.

(3) Voussure, espèce de boiserie d'embrasure, que l'on

Corne-de-Bœuf (ou de vache), Oreille-d'Ane, Partie-de-Marseille, etc., etc. Les unes ont reçu leurs noms de leurs formes, les autres des lieux où elles ont été construites pour la première fois. Tout ce que je pourrais dire ici sur les voussures ne serait que des mots; il vaut donc mieux s'y appliquer que d'en parler inutilement. Les quadrilatères dont on se sert dans les corniches volantes pourraient, je crois, être utilisés, pour l'économie du bois, dans des panneaux peu gauches de certaines voussures. Je me réserve de faire plus tard quelques recherches là-dessus.

Le classement que je viens d'établir dans les parties du trait est une chose tout arbitraire. L'essentiel est de se faire comprendre des élèves; le maître qui se fait le mieux comprendre est celui qui a la meilleure méthode et qui démontre le mieux, quelles que soient sa méthode et sa manière de démontrer.

Il sera bon de terminer cette étude par un ouvrage où les diverses parties du trait puissent se trouver réunies; par une chaire à prêcher, je suppose. Il n'y a ici rien de bien nouveau. On n'a qu'à rassembler ce qu'on a déjà fait.

Qu'il y ait dans ce travail un escalier à plafond, cet escalier, on l'a fait.

Qu'il y ait un cul-de-lampe (1) sur un plan carré ou polygonoïde, ce ne sera que de l'arêtier; ses courbes ne seront, le plus souvent, que des pieds d'autel renversés; toutes choses qui ne vous sont pas inconnues.

Qu'il y ait une impériale (2) sur un plan circulaire, on emploiera pour la faire les moyens dont on s'est servi pour faire la calotte à montants rayonnants.

Que la chaire, par exemple, s'adapte à une colonne, il faudra, à l'endroit de jonction, et sous le cul-de-lampe, et sur l'impériale, une traverse d'une forme assez originale; vous emprunterez aux voussures des moyens pour l'exécuter.

voit placée dans le haut d'une porte cintrée, ou d'une croisée, etc.

(1) Cul-de-lampe, pièce en forme de pyramide renversée, et attachée sous la cuve de la chaire.

(2) Impériale, sorte de dôme qui couronne la chaire.

Je n'ai pas nommé toutes les pièces que l'on fait entrer dans le trait des menuisiers ; mais qu'un élève ait dessiné les escaliers, les parties cintrées en plan et en élévation, les arêtiers, les calottes et les voussures ; qu'il en ait bien étudié, bien saisi les principes, et il n'aura plus besoin de maître ; il pourra faire, avec du goût et de la bonne volonté, toutes sortes d'ouvrages. Les ouvrages varient de formes et de dimensions, mais les principes, mais les opérations principales servant à les exécuter, ne varient pas, et je conclus qu'alors, pour pouvoir, on n'a qu'à vouloir.

Des hommes exagérés, mystérieux, et qu'on peut avec raison nommer les charlatans du trait, prétendent qu'il faut quatre, cinq ans de leçons pour qu'un menuisier sache passablement le trait : ne croyez pas cela.

Celui qui a du courage et quelques dispositions peut, en vingt-quatre mois, dessiner les profils de moulures, les figures les plus utiles de la géométrie, une partie des ordres d'architecture et le trait ; outre des dessins, il aura fait, en petit, des escaliers, des autels, des calottes et des voussures ; il aura fait enfin tous les modèles qui lui étaient nécessaires pour la conception de ses dessins.

Ayant exécuté en petit, on exécute en grand avec plus de facilité : les lignes étant alors plus écartées les unes des autres, on risque moins de se tromper : le tout est de ne pas avoir peur des grosses pièces de bois.

L'élève qui aura dessiné deux ans ne sera pas d'une force égale au maître qui démontre depuis bon nombre d'années : mais il pourra travailler, se développer, se fortifier encore sans le secours de personne ; et si ses dispositions naturelles sont supérieures à celles de son maître, il doit nécessairement, à la longue, l'emporter sur le maître.

Il y a des hommes qui disent qu'il vaut mieux ne point dessiner que de dessiner peu. Je suis d'un avis contraire, le peu que l'on fait peut avoir son utilité ; mais je recommande de ne point précipiter ses études, et de bien apprendre le peu que l'on apprend.

O vous, dont la modestie, dont les talents sont connus et appréciés, ô vous Lyonnais *L'Ami du Trait*, Toulousain *La Prudence*, Suisse *Le Résolu*, Lafrance *L'Ami du Trait*, Bourguignon *Franc-Cœur*, Gascon *L'Ami du Trait*, et vous tous enfin, Compagnons courageux, qui, marchant dans la même voie, vous livrez à la démonstration, non-seulement par métier, mais par devoir, mais par dévoûment, mais par amour pour vos semblables, continuez la tâche que vous vous êtes imposée! Vos méthodes sont-elles simples, qu'elles soient, s'il se peut, plus simples encore; rendez le trait facile et attachant, faites de nombreux élèves, formez des hommes à la société, communiquez-leur vos talents; mais, de plus, inspirez-leur votre sagesse; qu'ils ne soient prévenus ni contre ceux qui élèvent les murs des vastes édifices, ni contre ceux qui les couvrent de leurs combles solides(1). Qu'ils n'aient de prévention ni contre les métiers, ni contre des rivaux (2), ni contre des camarades. Ce qu'ils ont appris, d'autres peuvent l'avoir appris aussi, ou peuvent encore l'apprendre comme eux. Donc, s'ils ont des talents, qu'ils y joignent la modestie, cette belle qualité qui leur donne tant de prix; qu'ils soient enfin comme vous êtes, et ils seront toujours estimés.

(1) Un baldaquin de la plus grande beauté, un ouvrage de charpente d'une complication extraordinaire, a été mis en 1839 à l'Exposition des produits de l'Industrie. Cette réunion de je ne sais combien de milliers de petits morceaux de bois, cet assemblage confus, original, mais délicat, mais sublime, a quelque chose d'imposant. Cet ouvrage sort de la main des Compagnons Drilles. Rendons justice à tout le monde : les Compagnons Drilles ont bien travaillé!

(2) M. Olivier, homme plein de bonté et de talents, est Compagnon du Devoir. Il a été, à Paris, mon maître de dessin, et je ne peux que l'en remercier; il a donné des leçons à un grand nombre de Compagnons de notre Société. Grandjean, dit Mâconnais-le-Chapiteau; Séverac, dit Toulousain-la-Prudence; Giraudon, dit Provençal-le-Vainqueur; tous hommes savants et établis, chacun dans son pays, ont été de ses élèves.

NOTE.

J'ai donné quelques principes de géométrie, d'architecture, de trait... puissent-ils servir à mes lecteurs et les pousser en avant! Je pense ici aux inexpérimentés, à ceux qui veulent apprendre à dessiner et qui ne possèdent pas encore les instruments qui vont leur être nécessaires : cette note leur servira sans doute.

Il faut se procurer :

Une tablette, non emboîtée par les bouts, mais avec barres à queues non collées par-dessous ; elle devra avoir 40 centimètres sur 58 ; c'est assez... Il faut penser que les grandes tablettes embarrassent et que les maîtres n'ont pas trop de place.

Un T en proportion de la tablette. On peut aussi dessiner avec des règles et des équerres, si on le préfère.

Règles, équerres ou pièces carrées, pièces de raccords pour le trait.

Une boîte de compas, prix 9 à 10 fr., et plus si on veut.

Papier grand-aigle, prix 50 ou 60 centimes ; une feuille peut être coupée en quatre et faire quatre feuilles de dessin. Le colombier remplace au besoin ; les papiers vergés sont préférables aux vélins, pour le trait surtout.

Un bâton d'encre de Chine de 1 fr. ou plus.

Une tablette de carmin. Cette couleur rouge est chère, et pour mince que soit une tablette vaut au moins 4 fr ; à défaut, prendre de la laque carminée, 20 c.

Bleu de Prusse, 20 c.

Sépia, 20 c.

Gomme gutte, 20 c.

Vert végétal, 20 c.

Gomme élastique pour effacer le crayon, 25 ou 50 c.

Sandaraque pour redonner de l'apprêt au papier où des lignes ont été grattées, 20 c.

Colle à bouche un peu épaisse, 15 c.

Deux crayons n° 3, un pour la main, l'autre pour les compas, celui-ci moins fort ; chacun 15 c.

Deux pinceaux, de chacun 25 ou 50 c.

Deux godets, un petit pour délayer l'encre, l'autre plus grand pour les teintes, chacun 20 c.

Un verre à boire, pour y tenir de l'eau quand on ombre et y tremper le pinceau.

Une petite éponge pour mouiller le papier lorsqu'on veut le coller sur la tablette, environ 30 c.

Un canif, des plumes, de la chandelle, ou de la bougie, ou une petite lampe, car les maîtres de trait ne fournissent pas l'éclairage; des mouchettes au besoin, car les doigts doivent rester propres.

Encre, couleurs, crayons, pinceaux, papier, prenez tout de bonne qualité autant que possible, et votre travail s'en trouvera bien. Défiez-vous des teintes trop fortes, défaut commun à presque tous les ouvriers; préférez l'école à l'estaminet; ne soyez pas plus avares d'une dépense que vous faites pour vous instruire et devenir habiles travailleurs, bons maîtres à la fin, que de ce que vous dépensez pour un gloria ou une simple bouteille de vin. Achetez des Vignoles, des manuels, des plans utiles, de bons livres; soyez larges dans ce genre d'acquisition. Tailleurs de pierre, maçons, marbriers, charpentiers, menuisiers, serruriers, plâtriers, tourneurs, maréchaux, cordonniers, selliers, ouvriers de tout état, grandissez dans votre partie, et grandissez aussi dans la vie intellectuelle... Pensez à votre cerveau pour le moins autant qu'à votre estomac, parce que vous êtes hommes, et que la vie de la brute n'est pas la vie qui nous convient. Suivez mes conseils, suivez-les, croyez-moi, et un jour vous me direz : merci.

CHRONOLOGIE DES PROGRÈS.

DATES IMPORTANTES, FAITS REMARQUABLES,
GRANDS HOMMES,
DÉCOUVERTES ET INVENTIONS.

Deux mots d'avertissement : les inventions, les découvertes, les faits importants, sont placés, autant que possible, au moment de leur manifestation ; pour les hommes, je n'ai point fait de même : au lieu de la date de leur naissance, j'ai pris, en général, celle de la mise au jour de leurs plus puissantes œuvres, ou le temps de leur plus grande illustration. En fait de chronologie, le lecteur ne doit pas se montrer trop rigoureux : il y a souvent des contradictions dans les dates ; il faut se bien garder de disputer avec amertume pour quelques années en plus ou en moins. Cette chronologie ne peut être que très incomplète ; mais une chronologie dans *Le Livre du Compagnonnage,* placée là comme une simple note, ne pouvait se renfermer que dans d'étroites limites ; on ne me fera donc pas un crime de mon extrême concision.

Av. J.-C.

4004. Création du monde et formation d'Adam et d'Ève, suivant les livres hébreux. — Les Indiens, les Chinois, les Japonais, les Egyptiens font remonter la création infiniment plus haut.

4003. Naissance de Caïn ; 4002, naissance d'Abel ; 3769, naissance d'Enos.

      Caïn cultive la terre et bâtit des villes.
      Abel se livre à la garde des troupeaux.
      Enos établit un culte public et religieux.

Av. J.-C.

3100. Jabel perfectionne l'agriculture; — Jubal invente la musique; — Tubalcain invente l'art de travailler le fer et l'airain.
2760. Fondation de la ville de Tyr par les Phéniciens.
2740. Assur fonde le royaume d'Assyrie.
2602. Hoang-ti, empereur de la Chine, invente la sphère, et son épouse la manière d'employer la soie.
2600. Invention des ponts, de la monnaie, de l'orgue, des cloches, et de la boussole chez les Chinois.
2348. Déluge universel; mission de Noé et de sa famille, qui devait repeupler la terre. On attribue à Noé la plantation de la vigne et la fabrication du vin.
Yao, empereur réformateur, règne en Chine.
2247. Construction de la tour de Babel, près des lieux où s'élèvera Babylone. On parle à ce sujet de la confusion des langues. Cette tour est destinée aux observations astronomiques.
2233. Construction des premières pyramides d'Egypte.
2229. Le roi Bélus fonde Babylone.
2174. Ninus, roi d'Assyrie, ayant Babylone pour capitale, fonde Ninive.
2164. Zoroastre (1), philosophe et chef des Bactriens, est le législateur religieux et politique de la Bactriane, de l'Arie, des Assyriens, des Mèdes et des Perses.
2122. Sémiramis, reine très illustre, règne après Ninus son époux, embellit Babylone, et fait des choses éclatantes.
2040. Mœris règne en Egypte, fait creuser le lac qui porte son nom. Construction du Labyrinthe; ce Labyrinthe est une agglomération de magnifiques palais.
1996. La bière inventée par les Egyptiens.
1921. Les Phéniciens naviguent sur l'Océan et étudient les côtes d'Afrique.
Abraham, né en Assyrie, arrive en Judée pour y former un peuple, qui sera le peuple de Dieu, malgré la frénésie de ses passions.

(1) La chronologie fixe l'époque de l'existence des hommes illustres; la note de la *Rencontre de deux frères*, page 104, fait connaître la nature de leurs œuvres. Comparer ce qu'il en est dit dans cette note et dans la chronologie.

Av. J.-C.

1896. Naissance d'Isaac, fils d'Abraham.
1850. Invention de l'écriture par les Phéniciens.
1842. Inachus, le plus ancien des rois grecs, fonde la ville et le royaume d'Argos.
1800. Phoronée, fils d'Inachus, fonde Micènes.
Égialée, autre fils d'Inachus, fonde Sicyone.
1770. Pan invente la flûte à sept tuyaux.
1749. Epiméthée invente les vases de terre.
Hespérus invente les règles du jardinage.
1739. Jacob, fils d'Isaac, vit en nomade au milieu des déserts ; sa nombreuse famille le suit ; il s'y fixe enfin.
1722. Sésostris, roi d'Égypte, fait la conquête d'une partie de l'Asie. On lui attribue l'invention des cartes géographiques.
1716. Joseph, fils de Jacob, explique les songes du Pharaon Sésostris, et devient l'intendant du roi, et le gouverneur de l'Égypte.
1640. Tyr et Sidon, principales villes de la Phénicie, sont renommées par leurs manufactures, leurs ouvrages en bois, fer, or, argent, airain et autres métaux ; par leur pourpre, leurs riches teintures, l'habileté de leurs marins qui sillonnent les mers, se livrent au commerce ; par le savoir, le courage de leurs artisans, de leurs artistes qui, de toutes parts, chez toutes les nations, vont élever des temples, des palais, de vastes et nobles monuments. La Phénicie est le berceau du Compagnonnage, ou association fraternelle des ouvriers voyageurs.
Le verre découvert par les Tyriens.
1542. Athènes est déjà fondée. Cécrops, égyptien, arrive en ce pays, travaille à son progrès, et devient l'un de ses plus grands rois.
1520. Corinthe est fondée par Corinthus.
1519. L'écriture est apportée de Phénicie en Grèce par Cadmus, qui devient roi de Thèbes.
1500. Les Phéniciens s'établissent en Afrique ; ils fonderont Carthage et seront tout-puissants sur mer.
1492. Moïse, né en Égypte d'un Hébreu, garde les troupeaux de son beau-père dans les déserts de l'Arabie. C'est là que la voix de Dieu vient retentir à

Av. J.-C.

son oreille : son âme en est émue ; il affranchira les Hébreux du joug des Égyptiens.

Béséléel et Ooliab, habiles ouvriers, construisent le tabernacle ; ils sont attachés à Moïse.

1480. Fondation de Sparte par Lélex.
1458. Institution à Olympie des jeux olympiques, auxquels tous les peuples de la Grèce prennent part.
1432. Minos règne sur l'île de Crète et lui donne des lois.
1416. Aristée apprend aux Grecs à faire cailler le lait, à soigner les abeilles, à cultiver l'olivier.
1409. Cérès enseigne aux Grecs à semer le blé.
1406. Triptolème enseigne aux Grecs le labourage.
1400. Les trompettes sont inventées par les Toscans.

Paraît Amphion, célèbre poète et musicien thébain.
1380. Dédale, savant dans l'architecture, la mécanique, les arts et métiers, invente des instruments de travail.
1360. Linus, Musée, poètes et musiciens, travaillent à civiliser des hommes.
1330. Orphée, grand poète, chante les grandes choses.

Eumolpe, fils de Musée, fonde les mystères d'Éleusis, près d'Athènes.
1328. Hercule, Pirithoüs, Philoctète, font la guerre aux mauvais rois, aux brigands, aux bêtes féroces, et répandent des germes de civilisation.
1310. Esculape, profond médecin, mis au rang des dieux. Le premier il enseigna à bander les plaies.
1302. Œdipe règne à Thèbes ; ses malheurs intéressent.
1300. Première bibliothèque fondée en Égypte.
1292. Expédition des Argonautes. La toison d'or.
1290. Perdix invente la roue du potier, la scie, le compas. Celui-ci est aussi attribué à Dédale, son oncle.
1257. Thésée règne sur Athènes, la reforme et l'agrandit.
1252. Enfants d'Œdipe, guerre des sept chefs contre Thèbes.
1243. Fondation du temple d'Éphèse.
1240. Invention, ou perfectionnement de l'enclume, du marteau, du levier, des tenailles, par Cinyre, roi de Chypre.
1219. Siége de Troie ; sa prise et sa destruction après dix ans de guerre.
1207. Énée arrive en Italie et fonde Lavinium.

CHRONOLOGIE

Av. J.-C.

1150. Les Thébains substituent la république à la royauté.
1118. Samson se livre à ses grands travaux.
1095. Codrus meurt; les Athéniens se mettent en république.
   Ligue Achéenne, ou association de petites républiques grecques.
1077. Grande plantation de mûriers à la Chine.
   Association ou ligue des villes Ioniennes.
1059. David, musicien et poète, de berger devient roi.
1015. Salomon, fils de David, rassemble des ouvriers, des Compagnons, et commence la construction du temple de Jérusalem.
1008. Des Phéniciens montent la flotte de Salomon et naviguent sur la mer Rouge.
   Hannon, carthaginois, navigue sur l'Océan.
1000. Homère, né à Smyrne, compose l'*Iliade* et l'*Odyssée*; c'est le plus grand poète du monde.
980. La Judée se divise en deux royaumes ennemis.
944. Hésiode, berger d'Ascra, compose ses poèmes.
916. Les Rhodiens, peuple libre, sont puissants sur mer.
   Débutatès, de Corinthe, invente la plastique, moulage en terre molle, base de la sculpture.
   Phidon invente en Grèce les poids, les mesures, la monnaie.
888. Didon, sœur de Pygmalion, roi de Tyr, s'expatrie, se rend à Carthage qu'elle embellit, et dont elle devient reine.
885. Lycurgue donne ses lois aux Spartiates.
866. Rhœcus invente en Grèce la sculpture en fonte.
777. Isaïe, prophète hébreu, donne ses poésies.
776. Iphitus renouvelle les jeux olympiques, longtemps supprimés, et l'on fait partir de là l'ère des olympiades.
770. Chute de Sardanapale et de Ninive, sa capitale.
758. Syracuse, en Sicile, fondée par des Grecs.
753. Rome fondée par Romulus et Rémus.
740. Corinthe s'érige en république.
720. Archiloque invente les ïambes, poésies satiriques.
718. Le niveau et l'équerre trouvés par Théodore de Samos; tout cela était connu des Phéniciens.
714. Numa, législateur, roi de Rome après Romulus.

Av. J.-C.

Les communautés d'arts et métiers, sorte de Compagnonnage, autorisées à Rome, par Numa.

710. Déjocès fonde la grande monarchie des Mèdes.
670. Fondation de Byzance (Constantinople), par des Grecs.
669. Albe et Rome. Combat des Horaces et des Curiaces.
654. Battus, grec d'origine, fonde le royaume de Cyrène.
630. Arion invente le dithyrambe, poésie lyrique.
628. Jérémie annonce les malheurs de la Judée.
619. Tarquin-l'Ancien embellit Rome.
616. Des Phéniciens et des Égyptiens, envoyés par Néchao, roi d'Égypte, font par mer le tour de l'Afrique et étudient l'Océan.
612. Vers ce temps apparaissent les sept Sages de la Grèce, qui sont : Pittacus, Thalès, Chilon, Solon, Bias, Cléobule et Périandre.
610. La géométrie et l'astronomie sont apportées d'Égypte en Grèce par Thalès.
606. Règne de Nabuchodonosor, ruine de Jérusalem, captivité des Juifs à Babylone.
604. Tyrtée, Sapho, Alcée, poètes grecs.
601. Daniel, Ézéchiel, prophétisent à des sourds.
600. Fondation de Marseille par des Grecs Phocéens.
594. Solon donne des lois à Athènes.
575. Anaximandre fait progresser l'astronomie.
572. Ésope donne ses fables.
551. Naissance de Confucius, philosophe chinois.
545. Pisistrate devient le tyran d'Athènes.
540. Pythagore fonde son école, donne sa table de multiplication, fait connaître le mouvement de la Terre, lève des cartes géographiques, répand l'amour de la science.

Vers ce même temps, et avant peut-être, Zaleucus donne des lois à Locres en Italie, et Charondas à Catane en Sicile.

538. Cyrus, déjà célèbre, s'empare de Babylone, triomphe des Mèdes et des Assyriens, et fonde la grande monarchie des Perses. On lui attribue l'établissement des postes.
536. Thespis, d'Athènes, est le créateur de la tragédie.
532. Anacréon chante l'amour et les douceurs de la vie.

Av. J.-C.

522. Invention du chapiteau corinthien par Callimaque.
520. Invention du cadran solaire par Anaximène.
   Naissance à Thèbes du poète Pindare.
510. Athènes reprend sa liberté.
509. Le septième roi de Rome, Tarquin le Superbe, est chassé, sa royauté n'existe plus, la république est proclamée. Les deux grands hommes d'alors sont Brutus et Valérius Publicola. Celui-ci est le législateur. C'est la noblesse et non le peuple qui triomphe en leurs personnes.
   Les Carthaginois et les Romains font alliance.
502. Les Perses commencent par les villes libres de l'Ionie à inquiéter la Grèce.
500. Le philosophe Démocrite florit en ce temps.
493. Révolution dans Rome; retraite du peuple au mont Aventin ; il veut avoir des droits; on lui accorde des tribuns pour défendre ses intérêts.
490. Darius, roi des Perses, veut soumettre la Grèce. Bataille de Maraton. Les Perses sont mis en fuite, les Athéniens se couvrent de gloire.
488. Coriolan, orgueilleux patricien exilé par le peuple, vient assiéger Rome, sa patrie, à la tête de troupes étrangères. Il est tué.
480. Après Darius, Xerxès, son fils, entreprend la conquête de la Grèce ; on ne vit jamais expédition plus formidable ; il avançait avec des millions d'hommes; tout cela roulait et détruisait; c'était une gigantesque avalanche... Les Grecs se mettent en mesure; ils se signalent aux Thermopyles, à Artémisium, à Salamine, à Platée, et peu après à Mycale. Les Perses sont mis en fuite; la Grèce reste libre et grande. Les plus célèbres généraux grecs d'alors sont Miltiade, Léonidas, Pausanias, Thémistocle, Aristide, Cimon.
   Dans le même temps, les Carthaginois, d'accord avec les Perses, faisaient la guerre à la Sicile.
478. Anaxagore enseigne la philosophie à Athènes.
469. Tremblement de terre à Sparte, révolte des esclaves.
460. Périclès exerce sur Athènes sa haute influence.
451. Rome élit des décemvirs pour compléter ses lois.

Av. J.-C.

446. Méton fait progresser l'astronomie à Athènes.
442. Hérodote lit aux Athéniens rassemblés sa belle histoire ; Thucydide écoutait.
   Hippocrate fait progresser la médecine chez les Grecs.
   Ce siècle, si improprement appelé le siècle de Philippe ou d'Alexandre, est un très grand siècle... Brillaient en Grèce, outre ceux déjà nommés, Eschyle, Sophocle, Euripide, Aristophane, Théogonis, Phidias, Socrate, etc., etc.
441. Invention de la peinture sur verre et sur émail, par Arcésilas.
431. Guerre du Péloponèse. Cette guerre de Sparte contre Athènes devait durer vingt-huit ans; tous les peuples de la Grèce étaient appelés à y prendre part.
430. Peste d'Athènes, si fortement décrite par Thucydide.
424. Socrate fonde son école de philosophie.
414. Guerre d'Athènes contre Syracuse.
404. Athènes, vaincue par Sparte, subit les trente tyrans.
403. Le brave Thrasybule, le plus patriote des généraux, délivre Athènes et rétablit le gouvernement démocratique.
401. Retraite des dix mille Grecs.
400. Socrate, philosophe moraliste, grand citoyen, le plus sage des hommes, poursuivi par la calomnie depuis plus de vingt ans, est accusé d'athéisme et condamné à boire la ciguë. Le peuple est bon ; pourquoi cède-t-il si facilement aux insinuations des méchants, et laisse-t-il mettre au supplice les meilleurs de ses amis? O peuple! que tu es aveugle et faible!
   Invention de la catapulte et de la baliste, machines de guerre.
393. Denys l'Ancien illustre sa patrie.
390. Platon professe dans l'académie à Athènes.
388. Les Gaulois pénètrent dans Rome.
387. Camille se rend illustre parmi les Romains.
381. Naissance à Athènes de Démosthène, le plus sublime des orateurs.
379. Pyrrhon, le philosophe du doute, fonde son école à Athènes.

Av. J.-C.

371. Épaminondas et les Thébains triomphent de Sparte.
368. Eudoxe de Guide trouve que la révolution annuelle du soleil est de 365 jours et six heures; il détermine le cours des planètes.
356. Naissance d'Alexandre le Grand, roi de Macédoine.
350. Fondation à Athènes de l'école d'Aristote.
343. Timoléon rétablit la république démocratique à Syracuse.
338. Alexandre le Grand succède à Philippe.
335. Alexandre le Grand saccage Thèbes.
334. Alexandre le Grand entreprend l'expédition de Perse, alors la plus puissante des nations; il en triomphera et établira le siége de son empire à Babylone.
330. Pythéas, de Marseille, navigue sur l'Océan.
323. A la mort d'Alexandre, ses généraux se disputent l'empire et ensanglantent la terre.
   Athènes veut recouvrer sa liberté.
322. Démosthène périt, Phocion périra, troubles.
321. Invention des tapisseries à Pergame en Asie.
   Ménandre, né à Athènes, donne sa première comédie.
320. Guerre des Romains contre les Samnites.
314. Agathocle, potier de terre, roi de Syracuse.
300. Érection du colosse de Rhodes.
   Zénon fonde à Athènes la philosophie stoïcienne.
295. Épicure fonde la philosophie épicurienne.
287. Achèvement du phare d'Alexandrie.
285. Fondation de l'école et de la bibliothèque d'Alexandrie.
280. Naissance de la littérature à Rome.
279. Les Gaulois épouvantent de nouveau l'Italie.
   Les Gaulois font des courses en Macédoine et en Illyrie.
277. Les Gaulois s'emparent de la Thrace.
270. Les Gaulois fondent l'État de Galatie, en Asie-Mineure.
   En ce temps vivait Zoïle, critique d'Homère.
264. Guerre de Rome et de Carthage.
   Aristarque mesure la distance de la terre au soleil.

Av. J.-C.
263. Usage des fanaux dans la ville d'Alexandrie.
    Premier combat de gladiateurs à Rome.
    Invention du parchemin par Eumène, de Pergame.
260. Les Romains s'engagent dans leur premier combat naval.
252. Théocrite, de Syracuse, chante les bergers.
250. Invention du clepsydre, ou horloge d'eau, chez les Égyptiens.
239. Livius Andronicus donne à Rome des tragédies latines.
234. Invention de l'orgue hydraulique, de la pompe, de l'horloge à roues, par Ctésibius, d'Alexandrie.
222. Névius donne à Rome des comédies latines.
220. Archimède, de Syracuse, invente les miroirs ardents; la vis d'Archimède fait progresser l'arithmétique, la mécanique, rend son nom célèbre.
218. Annibal passe les Alpes, pénètre en Italie, bat les Romains, épouvante ses ennemis.
214. Rome finit par rétablir ses affaires.
212. Syracuse succombe sous les coups des Romains.
209. Annius, poète épique, tragique et comique latin.
204. Le papier de soie, l'encre, les pinceaux qui tiennent lieu de plumes, inventés en Chine.
200. Plaute donne ses comédies si pleines de verve et de gaîté.
    Invention de la mosaïque en verre et en métaux.
194. Le sénat romain s'éloigne toujours plus du peuple.
190. Pompes qui font monter l'eau par le poids de l'air, inventées par Héron, d'Alexandrie.
167. Les arts de la Grèce passent à Rome.
    Fondation d'une bibliothèque à Rome.
162. Térence donne à Rome ses belles comédies.
160. Caton le censeur est célèbre à Rome.
148. La Macédoine réduite en province romaine.
146. Corinthe brûlée par Memmius; l'Achaïe et toute la Grèce deviennent province romaine.
    Viriathe défend l'Espagne contre les Romains.
    Carthage est détruite, ses arts et son histoire périssent : cette partie de l'Afrique devient province romaine.
138. Invention du papier chez les Chinois.

Av. J.-C.

135. Révoltes des esclaves contre Rome ; guerre terrible.
133. Tibérius Gracchus, ami du peuple, assassiné par le sénat.
   Le royaume de Pergame devient province romaine.
132. Numance, en Espagne, complétement détruite. L'Espagne devient province romaine.
129. Les îles de Sardaigne et de Corse, province romaine.
121. Caïus Gracchus périt comme son frère... L'égoïsme, les violences du sénat amèneront sa fin et la chute de la liberté romaine.
105. Autre guerre d'esclaves contre Rome... Rome s'agrandit, s'enrichit, et cependant elle marche vers sa perte.
102. Ssé-Ma-than, célèbre historien chinois.
   Marius livre une terrible bataille contre les Teutons et les Cimbres.
100. Construction du théâtre de Scaurus à Rome ; il peut contenir soixante-dix-neuf mille personnes.
   Le tribun Saturninus est assassiné.
96. Guerre de l'Italie contre Rome.
88. Marius, Sylla, guerre civile ; le sang romain coule à flots.
84. Ésope, Roscius, acteurs célèbres de Rome.
82. Mort de Marius, dictature de Sylla ; proscriptions.
77. Pompée, Sertorius ; Romains contre Romains.
73. Encore les esclaves contre Rome ; Spartacus les commande ; ils périssent, mais les ennemis de la liberté seront foulés à leur tour sous les pieds des oppresseurs.
70. Cicéron et Hortensius, grands orateurs.
69. Virgile vient au monde.
68. L'île de Cypre devient province romaine.
67. Cyrène réduite en province romaine.
66. La Syrie réduite en province romaine.
   Première rédaction du Digeste.
65. Le fameux Mithridate succombe ; ses états sont réduits en province romaine.
   L'île de Crète réduite en province romaine.
   Invention d'une sorte de sténographie.
62. Consulat de Cicéron ; conjuration de Catilina.
60. Flux et reflux, ses lois découvertes par Posidonius.
   L'ordre toscan inventé à Rome.

15.

Av. J.-C.

59. L'ordre composite inventé à Rome.
58. Clodius, tribun du peuple, met en fuite Cicéron.
50. Les victoires de César font de la Gaule une province romaine.
49. Pompée et César; guerre civile dans la république romaine.
48. César triomphe à Pharsale; il est dictateur.
44. César assassiné dans le sénat par les sénateurs.
33. La Mauritanie réduite en province romaine.
32. L'Égypte réduite en province romaine.
31. Après de longues guerres civiles, dans lesquelles figurent Cassius, Brutus, Caton, Lépide, Antoine, les fils de Pompée, Octave triomphe, et, neveu de César, il se fait empereur sous le nom d'Auguste.

Ont brillé, ou brillent dans la seconde moitié de ce siècle : Hortensius, Cicéron, Pompée, César, Crassus, Lucullus, Caton, Varron, Salluste, Lucrèce, Catulle, Tibulle, Properce, Ovide, Phèdre, Virgile, Horace, Vitruve, Tite-Live, etc., etc.

29. La Numidie réduite en province romaine.
25. Construction du Panthéon de Rome.
20. Construction du Colisée romain.
7. Le royaume de Pont réduit en province romaine.

ÈRE NOUVELLE OU DE JÉSUS-CHRIST.

Ap. J.-C.

1. Rome avait trop pesé sur les esclaves, trop répandu de sang, trop fait gémir le monde; une grande protestation devait se faire. Jésus-Christ vient au monde, il naît de Marie, à Bethléem, ville de Judée, 4004 ans après la création du monde, 1210 après la prise de Troie, environ 1000 ans après la construction du Temple de Salomon, 753 ans après la fondation de Rome, 600 ans après celle de Marseille, lorsque presque toutes les nations sont dominées par un seul peuple, que la langue latine est devenue la langue universelle, et que les communications sont faciles d'un bout du monde à l'autre. Avec les premières années de Jésus commence la nouvelle ère de laquelle nous compterons dorénavant.
14. Auguste meurt; Tibère règne à Rome.

Ap. J.-C.

17. La Cappadoce est réduite en province romaine.
30. Jésus-Christ prêche la bonne nouvelle.
33. Jésus-Christ est accusé de sédition et meurt sur la croix du supplice des esclaves.
44. L'œuvre de Jésus est continuée; saint Mathieu, saint Marc donnent leurs évangiles; saint Luc, saint Jean, saint Paul viendront à leur tour; des apôtres dévoués se manifestent.
La Judée est réduite en province romaine.
54. Sénèque le philosophe se fait connaître.
57. Lucain donne sa *Pharsale*, poème épique.
60. Découverte de l'aimant, par un berger.
79. Les laves du Vésuve engloutissent Pompéïa et Herculanum.
80. Pline le naturaliste périt au Vésuve.
93. Les chrétiens sont persécutés, et ces persécutions se renouvellent fréquemment.
98. C'est le règne de Trajan, 14e empereur de Rome.
Ont paru ou sont prêts à paraître les auteurs que voici : Perse, Juvénal, Épictète, les Pline, Quintilien, Tacite, Plutarque, Suétone, Florus.
120. L'empereur Adrien fait construire les arènes et la Maison carrée de Nîmes; le pont du Gard est à peu près de la même époque.
126. Des apologies paraissent en faveur des chrétiens.
130. L'Ancien-Testament traduit en grec.
134. Les chrétiens se divisent entre eux.
Ptolémée établit son système astronomique.
161. Marc-Aurèle règne à Rome.
250. Paul, premier ermite de la Thébaïde, en Égypte.
267. Zénobie règne sur la ville de Palmyre, que les Romains ruineront bientôt.
Vers ce temps, un peu avant, ou un peu après, se font connaître : Lucien, Galien, Pausanias, Celse, Photin, Porphyre, Longin, Hiéroclès, Jamblique, tous auteurs païens, et quelques-uns ardents adversaires des chrétiens; et parmi les chrétiens : saint Clément d'Alexandrie, Tertullien, Origène, Lactance, qui combattent les premiers avec courage et talent.
274. La soie apportée de l'Inde en Europe.
276. Plantation de vignes dans la Gaule, par Probus.

Ap. J.-C.

283. Ossian, écossais, écrit ses magnifiques poèmes.
304. Saint Antoine vit solitaire dans le désert.
306. Constantin arrive à l'empire.
316. Arius prêche ; les chrétiens se divisent de plus en plus.
325. Premier concile général à Nicée.
327. Établissement de la messe.
328. Constantin, empereur romain, se fait chrétien ; transporte le siége de son empire de Rome à Byzance, ville à laquelle il donne son nom, et qu'on appellera Constantinople. Ses enfants, ses successeurs se diviseront, et l'empire nagera dans le sang. Les chrétiens persécutés jusque-là, deviendront persécuteurs. Des schismes éclateront, il y aura des luttes affreuses.
355. Saint Bazile, né à Césarée, fatigué des désordres qui règnent dans la société, se retire dans des solitudes, y attire des amis, des adhérents, les engage à défricher, à cultiver la terre, à vivre en commun, donne des règles, et fonde la vie monastique.
361. Julien-l'Apostat est empereur.
380. Ausone, de Bordeaux, cultive la poésie latine ; l'Europe, l'Asie, l'Afrique n'écrivaient alors qu'en cette langue.
385. Brillent en ce temps saint Grégoire, saint Ambroise, saint Épiphane, saint Jean-Chrysostôme, saint Jérôme, saint Augustin, et d'autres savants Pères d l'Église. Paraissent aussi de nombreux hérésiar ques ; les luttes religieuses sont sans terme, san modération, et souvent à la plume on voit se join dre le glaive.
395. L'empereur Théodose meurt ; c'est le dernier qu ait possédé l'empire tout entier. Honorius et Arca dius, ses fils, lui succèdent ; celui-là règne à Rome et forme l'empire d'Occident ; l'autre siége à Cons tantinople, et régit l'empire d'Orient. Ces deux fragments du grand empire ne se réuniront plus ils se déchireront l'un l'autre et travailleront à leur ruine mutuelle.
400. Depuis longtemps les Bulgares ont mis les pieds su les terres de l'empire d'Orient ; les Huns et les Goth

Ap. J.-C.
épouvantent Rome; des peuples inconnus jusquelà envahissent l'empire sur tous les points.
Les cloches servent aux églises.
407. Les invasions des Barbares du Nord redoublent : les Bourguignons s'établissent dans les Gaules ; les Francs y arrivent aussi.
409. Alaric, roi des Goths, se rend maître de Rome.
Les Vandales, les Alains, les Suèves, prennent possession de l'Espagne.
420. Pharamon, chef des Francs, forme dans la Gaule l'État qui sera le royaume de France.
Les langues modernes naissent de toutes parts.
Le code Salique mis en usage chez les Francs.
424. Fondation de Venise par les Venèdes.
428. Les Vandales passent d'Espagne en Afrique et s'y établissent.
Promulgation du code Théodosien.
444. Attila, devenu seul chef des Huns, se fait appeler le *fléau de Dieu* et jette l'épouvante dans l'Europe.
451. Attila ravage la Gaule ; les Francs, sous la conduite de Mérovée et unis aux Visigoths et aux Romains, lui livrent bataille dans les plaines de Chalons-sur-Marne, lui tuent 180,000 hommes, dispersent le reste de son armée. Le fléau de Dieu se retire en Italie, reprend des forces et sa terrible mission continue.
457. Genseric, roi des Vandales, livre Rome au pillage et se retire.
460. Sidoine, évêque de Clermont en Auvergne, fait des poésies latines.
465. Salvien, prêtre de Marseille, gémit sur les misères du peuple.
475. Avec Augustule finit l'empire d'Occident; les papes sont dorénavant les seuls chefs de Rome. Odoacre est roi d'Italie.
[476. Les peuples du Nord ayant inondé l'Occident, y détruisent l'amour des lettres et des arts ; la barbarie règne, les lumières s'éteignent.
498. Théodoric, roi des Ostrogoths, enlève l'Italie à Odoacre et se crée un grand empire.
501. Les vers à soie sont introduits de l'Inde en Europe.
503. Fondation du royaume de Pologne.

Ap. J.-C.

507. Clovis, roi des Francs, obtient de nombreux succès militaires, se fait chrétien, et devient comme le fondateur réel de la monarchie française.
520. Boèce vit à Rome; mais que les savants, les écrivains, les poètes, les artistes deviennent rares en ce temps!... on respire dans le chaos.
528. Saint Benoît, comme saint Basile, voit avec dégoût la société; il donne sa règle, se retire dans le cloître, et devient le chef des moines d'Occident.
529. Lois romaines ou Code Justinien promulgué.
532. Justinien fait bâtir Sainte-Sophie à Constantinople.
534. Bélisaire, illustre par ses succès et par ses malheurs.
550. La langue latine cesse d'être parlée en France.
      Invention des lettres et chiffres arabes.
      Introduction des cloches en France.
581. La langue latine cesse d'être parlée en Italie.
596. L'empereur de Constantinople reconnaît la suprématie religieuse du pape.
616. Publication des Capitulaires, ou code de Clotaire II.
622. Le christianisme sort de plus en plus de la voie pacifique, et, après avoir vaincu l'ancienne religion, se déchire lui-même; mille sectes paraissent; les hérésies et ceux qui les combattent troublent le monde; la théologie est la préoccupation générale; on se dispute sur la Trinité, on entre en fureur; des aveugles veulent conduire des aveugles: on ne sait plus comprendre Dieu; rien de grand dans la pensée, rien de grand dans le cœur; plus d'unité. MAHOMET paraît, il crie : Dieu! Dieu! et rien que Dieu... Sa voix est entendue, ses disciples se groupent, des armées se forment; l'énergie combattra le sophisme, elle en triomphera... Le chef de caravane de la Mecque ne pouvait paraître dans un plus heureux moment. Sa religion sera la religion de peuples innombrables.
628. Saint Éloi se rend célèbre par son orfèvrerie et par ses vertus.
640. La bibliothèque d'Alexandrie incendiée par Omar, général des Mahométans.
650. Les foires sont instituées; elles rapprochent les hommes et permettent les achats et les échanges.

Ap. J.-C.

Invention des moulins à vent par les Arabes.
657. Introduction de l'orgue dans les églises.
674. Emploi des carreaux de vitres en France et en Angleterre.
671. Invention du feu grégeois par Callinique.
695. La plume d'oie admise pour écrire.
697. Venise élit son premier doge.
714. Sarrazins, Maures, Arabes, peuples mahométans, possèdent l'Afrique et envahissent l'Espagne.
720. Fabrique de tapis de Turquie établie en France.
732. Charles-Martel, maire du palais, combat les Mahométans dans le cœur de la France et les écrase.
750. Partout où sont les Arabes les arts florissent.
Les Lombards inventent les lettres de change et facilitent le commerce.
750. Les premiers rois de France, jusqu'à cette date, ont formé la dynastie des *Mérovingiens* ; Pépin-le-Bref en renverse le dernier rejeton, se fait roi de France, et fonde la dynastie des *Carlovingiens*.
752. La chevalerie se constitue.
760. Horloges à rouages venus d'Italie en France.
768. Charlemagne est roi de France ; il deviendra tout-puissant, il fondera des écoles, il servira la civilisation. Alcuin le seconde.
787. Commencement de l'Université de Paris.
800. Les Arabes sont en ce temps la lumière du monde.
827. Egbert le Grand fonde la monarchie anglaise.
844. Constantinople se sépare de Rome ; il y aura deux églises, deux religions, la latine et la grecque.
850. Fabrication du sucre par les Arabes.
869. Photius, patriarche de Constantinople, répand des lumières.
862. Fondation de la monarchie russe.
871. Alfred le Grand fait fleurir l'Angleterre.
874. Les Mahométans assiégent et épouvantent Rome.
880. Le système féodal s'impose à l'Europe.
888. L'Italie troublée par des prétendants.
901. Se fondent à Paris des écoles de grammaire, de chant et de dialectique.
912. Les Normands s'établissent enfin en France.
939. Invention de l'imprimerie chez les Chinois.

Ap. J.-C.

950. Origine du roman en France, écrit en langue romane.
960. Établissement en Flandre de fabriques de toiles et de draps.
978. Cathédrale de Mayence, terminée en 1137.
986. La religion grecque s'établit en Russie.
987. Hugues-Capet devient roi de France et fonde la dynastie des *Capétiens*.
998. Venise et Gênes entretiennent des flottes et font un grand commerce.
1010. Commencement de Notre-Dame de Paris, terminée en 1404.
1013. Les arts renaissent en Italie.
1015. Cathédrale de Strasbourg, commencée en 1015, terminée en 1439.
1021. Invention des notes de musique par Guy d'Arezzo.
1025. Avicennes, médecin arabe, s'illustre par sa science.
1030. Les chiffres arabes, les horloges à balancier arrivent des Arabes aux peuples de l'Europe.
1035. Le royaume de Castille se constitue.
1036. Usage des tournois, pris des Arabes.
1066. Un duc de Normandie, Guillaume-le-Bâtard, s'empare de l'Angleterre.
1078. Le Cid se signale en Espagne contre les Maures.
1090. Saint Bruno, de Cologne, fonde les Chartreux.
1095. Première croisade contre les Mahométans.
1099. Les croisés s'emparent de Jérusalem.
1110. L'architecture gothique importée de l'Orient en Occident; des Compagnons se répandent dans toute l'Europe, et de magnifiques cathédrales vont s'élever de toutes parts.

Les troubadours et les trouvères chantent l'amour et les exploits guerriers.

Henri I donne une charte à l'Angleterre.
1112. Louis VI, dit le Gros, protége le peuple qui s'insurge contre les seigneurs, et les premières communes se fondent en France.
1114. Les villes lombardes se forment en républiques.
1118. Fondation de l'ordre des Templiers.
1120. Le normand Roger fonde le royaume de Sicile.
1135. En ce temps brillent Abailard, saint Bernard et

Ap. J.-C.

Suger, ministre de Charles VI et de Charles VII.
1147. Deuxième croisade conduite par Charles VII.
1156. Fondation de l'Université de Paris.
1162. Les villes libres d'Italie se liguent contre les empereurs d'Allemagne.
1172. Avéroès, très savant médecin arabe.
1180. La secte des Vaudois se manifeste.
1182. Premières rues pavées à Paris.
1189. Troisième croisade, dirigée par Philippe-Auguste, roi de France, et Richard Cœur-de-Lion, roi d'Angleterre.
1200. Introduction de l'usage des cheminées.
Commencement de la cathédrale de Rouen, terminée en 1530.
1202. Quatrième croisade, les Vénitiens en tête.
1204. L'inquisition commence à s'établir.
1211. Commencement de la cathédrale de Reims, terminée en 1514.
1215. Les barons d'Angleterre forcent le roi Jean, dit Jean-sans-Terre, à signer la grande charte.
Croisade contre les Albigeois du Languedoc.
1220. Accurse, savant jurisconsulte de Florence.
Commencement de la cathédrale d'Amiens, terminée en 1288.
1223. Affranchissement de serfs par Louis VIII.
1226. Cathédrale Sainte-Gudulle, à Bruxelles, terminée en 1273.
1227. Gengis-Khan et ses Tartares inondent l'Asie.
Les Juifs maltraités en Europe.
1230. Les chevaliers teutons fondent l'État de Prusse.
1239. Guelfes et Gibelins d'Italie; guerre civile.
1248. Cathédrale de Cologne, des plus magnifiques. On y travaille encore en 1857.
1249. Cinquième croisade, entreprise par saint Louis.
1250. Étienne Boileau, prévôt de Paris, réunit en un volume, dit le *Livre des métiers*, tous les règlements des corporations de son temps.
Fondation de la Sorbonne, par Robert Sorbon.
1251. Florence se met en république. Brillent en cette ville : Fuccio, Cimabué, Margaritone, et autres grands artistes.

Ap. J.-C.

Les pastoureaux s'insurgent contre les priviléges des grands et l'autorité du clergé.
1253. Invention des miroirs à grossir et de la lanterne magique, par Roger Bacon, savant anglais.
1264. Le peuple le veut, et les communes sont admises au parlement d'Angleterre.
1267. Sixième croisade, conduite par saint Louis.
1272. Fondation de l'académie de Florence.
1277. Erwin de Steimbach travaille à la cathédrale de Strasbourg avec des Compagnons ou francs-maçons. La cathédrale de Cologne avait aussi des Compagnons pour constructeurs.
1280. Premier usage du charbon en Angleterre.
1282. Vêpres siciliennes ou égorgement des Français en Sicile.
1290. Les chandelles de suif remplacent les torches de bois chez les riches.

Gênes se met en république.
1298. Marco Polo, vénitien, voyage chez les Chinois.
1302. Invention ou perfectionnement de la boussole par Flavio Gioia, navigateur napolitain.
1306. Fabrication du papier de linge.
1308. Dante, de Florence, écrit en italien sa *Divine Comédie*.

Révolution en Suisse ; Guillaume Tell ; origine des républiques helvétiques.
1313. Suppression des Templiers ; supplice de Jacques Molai, grand maître de l'ordre, et autres personnages illustres. Les Templiers furent les protecteurs des Compagnons du Devoir.
1325. Premières glaces soufflées à Venise.
1330. Invention des cartes à jouer, par un Espagnol.
1338. La diète de Francfort déclare que l'empire d'Allemagne relève de Dieu et non du pape.
1340. La poudre à canon découverte à Cologne par Swart, moine allemand.

On commence à faire usage des armes à feu.
1346. Les Anglais emploient le canon à la bataille de Crécy ; les Français y sont mis en fuite.

Pétrarque, poète florentin, brille en Italie ; c'est aussi le temps de Bocace, de Barthole, du Giotto.

Ap. J.-C.

1347. Rienzi rétablit pour un moment la république romaine.
1356. Bulle d'or, donnée à l'Allemagne par l'empereur Charles VI.
1358. Commencement de la Jacquerie, révolte de paysans.
1360. Les peintres, les sculpteurs, les architectes de la république populaire de Florence se répandent dans toute l'Italie; ils émerveillent Rome même.
Fondation de la Bibliothèque du roi à Paris.
1362. Wiclef, moine anglais, précède la réforme.
1364. Association des villes libres d'Allemagne ou ligue Anséatique. Ces villes sont des républiques.
1367. Du Guesclin, homme de guerre français.
1374. Les ouvriers de Florence s'emparent du gouvernement, un des leurs est président de la république.
1389. Premiers carrosses suspendus.
1395. Démence de Charles VI; la France aux abois; les Anglais maîtres chez nous.
1400. Fabriques de tapisseries introduites en Flandre.
1402. Les confrères de la Passion représentent des pièces de théâtre appelées Mystères.
1410. Découverte en Flandre de la peinture à l'huile.
1411. Des bouchers commandés par Chaboche, et de là appelés Chabochiens, troublent Paris.
1411. Jean Huss et Guillaume de Prague sont brûlés par ordre du concile de Constance.
Azincourt, bataille funeste aux Français.
Les hussites naissent de la cendre de Jean Huss.
Guerres, troubles de religion en Allemagne.
1422. Cathédrale d'Anvers, terminée en 1518.
1423. Alain Chartier, dit le père de l'éloquence française.
1429. Charles VII, appuyé sur Jeanne d'Arc, sauve la France des Anglais et se fait couronner à Reims.
1435. Brunelleschi, de Florence, restaure l'architecture.
1440. Guttemberg invente l'imprimerie à Strasbourg.
1453. Les Turcs mahométans s'emparent de Constantinople.
1460. Invention de la gravure au burin et à l'eau forte, en Italie.
1461. François Villon tire la poésie française du chaos.
1470. Établissement de la première imprimerie à Paris.

CHRONOLOGIE

Ap. J.-C.

1472. Les Médicis règnent à Florence; les arts les ont devancés.
1474. Manufactures de soie établies en Europe.
1478. Louis XI établit les postes en France.
1481. Église Saint-André, de Bordeaux, achevée en 1530.
1492. Les Maures sont chassés de l'Espagne.
   Christophe Colomb, génois, découvre l'Amérique.
1498. Premières montres de poche.
   Vasco de Gama, portugais, double le cap de Bonne-Espérance et pénètre aux Indes.
1501. Améric Vespuce, né à Florence, arrive en Amérique, en relève la carte, et lui donne son nom.
1503. L'église Saint-Pierre de Rome est commencée.
1505. Magellan, portugais, s'illustre par la navigation.
1514. Brillent en Italie: Bramante, Michel-Ange, Raphaël, Léonard de Vinci, Machiavel, Guichardin, l'Arioste.
   Albert Durer s'illustre en Allemagne, Thomas Morus en Angleterre, Érasme en Hollande.
1515. François Ier attire les beaux-arts en France.
1517. Le corsaire Barberousse fonde l'État d'Alger.
   Commencement de la traite des nègres.
1518. Luther se manifeste; le protestantisme surgit.
1523. Les anabaptistes en Allemagne; guerre terrible.
1525. Le protestantisme lutte aussi, et le sang coule.
1522. Le quinquina apporté du Pérou.
1530. Copernic, allemand, donne son système du monde.
   Fondation du Collége de France.
1533. L'Espagnol Pizarre fait la conquête du Pérou.
1535. Ignace de Loyola fonde l'ordre des Jésuites.
1536. Calvin marche sur les traces de Luther.
1545. Fabrication de pistolets, à Pistoie, en Italie.
1552. L'Angleterre cesse d'être catholique.
1553. Fernand Cortez fait la conquête du Mexique.
   Calvin fait brûler Michel Servet à Genève.
1554. Barthélemy de Las Casas, ami des malheureux Américains.
   Rabelais, La Boétie, Montaigne, auteurs français.
   Nostradamus, astrologue, médecin de Henri III.
1555. Jean Schas, cordonnier, l'un des grands poètes de l'Allemagne.
1560. Plants de tabac, apportés de l'île de Tabago.

Ap. J.-C.

Primatrice, Scamozzi, Palladio, Vignoles, illustres italiens; le Camoëns, poète portugais, auteur des *Lusiades*.

1563. La pomme de terre apportée d'Amérique.
1567. Guerre de religion en France.
1571. Premières voitures publiques de Paris à Orléans.
Le Camoëns, poète portugais, édite son poème.
1572. Massacre de la Saint-Barthélemy.
1579. La Hollande s'érige en république.
1581. Le Tasse donne sa *Jérusalem délivrée*.
1582. Fondation de l'Académie de la Crusca à Florence.
1586. Établissement de la banque de Venise.
1588. Invention des bombes en Europe.
Journée des barricades, à Paris.
1589. Assassinat de Henri III par Jacques Clément.
Invention du télescope, par Jensen, hollandais.
1601. Shakespeare, tragique anglais des plus puissants.
Cervantes, espagnol, auteur de Don Quichotte.
Tycho-Brahé, danois, donne son système du monde.
1602. Les Européens s'établissent aux Indes.
Sully, digne ministre de Henri IV.
1605. Sucre de betterave, trouvé par Olivier de Serre.
1607. Invention de l'opéra par Rinuccini, de Florence.
1610. Henri IV assassiné par Ravaillac.
1615. Le chancelier Bacon, anglais des plus savant.
Malherbe, poète français élégant et correct.
Établissement en France de manufactures de soie.
1616. Képler, savant astronome allemand.
1617. Harvey, anglais, découvre la circulation du sang.
1626. Invention du baromètre, par Toricelli.
1627. Invention du thermomètre, par Drebbel.
1629. Descartes, français, rénovateur des hautes sciences.
1631. Commencement de la *Gazette de France*, par Renaudot.
1634. Établissement du Jardin des Plantes à Paris.
1636. Rotrou, de Dreux, auteur de tragédies.
Corneille, de Rouen, donne le Cid, tragédie.
1638. Naissance de Louis XIV, dit Louis le Grand.
1643. Louis XIV proclamé roi de France à l'âge de cinq ans.

Ap. J.-C.

1644. Révolution en Angleterre. Cromwel et Fairfax culbutent les troupes royales.
1647. Soulèvement en France contre le ministre Mazarin.
   Saint Vincent de Paul se dévoue, et les enfants-trouvés auront des asiles.
1648. Révolution à Naples; triomphe du pêcheur Mazaniello.
1649. L'Angleterre en république ; Cromwell est tout-puissant.
   La Fronde, révolution, Louis XIV en fuite.
1650. Levure de la bière employée à la fabrication du pain à Londres.
1653. Molière fait représenter l'*Étourdi*, comédie.
   Le siècle de Louis XIV a produit une foule de grands hommes en tout genre, dont les plus grands, à la vérité, étaient nés avant le souverain et étaient à l'apogée de leur gloire avant qu'il fût sorti de l'enfance. Citons-en quelques-uns : Descartes, Gassendi, Pascal, Bourdaloue, Fléchier, Mascaron, Fénélon, Massillon, Bossuet, Lesueur, Lebrun, Mignard, Le Lorrain, le Poussin, Boulogne, Mansard, Corneille, Rotrou, Molière, maître Adam, Boileau, Racan, Quinault, La Fontaine, Racine, Louvois, Colbert, Condé, Turenne, Luxembourg, Vauban, Catinat, Duquesne, Tourville, Jean-Bart, La Bruyère, La Rochefoucauld, Girardon, Puget, et bien d'autres.
   Si en France brillaient tant de lumières, en Espagne s'étaient manifestés, dans le cours de ce XVIIe siècle : Cervantes, Alonzo d'Ercilla, Lopez de Vega, Calderon, Lespagnolet, Murillo, Vélasquez; en Angleterre : Milton, Dryden, Locke ; en Hollande et en Belgique : Ruyter, Grotius, Rembrandt, Boerhaave, Rubens, Van-Dyck, Jordaens; en Italie : Galilée, Toricelli, le Dominiquin, le Guide, le Bolognese, le Véronèse, Castiglione, l'Albane ; en Allemagne : Leibnitz. Que l'on remarque bien que je suis forcé de faire une énumération très incomplète.
1655. Introduction du chocolat en France.

Ap. J.-C.

Fondation de la secte des Quakers ou trembleurs en Angleterre, par Georges Fox.

1656. Le café apporté de l'Asie en France.
Premiers métiers à bas inventés en France.
Invention des baïonnettes à Bayonne.

1677. Découverte de la préparation artificielle du phosphore.

1680. Premier établissement des Français aux Indes.
Bombardement d'Alger par la marine française.
William Penn fonde en Amérique l'État de Pensylvanie et lui donne ses lois et sa morale.

1683. Les Turcs assiégent et font trembler Vienne, capitale de l'Autriche. Elle est sauvée par les Polonais.

1685. Louis XIV révoque l'Édit de Nantes ; exil de plusieurs millions de protestants.

1687. Newton, anglais, démontre l'attraction des corps.

1690. Invention des cartouches à balles.

1694. Établissement de la Banque de Londres.

1695. La liberté de la presse établie en Angleterre.

1699. Invention des pompes à éteindre les incendies, par un Hollandais.

1703. Fondation de Saint-Pétersbourg, par Pierre le Grand.

1706. Découverte d'Herculanum, ensevelie depuis 1600 ans sous les laves du Vésuve.

1709. Longue guerre entre les Russes et les Suédois, les uns commandés par Pierre le Grand, les autres par Charles XII.

1720. Peste de Marseille.
Cassini donne la grandeur et la figure de la terre.

1733. Des savants français mesurent la circonférence de la terre.

1737. Frézier publie sa *Théorie pratique de la coupe des pierres*.

1740. Première exposition de tableaux dans le Louvre.

1745. Frédéric de Prusse devient le roi prépondérant de l'Europe.

1746. Découverte de la bouteille de Leyde, ou de la commotion électrique.

1750. Découverte des ruines de Pompéïa.

1751. Fondation de l'École militaire.

Ap. J.-C.

1752. Premier paratonnerre inventé par Franklin.
1755. Tremblement de terre de Lisbonne.
1757. Établissement de la petite poste de Paris.
   Le Panthéon de Paris, construit par Soufflot.
1759. Diderot et d'Alembert publient l'*Encyclopédie*.
1763. La France cède la plupart de ses colonies à l'Angleterre.
1764. Établissement de l'École vétérinaire d'Alfort.
1766. Établissement d'une école gratuite de dessin à Paris.
1767. Fourneau, maître charpentier à Rouen, publie l'*Art du trait de la charpente*, très bon ouvrage.
   Les hommes les plus remarquables de ce temps sont : le maréchal de Saxe, Villars, Montesquieu, Voltaire, Rousseau, Buffon, Diderot, d'Alembert, l'abbé de Saint-Pierre. — Nommons les Anglais Pope, Young, Gibbon; l'Italien Métastase ; le savant Linnée, né en Suède (Voir p. 104).
1768. Cook, navigateur anglais, a fait trois fois le tour du monde.
1769. Roubo, menuisier, né à Paris, publie l'*Art du menuisier*, savant ouvrage.
1772. Premier partage de la Pologne par la Russie, la Prusse et l'Autriche.
1775. Lavater, de Zurich, donne son système physionomique.
1776. Établissement de l'École des Sourds-Muets, par l'abbé de l'Épée.
   Jenner, anglais, découvre la vaccine.
1777. Établissement du Mont-de-Piété à Paris.
1778. Mort de Voltaire et de J.-J. Rousseau.
1780. Inauguration du grand théâtre de Bordeaux.
1781. La torture et la question abolies en France.
1782. Les États-Unis d'Amérique, avec l'appui de la France, s'affranchissent de l'Angleterre et se forment en république.
   Invention de la sténographie.
1783. Invention des ballons par les frères Montgolfier, d'Annonay.
1787. Louis XVI convoque les notables de France.

J.-C.

Necker exilé; troubles fréquents à Paris.
88. Mesmer, allemand, découvre le magnétisme.
89. Assemblée nationale de France.
La plus grande, la plus profonde, la plus généreuse des révolutions commence là. — Prise de la Bastille.
90. Institution d'un tribunal de cassation.
Publication du Code pénal de la marine.
Adoption du drapeau tricolore.
La France divisée par départements.
Liberté des cultes. Les Juifs admis aux droits des citoyens.
Établissement du jury dans les procédures criminelles.
Invention du télégraphe par Chappe.
Les Panoramas, inventés par un Écossais.
791. Fondation du Musée des monuments français.
Première coalition des puissances contre la France.
792. La France se met en république.
Découverte du galvanisme, par Galvani, italien.
Volta, italien, fait des découvertes en électricité.
793. Établissement de l'uniformité des poids et mesures.
Invention des ponts en fer.
Nouveau calendrier républicain.
794. Établissement du Conservatoire des Arts-et-Métiers.
Établissement d'une École normale.
La France se rend maîtresse de la Hollande.
Kosciusko fait soulever la Pologne.
795. Établissement du Conservatoire de Musique.
Défaite des émigrés à Quiberon.
Fondation de l'École polytechnique.
Création de l'Institut de France.
1796. Les armes de la France triomphent partout.
Première exposition des produits de l'industrie.
Établissement du Bureau des longitudes.
Invention de la lithographie, par un Allemand.
Exposition du système du monde, par Laplace.
1797. La phrénologie, créée par Gall, allemand.
1798. Les Français entrent en Suisse.
Expédition d'Égypte.

Ap. J.-C.
1799. Premier éclairage au gaz hydrogène.
Bonaparte premier consul de la république.
Watt, anglais, perfectionne la machine à vapeur.
Sur la fin du dix-huitième siècle et au commencement du dix-neuvième, se font remarquer en France : Suffren, Jourdan, Kellermann, Dumourier, Pichegru, Hoche, Bonaparte, Marceau, Moreau, Masséna, Kléber, Desaix, Carnot, Mirabeau, Robespierre, Barnave, Danton, Laharpe, Marmontel, Ducis, Chénier, Bernardin de Saint-Pierre, Raynal, Delille, Picard, Fabre d'Églantine, Beaumarchais, Collin-d'Harleville, Châteaubriand, Volney, Mme de Staël, Lavoisier, Fourcroy, Cuvier, Monge, Bichat, Pigalle. Dans le même temps ont brillé en Allemagne : Klopstock, Gœthe, Schiller, Kean ; en Italie Volta, Canova (Voir p. 104).

1802. Création des écoles primaires et des lycées en France.
1804. Napoléon Bonaparte se fait empereur
Le duc d'Enghien est fusillé dans les fossés de Vincennes.
Publication du Code civil des Français.
1805. Les Français entrent à Vienne, capitale de l'Autriche.
Les Français entrent à Berlin, capitale de la Prusse.
1806. Invention des fusées à la congrève, en Angleterre.
Érection de la colonne de la place Vendôme.
1807. Premier bateau à vapeur construit à New-York.
Les Français entrent à Lisbonne, capitale du Portugal.
1808. Création d'une noblesse héréditaire, par Napoléon.
Les Français occupent Rome ; ils occupent aussi Madrid.
Construction de la Bourse de Paris.
1809. Gaz hydrogène, mieux appliqué par l'Anglais Mardoch.
1810. Emploi des machines à vapeur dites locomotives, en Angleterre.
Pont de Bordeaux achevé en 1821.
1812. Entrée des Français dans Moscou, capitale de la Russie.
1814. La France envahie ; chute de Napoléon ; restauration des Bourbons.

Ap. J.-C.

La lithographie s'introduit en France.
1815. Napoléon Bonaparte remonte sur le trône.
Seconde restauration des Bourbons.
Invention de la lampe à mineur, par l'Anglais Davy.
1817. Invention des fusils à percussion, par Guillemain, de Paris.
Enseignement mutuel établi en France.
1819. Premier pont en chaînes de fer établi en Angleterre.
1820. Le duc de Berry assassiné par Louvel.
Révolution à Naples.
Révolution en Portugal.
Révolution en Espagne.
Révolution à Saint-Domingue.
1821. Mort de Napoléon à Sainte-Hélène.
Révolte des paysans en Moravie.
Révolution en Grèce.
Paul-Louis Courrier publie ses pamphlets.
Pompe artésienne, inventée par Pecqueur.
1822. Lois en Russie et ailleurs contre les sociétés secrètes les peuples sont partout en suspicion.
Manuel expulsé de la Chambre des députés.
Révolution au Chili.
Révolution au Mexique.
1823. Troubles dans les Pays-Bas.
Mort de Riégo, républicain espagnol.
Diorama, inventé en France par Daguerre.
1824. Lord Byron meurt au service de la liberté grecque.
1825. Douliot, d'Avignon, Compagnon passant tailleur de pierre, publie son *Traité de la coupe des pierres*.
1830. Conquête de l'Algérie par les Français.
Révolution de juillet; Charles X renversé du trône.
Révolution de Belgique.
Insurrection en Pologne.
Théorie sociale de Saint-Simon.
1831. *Théorie et pratique de l'Association*, par l'Anglais Owen.
Théorie sociétaire de Charles Fourier.
1832. Premier chemin de fer en France, de St-Étienne à Lyon.

Ap. J.-C.

Choléra-morbus, ses ravages en France et ailleurs.
1833. Invention de la charrue à levier, par Granger.
1835. Coulon, menuisier, fait paraître le *Vignole des menuisiers*.
1836. Révolution en Espagne et en Portugal.
Inauguration à Paris de l'Arc de Triomphe de l'Étoile.
Citons quelques hommes célèbres : Béranger, Lamennais, Lamartine, Victor Hugo, Casimir Delavigne, Georges Sand, Alexandre Dumas, Eugène Sue, Alfred de Vigny, Eugène Delacroix, Ingres, David (d'Angers), Boyeldieu (Voir la note, p. 104).
Des ouvriers commencent à publier des volumes de poésies ; c'est un temps nouveau.
1839. Divulgation du Daguerréotype, par Daguerre français.
1840. Arrivée des restes de Napoléon à Paris.
1844. Question du droit de visite entre la France et l'Angleterre.
1848. Révolution de février ; la république en France.
Révolution partout ; chute de rois et d'empereurs.
Le port des lettres mis à 20 centimes.
Le prix du sel réduit de plus de moitié.
1851. Coup d'état ; Louis Bonaparte élu président de la république pour dix ans.
1853. Louis-Napoléon Bonaparte empereur.
1854. L'Angleterre et la France contre la Russie.
1855. Prise de Sébastopol ; les alliés triomphent ; la Russie est abaissée.

FIN DU TOME PREMIER

TABLE DES MATIÈRES

DU TOME PREMIER

	Pages
Préface nouvelle.	5
INTRODUCTION.	9
Lettre de Chateaubriand.	21
Lettre de Béranger.	Id.
Lettre de Lamartine.	22
Lettre de Lamennais.	Id.
Extraits d'articles de journaux	23
NOTICE SUR LE COMPAGNONNAGE.	29
Origine des premières sociétés.	Id.
Vie de Salomon.	30
Vie de maître Jacques.	34
Le père Soubise.	40
Enfants de Salomon.	Id.
Enfants de maître Jacques.	44
Enfants du père Soubise.	47
Adjonction aux enfants de Salomon.	49
Adjonction aux enfants de maître Jacques.	50
Adjonction aux enfants du père Soubise.	52
Remarques diverses.	53
Société de l'Union ou des Indépendants.	54
La mère des Compagnons.	55
Le Rouleur.	56
Assemblées mensuelles.	Id.
Embauchage.	56
Levage d'acquit.	57
Rapports des Compagnons avec les maîtres.	58
Services et secours.	59
Coteries et pays.	Id.
Surnoms des Compagnons.	Id.
Origine des sobriquets.	60
Qui hurle et qui ne hurle pas.	62
Topage.	Id.
Qui tope et qui ne tope pas.	Id.

TABLE DES MATIÈRES

	Pages
Rubans ou couleurs.	63
Cannes.	Id.
Équerre et compas.	Id.
Boucles d'oreilles.	64
Conduite en règle	Id.
Fausse conduite.	Id.
Conduite de Grenoble.	65
Fêtes patronales.	Id.
Enterrements.	66
Recrutement, force du Compagnonnage.	68
Remercîment à la société.	Id.
Pèlerinage à la Sainte-Baume.	70
Événements.	Id.
Concours entre Compagnons.	71
Batailles et assassinats.	73
Chansons satiriques et guerrières des Compagnons.	76
RENCONTRE DE DEUX FRÈRES.	83
Réflexions sur le salaire (note).	100
Les Charpentiers du père Soubise (note).	103
Liste des grands hommes de tous les pays (note).	104
L'auteur, excuse et promesse (note).	109
CHANSONS ET NOTES.	110
Aux Compagnons du Tour de France (préface).	Id.
Hymne à Salomon (chanson).	112
Le Combat d'esprit (chanson).	113
Les Adieux à Caroline (chanson).	114
Les Promesses du nouveau dignitaire (chanson).	115
Des Compagnons dans un café (note).	116
Le Départ (chanson).	Id.
Explication du mot *pays* (note).	118
Conseil aux Affiliés (chanson).	Id.
Réflexions morales (note).	120
Aux Compagnons du Tour de France (préface)	121
Adieux au pays (chanson).	122
Encouragement en faveur du dessin (note).	123
Le Banquet (chanson).	126
Hommage aux poètes (chanson).	127
Citations tirées de Compagnons poètes (note).	129
Les Voyageurs (chanson).	131

TABLE DES MATIÈRES

	Pages
Le Partant amoureux (chanson).	132
Le Partant et l'Inconstant (note).	Id.
Les Adieux de deux Compagnons (chanson).	136
La Fraternité (chanson).	137
Écoles de dessin des Compagnons (note).	139
Madame Joenni (chanson).	140
Le Roi de Judée (chanson).	141
Le Compagnon content de peu (chanson).	142
Le Retour au pays (chanson).	144
L'ancien Compagnon (chanson).	145
Un mot pour moi (note).	147

CHANSONS DE TOUS LES DEVOIRS. 148

Préface.	Id.
Chanson de réception (*Liberté*).	149
Le Devoir (*Devoir*).	150
Les Serments d'amour (*Liberté*)	152
L'Alouette (*Devoir*).	153
L'Antique (*Liberté*).	154
Les Tableaux du Devoir (*Devoir*).	155
La Captivité de Babylone (*Liberté*).	157
Le Devoir a des charmes (*Devoir*).	159
Le Tableau (*Liberté*).	Id.
La Naissance (*Devoir*).	161
L'Ancien du Tour de France (*Liberté*)	162
Maître Jacques (*Devoir*).	164
Le Nouveau Compagnon (*Liberté*).	165
Les Arbres sont en fleurs (*Devoir*)	166
Qu'il est beau d'être Compagnon (*Liberté*).	167
Le Soutien de la Canne (*Devoir*).	168
L'Acte de grâce (*Liberté*).	170
Le Flambant rouleur (*Devoir*).	171
La Sainte-Anne (*Liberté*).	173
Les Adieux de Lyon (*Devoir*).	174
Loi et sagesse des enfants de Salomon (*Liberté*).	175
Souvenir d'autrefois (*Devoir*).	177
L'antique Renommée (*Liberté*).	179
Les Bienfaits du Compagnonnage (*Devoir*).	181
L'Echo du Temple (*Liberté*)	182
Le Devoirant (*Devoir*).	183
La Concorde (*Liberté*).	185

	Pages
L'Abeille (*Devoir*).	186
Caron, dit la Fleur-de-Coutras (*Étranger*).	188
Les Enfants de Soubise (*Passant ou Bon drille*)	189
La Toussaint (*Étranger*).	190
Les Enfants du Devoir (*Devoir*)	191
La Menuiserie (*Liberté*).	193
Qu'il est doux d'être Compagnon (*Devoir*).	194
Hommage aux Compagnons (*Liberté*).	195
Les Adieux de Bordeaux (*Devoir*).	196
Les Quatre-Saisons (*Liberté*).	198
Pèlerinage à la Sainte-Baume (*Devoir*).	200
Les Sectateurs de Salomon (*Liberté*).	201
Hommage à la mère (*Devoir*).	202
Les Adieux de Macon (*Liberté*).	204
A Tous, jeunes et vieux (*Devoir*)	205
La Sainte-Anne (*Étranger*)..	206
Le Beau Devoir (*Devoir*)	207
Souvenirs de Nîmes (*Liberté*).	208
Raisonnement (*Devoir*).	209
Vingt-huit siècles nous contemplent (*Liberté*).	211
Le Tour de France (*Devoir*).	212
Vivent Salomon et ses Enfants (*Liberté*).	213
Le Compas (*Devoir*).	214
Le Congrès de Lyon (*Étranger*).	215
Le Retour du Printemps (*Devoir*).	216
GÉOMÉTRIE, ARCHITECTURE ET TRAIT.	218
Figures de géométrie.	Id.
Dialogue sur l'architecture.	222
Raisonnement sur le trait.	237
Instruments, objets pour commencer à dessiner (note).	249
CHRONOLOGIE DES PROGRÈS.	251
TABLE DES MATIÈRES.	281

FIN DE LA TABLE DU TOME PREMIER.

PARIS. — Typ. LACOUR, rue Soufflot, 18.

DU MÊME AUTEUR :

Histoire démocratique des peuples anciens, depuis les premiers temps jusqu'à Jésus-Christ, 12 volumes, à 1 fr. 25 chacun.

ONT PARU :

Hébreux, Assyriens.	1 vol.
Éthiopiens, Égyptiens, suite des Hébreux, Grecs.	1
Chinois, Indiens, Perses et Grecs, Grecs.	1
Grecs.	3
Siciliens, Grecs d'Italie, Carthaginois.	1

RESTE A PARAITRE :

Romains.	3
Complément (mœurs, considérations, etc.).	2

AUTRES OUVRAGES :

Mémoires d'un Compagnon, 2 vol.	3 fr.	»
Histoire d'une scission dans le Compagnonnage, 1 vol.	1	»
Biographie de l'auteur du livre du Compagnonnage, 1 vol.	1	»
Dialogue sur Maître Adam, brochure.	»	30 c.
Statistique du salaire des ouvriers et ouvrières, épuisé.		

Pour recevoir affranchi par la poste ajouter au prix 25 cent. par volume.

www.ingramcontent.com/pod-product-compliance
Lightning Source LLC
Chambersburg PA
CBHW071254160426
43196CB00009B/1285